JN112230

Corporate
Strategy

牛島辰男

著

企業戦略論

and

Ushijima
Tatsuo

Organization
Design

構造をデザインする

有斐閣

は し が き

　この本を手にとってくれているのは，おもには大学で経営学を学ぶ学生や，経営戦略について理解を深めようとしている実務家（社会人）といった方々であろう。本書は，まさしくこうした読者のために書かれている。だが，経営戦略論のテキストとして，本書にはかなり強い個性がある。読者は，以下のような本書の特徴が，自らの関心やニーズと合致しているのかを考えて，本論を読み始めるかを決めてほしい。

　本書の最大の特徴は，事業を複数持つ企業の全体を方向づけるための戦略である企業（全社）戦略を，中心に据えていることである。企業戦略は，経済的に大きな影響力を持つ企業の方向性を決める重要な問題であるにもかかわらず，それを中心に取り上げているテキストが少ない。このテーマに関心を持つ読者の十分に満たされてこなかったニーズの充足に，本書が多少なりとも役立つことが筆者の願いである。一方，あらゆる企業の経営戦略の基礎であり，個々の事業レベルの戦略である事業（競争）戦略について，本書は，企業戦略を学ぶ前提として必要最小限の内容を扱っているに過ぎない。基礎の先にあるトピックを主題にするという意味で，本書は進んだ内容のテキストであり，初学者や経営戦略全般を一冊でバランスよく学びたい読者向きではない。また，企業戦略というテーマの性格として，スタートアップやベンチャーを含む単一事業の企業に主たる関心がある読者にも向かない。こうした読者には，より適切なテキストを探すことを勧めたい。

　第2の特徴は，企業が戦略を実行する手段である組織の設計（デザイン）に，多くのページを割いていることである。第1章で紹介するアルフレッド・チャンドラーの古典的な研究が示すように，企業戦略の難しさは，戦略自体の策定とともに，戦略に適合した組織構造を見出し，つくることにある。ゆえに，本書は，戦略と同等なウェイトを，組織デザインの考察にあてている。組織の捉え方にも本書は特徴がある。持株会社（ホールディングス）構造の企業に代表されるように，現代の企業（とりわけ，大企業）の組織は，複数の会社の集まりである企業グループとしての側面を色濃く持っている。このため，本書は，組織デザインの対象を，狭い意味での組織構造（会社内部における部門の組み合わせ）だけでなく，グループ

構造（企業グループ内の会社の組み合わせ）を含むものとして捉えている。

　日本企業の事例を多く取り上げていることも，本書の特徴である。英語や翻訳されたテキストでは，海外の企業が登場することが当然に多い。経営戦略や組織デザインの基本に，企業の国籍は関係ない。だが，読者にとってなじみの薄い企業の事例は，理論と現実を結びつけるパイプとなりにくいことも事実であろう。今世紀に入って増加した「選択と集中」と呼ばれるリストラクチャリングや，M&A，大規模な組織再編などに見られるように，企業戦略と組織デザインの課題を考えるための素材は，日本企業の中にも豊富にある。そこで本書では，よく知られた海外企業に加えて，日本企業の事例を幅広く取り上げ，読者の理解に資するよう努めている。

　本書の執筆では，読みやすさを心がけた（つもりである）。このため，専門的な研究や特定の著述への言及は，おもに脚注やコラム（Column）の中で行っている。コラムは，本文に関連するトピックや進んだ内容を読み物としてまとめたものであり，飛ばして読んでも差し支えはない。だが，本文を補完する内容であり，コラムでのみ取り上げている企業の事例も多くある。各章の理解を深めるためにも，ぜひ読んでみてもらいたい。

　本書で取り上げた事例は，すべて公開情報に基づいているが，必要と考えられる場合には，企業の関係者の方々にご確認をいただいた。ご協力いただいたみなさまに，深く感謝申し上げる。残された誤謬の責は，筆者一人に帰するものであることはいうまでもない。記述は努めて執筆時点における最新の情報に基づいているものの，企業の戦略と組織は変化する。今後生じうる乖離については，読者の寛容をお願いしたい。

　本書の内容は，おもに慶應義塾大学商学部での講義をベースにしているが，構想は，前任校である青山学院大学大学院国際マネジメント研究科（青山ビジネススクール）で生まれたものである。執筆のきっかけをつくってくれた両校に深く感謝したい。有斐閣の得地道代氏には，氏の想定を大幅に超える筆者の遅筆により多大なご迷惑をおかけしたにもかかわらず，企画から完成まで辛抱強く見守っていただいた。本書のタイトルとサブタイトルは，氏に考案いただいたものである。得地氏のサポートなしに，本書が存在しえなかったことに疑問の余地はない。この場を借りて，厚く御礼申し上げる。

　　2022 年 1 月

　　　　　　　　　　　　　　　　　　　　　　　　　　　牛 島 辰 男

目　次

第

1

章

イントロダクション

1 経営戦略とは何か

　経営戦略を策定し，実行していくことは，あらゆる企業にとって最重要な課題である。ゆえに，経営戦略の研究である経営戦略論（strategic management）には数多くのトピックがある。このテキストはそれらをバランスよく取り上げるものではない。本書がおもなテーマとするのは，事業を複数持つ企業の全体を方向づける戦略である企業戦略と，その実行のための組織の設計（デザイン）である。このテーマへの導入として，本章では経営戦略とは何かを概説した上で，企業戦略の固有な役割と難しさについて考えよう。

　戦略とは，何らかの目的のために活動する個人や組織が，その達成のために定める活動の方針である。たとえば，ダイエットをしている個人にとっての戦略とは，目指す体重や体形に至るために，どのような食事を摂り，運動をするか（しないか）といった，日々の暮らしの指針である。こうした指針をあらかじめ持つことによって，われわれは活動を続ける中で次々と生じてくる意思決定の機会において，より合目的的で一貫性のある選択をしていくことができるようになる。たとえば，ダイエット中の人が予定外に高カロリーのランチを食べたときには，オフィスに戻るのにエレベーターは使わずに階段をのぼり，夕食は控えめにするといった具合に，後の選択を通じた修正で，目標からの乖離を防ぐことができる。もし，これらの選択をその時々の欲求や気分だけで行うならば，目的をうまく達成していくことは難しいであろう。

COLUMN 1-❶　**戦略の定義**

　戦略は軍事の領域に起源を持つ言葉であるが，現在では，国家の統治や外交，企業経営，スポーツなどの幅広い文脈で用いられるようになっている。こうしたさまざまな領域で戦略という概念が浸透してきた経緯については，Freedman (2013) に詳しい。用語としての普及に伴って，戦略の定義も多様化している。だが，多くの定義が共通して示唆するのは，戦略とは何らかの目的を達成するための指針であるということである。この意味で，最も簡潔で明瞭な定義は，Van den Steen (2012; 2017) による次のものであろう（イタリック部分は引用者付加）。

　　Strategy is the smallest set of choices to optimally guide (or force) other choices.

　すなわち，戦略とは選択の集合であり，その役割は，ある目的のためになされる他のさまざまな選択を適切に導いていくことにある。

　組織や個人が目的のために活動する過程では，さまざまな意思決定（選択）の必要性や機会が，しばしば予期せざる形で生じてくる。われわれが活動を通じて目的に近づいていくことができるためには，それらの選択が互いに整合し，全体としての方向性と一貫性を持つようになされなければならない。そのためには，すべての意思決定の拠りどころとなる指針が必要である。どのような指針を掲げるかはそれ自体が選択であり，そこで選ばれた指針の集合が戦略であるというわけである。本書もこの定義を踏まえている。

　ところで，上の定義（英文）にある「最小の集合」(the smallest set) という表現には，わかりにくさがあるかもしれない。戦略がその役割を果たすために，いくつの指針からなるべきか（あるいは，どれほど詳細であるべきか）は一概にいえない。指針が多いほど（あるいは，詳細であるほど），後々の意思決定における選択の幅は狭くなり，戦略からの逸脱は生じにくくなる。一方，不確実性の高い活動のための指針が過度に多い（あるいは，詳細である）と，活動を変化へと柔軟に適応させていくことが難しくなる懸念がある。この意味で「最小」（必要最小限）であることが望ましいのである。

　経営戦略とは，経営者をはじめとする経営陣（トップマネジメント）が，営利組織としての企業の活動を方向づけるために定める戦略である。営利とは，何らかの財・サービスを生産し，顧客に販売することで利益を得る行為である。営利はすべての企業が持つ経済的機能であり，社会的な役割である。営利組織として最低限の成果を生み出すことのできない企業は，存続していくことができない。一方

で，企業は十分に大きな利益を生み出し続ける限り，終わりなく活動を続けることができる，ゴーイングコンサーン（going concern）と呼ばれる性格を持つ。潜在的には無限に続く将来に企業が生み出していくと見込まれる利益を，現時点における価値として評価したものを，企業価値という。経営戦略とは，企業の存続と発展の基礎である利益を生み出し，企業価値を高めていくために，どのような活動をいかに行うかという企業の方針である。いかなる方針を自らの経営戦略とするかは，企業にとって最も重要な選択である。

COLUMN 1-❷　企業価値の公式

　企業価値は，企業が生み出していくと見込まれる利益を，現在における価値として評価したものである。企業の利益指標は1つではないが，企業価値の計算でとくに重要なのは，フリーキャッシュフロー（純現金収支）である。フリーキャッシュフローとは，事業を通じて企業が獲得した現金（キャッシュ）である営業キャッシュフローから，投資のための現金の流出額（投資キャッシュフロー）を引いたものであり，企業が株主への還元など，事業以外の用途で裁量的に使える資金である。以下ではフリーキャッシュフローのことを，単に利益と呼ぶ。

　企業価値は，企業が将来に生む利益が大きいほど高くなる。しかしながら，企業への資金の出し手である投資家にとって，将来に見込まれる利益は現在の利益と同じ価値ではない。将来の利益は実現までに時間がかかる。この実現までの期間中に別の用途に資金を投じていれば得られたであろう利益は，投資のコストとして割り引いて考えなければならない。さらに，将来の利益は不確実であり，見込みとは大きく異なるものになる可能性がある。こうしたコストとリスクを負担するがゆえに，投資家は資金提供の見返りとして一定以上の収益率を期待する。企業が達成すべきこの収益率を，資本コストと呼ぶ。企業価値の算定においては，将来の利益は資本コストによって割り引かれた現在価値として評価される。割引は遠い将来の利益ほど大きくなる。

　いま，毎年末に y 円の利益を生み出すと見込まれる企業があるとする。資本コストが r であれば，ゴーイングコンサーンとしてのこの企業の価値（V）は，次式で表される。

$$V = \frac{y}{1+r} + \frac{y}{(1+r)^2} + \frac{y}{(1+r)^3} + \cdots\cdots = \frac{y}{r}$$

　ここで，$y/(1+r)$ は今年の利益の現在価値，$y/(1+r)^2$ は来年の利益の現在価値，$y/(1+r)^3$ は再来年の利益の現在価値である。ゴーイングコンサーンであるこの企業は，無限の将来にわたって利益を生み出し続けるから，無限等比級数の和の公式より，企業価値は y/r とまとめられる。

次に，企業の利益が毎年一定率（g）で成長すると見込まれるケースを考えよう。この場合，昨年の利益を y とすれば，企業価値は次式で表される。

$$V = \frac{y(1+g)}{1+r} + \frac{y(1+g)^2}{(1+r)^2} + \frac{y(1+g)^3}{(1+r)^3} + \cdots\cdots = \frac{y}{r-g}$$

したがって，資本コストが同じであれば，現時点で実現している利益（y）と，将来に見込まれる利益の成長率（g）が大きいほど，企業価値は高くなる。

2 経営戦略の成り立ち

経営戦略が企業の活動と意思決定に一貫性をもたらし，利益の獲得という目的のために導いていくことができるためには，以下の3つの問いに答えるものでなければならない[1]。

(1) ド メ イ ン

第1の問いは，自社が活動する領域（ドメイン）をどのように定義するかである。すなわち，いかなる製品・サービスを生産するかという事業の選択と，それら製品・サービスをどのような顧客に販売するのかという市場の選択である。この方針があることで，企業は，さまざまな投資や成長の機会を選別し，発展の方向性をつくることができるようになる。

(2) 優 位 性

第2の問いは，自らの活動を通じて利益を生み出すために，どのような強み（優位性）を持つかである。利益はただ活動すれば生まれるものではない。市場には同様な活動を行う競合企業が存在する。それら企業との競争に打ち勝つための強みがなければ，活動の成果を利益という形で得ることは難しい。目指す強みが明確でないと，企業内のさまざまな活動を足並み揃えて行うこともできない。

(3) 方 法

第3の問いは，目指すドメインと優位性を実現する方法である。自社に欠けて

---

[1] 経営戦略の成り立ちに関する以下の整理は，Hambrick and Fredrickson (2001) を参考にしている。

図 1-1 ■ 経営戦略の成り立ち

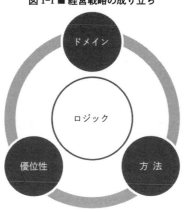

いる何かがあれば，いかにそれを獲得していくのか。すでにある強みをどのよう
に活用し，強化していくのか。こうした方法論がなければ，どのような戦略も
「絵に描いた餅」である。

　経営戦略は，これらの問いに対する企業の答えとなる方針の集合である。だが，
それがバラバラな方針の集まりではなく，1つのまとまった戦略になるためには，
方針間の「つなぎ」となる要素が必要である。この要素がロジックである。戦略
を構成する方針は，どのような組み合わせでもよいわけではない。ある市場をド
メインとする企業が，その市場の顧客にまったく評価されない価値を生み出すこ
とを強みとして目指すことは，明らかに整合性を欠く。戦略の指し示す方向に向
かう力を企業が持たなければ，実際にその方向に進んでいくことはできない。戦
略のロジックとは，方針間の整合性と自社との適合性という2つの点で，ある方
針の集合が自社の戦略であるべき論理的な理由である。その戦略に従って活動す
ることが自社の企業価値を高めていくと考えられるのはなぜか。この問いに答え
るのがロジックである。
　ロジックの説得力は，戦略の中身と同様によく検討されるべき問題である。
「早寝早起き」などの方針を何となく決めて，三日坊主に終わった経験は誰にで
もあるであろう。そうすべき理由が自分にとって明らかではないからである。根
拠の不確かな方針に従い続けることは，それを決めたのが自分自身であっても難
しい。さまざまな活動と意思決定が多くの組織メンバーの分業によって行われて

いく企業においては，なおさらである。しっかりとしたロジックは，企業が日々の活動の中で自らの戦略から逸脱することを防ぎ，その実行可能性を高めるのである。

3　経営戦略のタイプ

　経営戦略には2つのタイプがある。事業戦略（business strategy）と企業戦略（corporate strategy）である[2]。事業とは，営利のために企業がある特定の産業で行う活動である。一般に，設立されたばかりの企業の事業は1つだけである。企業が生まれたときの事業を，祖業という。しかしながら，企業は1つの事業にとどまり続けるとは限らない。多くの企業は成長するにつれて，活動の場を祖業の外へと広げ，複数の事業を持つようになる。本田技研工業（ホンダ）を例にとると，現在の同社は祖業である二輪（オートバイ）事業に加え，四輪（自動車）事業のほか，マリン（船外機）事業，パワープロダクツ（発電機など）事業，金融サービス事業などを手がけている。このように複数の事業を持つ企業を多角化企業，1つの事業に集中している企業を専業企業と呼ぶ。

　事業戦略とは，ある特定の事業において利益を獲得していくために，その事業における企業のドメインである市場と，その市場における自社の優位性をいかに定め，どのように実現していくのかという方針である。企業がある事業で競合企業に対して持つ強みを競争優位（competitive advantage）という。同じ企業であっても，事業の間には顧客に提供する製品・サービスのみならず，顧客のニーズやウォンツ，競争の性格など，おびただしい違いがある。これらの違いに対応して，企業にとって望ましい領域や競争優位，実現のための方法論も変わる。すなわち，戦略が変わる。したがって，複数の事業を持つ企業は自社のそれぞれの事業について，別個の事業戦略を持たなければならない。

　一方の企業戦略は，複数の事業を持つ企業の全体としての戦略である。事業の集合としての企業の経営には，事業レベルの戦略では対応できない課題がある。第1は，シナジー（synergy）の創出である。シナジーとは事業の間で働く価値の相乗効果である。AとBという2つの事業を持つ企業があるとし，その企業価値を V_{AB} と書こう。さらに，事業AとBが同じ企業の一部としてではなく，そ

●2　事業戦略は競争戦略，企業戦略は全社戦略とも呼ばれる。

図 1-2 ■ 事業戦略と企業戦略

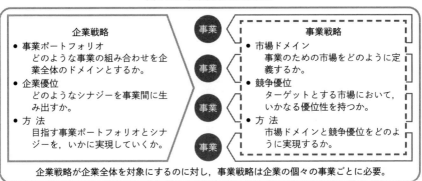

企業戦略
- 事業ポートフォリオ
  どのような事業の組み合わせを企業全体のドメインとするか。
- 企業優位
  どのようなシナジーを事業間に生み出すか。
- 方 法
  目指す事業ポートフォリオとシナジーを，いかに実現していくか。

事業戦略
- 市場ドメイン
  事業のための市場をどのように定義するか。
- 競争優位
  ターゲットとする市場において，いかなる優位性を持つか。
- 方 法
  市場ドメインと競争優位をどのように実現するか。

企業戦略が企業全体を対象にするのに対し，事業戦略は企業の個々の事業ごとに必要。

れぞれに独立した企業として活動する場合を考えよう。ある事業が独立の企業として生み出す価値を，事業の単体価値（standalone value）という。事業 A と B の単体価値を，それぞれ V_A，V_B と書くならば，シナジーとは次の不等式が成立することである。

$$V_{AB} > V_A + V_B \tag{1-1}$$

すなわち，シナジーとは，複数の事業が 1 つの企業にまとまることで，それらが単独で生み出すよりも大きな価値が生み出されることである。シナジーはしばしば，「1 ＋ 1 ＞ 2」というように表現される。これは，別々では 1 の大きさを持つ何かの単純和（2）よりも，それらを組み合わせた全体（1 ＋ 1）が大きくなるということであり，企業価値について（1-1）式が意味するところと同じである。

企業価値は，企業が生み出す利益の反映である（COLUMN 1-❷）。したがって，シナジーが働くならば，事業が組み合わさることにより，事業が生み出すことができる利益が増えなければならない。たとえば，2 つの事業が同じ資源を共用することで競争優位が高められ，それぞれの利益の獲得能力が向上するかもしれない。多角化した企業が事業間にシナジーを生み出すことで企業価値を高めていく力を，事業レベルの強みである競争優位と区別して，企業優位（corporate advantage）という。

COLUMN 1-❸ 企業優位と類似概念 ─────────────

競争優位は一般にも用いられることの多い言葉である。対するに，企業優位は多

くの読者にとって耳慣れない用語であろう。この概念は Collis and Montgomery
(1998a; 1998b) によって提唱されたものであり，複数の事業を持つ企業が事業の
組み合わせと活動の調整を通じて価値を生み出す力と定義される。ここでの価値とは，
事業が個々に生み出しうる価値に企業が付け加える価値（ΔV）のことであり，（1-1）
式の表記を用いるならば，$\Delta V = V_{AB} - (V_A + V_B)$ である。すなわち，企業優位とは
事業間にシナジーを生み出すことで企業全体の価値を底上げする力である。

　一方，競争優位は事業レベルの概念であり，事業そのものの力を高めるものである。
企業価値（V_{AB}）を $V_{AB} = \Delta V + (V_A + V_B)$ と書くならば，競争優位の反映は事業の
単体価値（V_A, V_B）である。したがって，多角化企業の企業価値は企業が持つ個々
の事業の強み（競争優位）を反映する部分（$V_A + V_B$）と，事業の集合としての企業
全体の強み（企業優位）を反映する部分（ΔV）に分けて考えることができる。実際
に企業価値をこのように分解することは容易ではないが（Column 7-❼），企業戦略と
事業戦略の役割の違いを理解する上で，こうした捉え方は有用である。

　企業優位と同様な概念は，Campbell *et al.*（1995）によっても提唱されている。
彼らの定義するペアレンティング（parenting）優位とは，多角化した企業が傘下
の事業に「親」（ペアレント）として価値を付加する力である。Collis and Mont-
gomery（1998b）も，事業のよい「親」であることを企業優位の条件としてあげて
おり，これらの概念が意味するところに大きな違いはない。本書においては，企業優
位という表現を統一して用いることにする。

　第 2 は，企業が持つ事業の組み合わせである事業ポートフォリオ（business
portfolio）の編成である。シナジーは，どのような事業ポートフォリオでも生ま
れるわけではない。自社が意図するシナジーのために欠けている事業があれば，
何らかの方法で穴を埋めなければならない。反対に，企業価値に寄与しない事業
があるのであれば，それを自社の中にとどめるべきか，判断しなければならない。
事業の追加と削減による事業ポートフォリオの編成は，部分の方針である事業戦
略では対応できない企業全体の課題である。

　企業戦略とは，どのような事業ポートフォリオ（ドメイン）を持ち，事業間に
いかなるシナジーを生み出すか（企業優位），そしてそれらをどう実現していくか
（方法）という企業の方針である。

4 企業戦略の難しさ

　本書が企業戦略をおもに取り上げるのは，それが事業戦略よりも何らかの意味
で重要だからではない。そもそも，企業戦略はすべての企業が必要とするもので
はない。世の中のほとんどの企業は1つの事業に集中する専業企業であり，これ
ら企業にとっての経営戦略とは事業戦略である[3]。多角化した企業においても，企
業の業績により大きな影響を及ぼすのは，利益が生み出される場である事業の活
動を直接に方向づける事業戦略である。利益の獲得という目的を達成する上での
企業戦略の役割は，シナジーを通じて個々の事業の力を底上げする間接的なもの
であり，事業戦略の黒子ということもできる。

COLUMN 1-❹　分散成分分析

　事業戦略と企業戦略では，どちらが企業の業績に大きな影響を及ぼすのだろうか。
分散成分分析という手法を用いた研究は，この問いに関する論争を引き起こしてきた
(Bowman and Helfat, 2001)。いま，ある企業 i の事業 j の t 年における利益率 (r_{ijt})
が，次のように表現されるとしよう。

$$r_{ijt} = \alpha + \beta_j + \gamma_{ij} + \delta_i + \mu_t + \epsilon_{ijt}$$

　ここで，α はすべての企業・事業の平均利益率，β は産業レベルの要因による平均
からの乖離，γ はある事業に固有な要因による乖離，δ は企業の事業に共通して働く
企業レベルの要因による乖離，μ は景気など年ごとの要因による乖離，ϵ はランダム
要因による乖離である。

　このとき，α 以外の要因をすべて独立な確率変数とするならば，事業利益率の分散
(σ_r^2) は，次のように5つの部分（分散成分）に分解される。

$$\sigma_r^2 = \sigma_\beta^2 + \sigma_\gamma^2 + \sigma_\delta^2 + \sigma_\mu^2 + \sigma_\epsilon^2$$

　σ_β^2 は事業利益率の分散 (σ_r^2) のうち産業レベルの要因，σ_γ^2 は事業レベルの要因，
σ_δ^2 は企業レベルの要因，σ_μ^2 は年要因，σ_ϵ^2 はランダム変動に，それぞれ起因する部分
である。これら成分の大きさは，その背景にある要因が，事業間の利益率の違いの生
成にどれほどの影響力を持つのかを示す。

　Vanneste (2017) によるサーベイが示すように，事業利益データを用いた多くの

---

[3]　専業企業であっても，他の事業へと多角化していこうとするときには企業戦略が必要である。

研究は，σ_δ^2 が σ_γ^2 に比べて非常に小さいことを見出した。すなわち，事業間の利益パフォーマンスの違いは，企業レベルの要因よりも事業レベルの要因によってもたらされているところが大きい。これは，事業のパフォーマンスに対して，事業戦略のほうが企業戦略よりも大きな影響を持つことを示唆するものである。Fukui and Ushijima (2011) による日本企業のデータを用いた推計においても，σ_δ^2 は σ_γ^2 の 15 ％程度の大きさでしかない。ある事業が高い利益率を実現している場合，それは一般に事業としての優れた力ゆえであり，優れた企業に属しているからではないということである。

　ただし，こうした分析結果をもって企業戦略の役割を軽視することは誤りである。分散成分分析は企業が持つ事業ポートフォリオを所与としているが，そもそもどのような事業を企業がドメインに持つかは，事業戦略ではなく企業戦略によって決められる。ホンダの四輪事業が同社に発展をもたらしたのは，この事業における同社の事業戦略が優れていただけではなく，二輪から四輪に多角化するという企業戦略があったからである。事業戦略と企業戦略はまったく異なる役割を果たすものであり，複数の事業をドメインとする企業にとっては，双方が重要である。

　しかしながら，企業戦略には固有な難しさがあり，その失敗は企業の命運に決定的な意味を持つことがある。黒子である企業戦略がそうした大きなインパクトを持つのは，事業間のシナジーがプラスではなく，マイナスに働くことがあるためである。マイナスのシナジーとは，以下の不等式が成り立つことである。

$$V_{AB} < V_A + V_B \tag{1-2}$$

　すなわち，事業の集まりとしての企業の価値が，企業を構成している事業の単体価値の和を下回ることである。マイナスのシナジーが生じるのは，企業という存在が，傘下の事業が本来的に持っている力を何らかの形で削いでいるためである。第**7**章で検討するように，こうした状況が放置されると事業の利益を生み出す力が失われていき，やがて企業の存立基盤が大きく損なわれる危険がある。今世紀に入って生じてきた多くの日本企業の破綻や，解体的なリストラクチャリングの背景には，そうしたメカニズムが見え隠れすることがしばしばある（Column 7-**❽**）。

　企業戦略を難しくする１つの要因は，検証の問題である。企業が最初から完璧な戦略を持つことは難しい。戦略は日々の活動の中でテストされ続ける仮説のようなものであり，優れた戦略に至るためには，検証と修正の繰り返しが不可欠である。事業戦略の場合，事業の売上高やマーケットシェアといった定量的情報，

顧客満足をはじめとする定性的情報など，検証のための材料が豊富にある。何よりも，事業が十分に大きな利益を生み出しておらず，将来における改善の見通しも立ちにくい場合，戦略を修正する必要性は明らかである。企業戦略についても，企業が巨額の赤字に陥っているなど危機的な状況にある場合は，問題の存在が明らかである。ある事業の不振が企業全体に困難をもたらしているならば，その事業の戦略だけでなく，自社内にその事業を留め置いてきた企業戦略の妥当性が問われる。

　だが，そのように危機的な状況でないと，企業戦略の検証には曖昧さがつきまとう。企業戦略の直接的な成果は，利益や企業価値のうちシナジーによって底上げされている部分である。だが，シナジーは事業の売上高やマーケットシェアのように直接に観察することができない。(1-1) 式に立ち返ってみよう。上場している企業であれば，左辺の企業価値は株価などに基づき客観的に計測できる。だが，右辺である事業の単体価値を同じように計測することはできない。これらの事業は現実には企業の一部として存在しているのであり，それらが独立した企業であるというのは，現実に反する仮想的な状態（反実仮想）であるためである。ゆえに，企業戦略の検証は，「もしこうであったならば」という推測に依存する度合いが，ことのほか大きい。経営者をはじめとするトップマネジメントが想像力を駆使して反実仮想に思いをめぐらし，現実と比べる労をとらなければ，検証は行われず，修正の必要が認識されることもない。検証がなされたとしても，恣意的な評価に陥るのならば，同じことである。結果として，企業が危機的な状態に陥り，問題が誰の目にも明らかになるまで悪い戦略が続くということになりかねない。

5　戦略と構造

　企業戦略を難しくする第2の要因は，組織である。経営戦略の実行のためには，その示す方向に向かって活動できる組織を，企業が持たなければならない。企業の活動は，多くの組織メンバーによる分業によって行われている。それらメンバーの大部分は，戦略をつくった当事者ではない。にもかかわらず，組織が戦略に従って活動していくことができるとすれば，分業のあり方がそのように工夫されていなければならない。分業の形を決める最も基本的な要因は，企業内部がどのように部門分けされ，部門同士がいかなる形で組み合わさることで組織がつくら

図 1-3 ■ 職能別組織と事業部制組織の比較

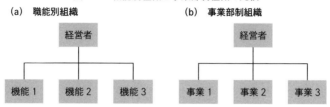

れているかを示す，組織構造である。したがって，経営戦略の実行には，戦略に適合した構造を企業があらかじめ持つことが必要である。だが，事業の多角化が進むと，さまざまな活動が部門や子会社など多くの組織ユニットで行われることになるため，企業の組織は複雑化する。戦略にフィットした構造を見出し，つくるプロセスは，絡み合った糸をほぐしては編み直すような難しいものになりやすい。

　この難しさを記録した著名な研究が，アルフレッド・チャンドラーの『戦略と構造』（Chandler, 1962）である。1962 年に出版されたこの本において，チャンドラーは 20 世紀初めのアメリカ企業の多角化と組織の変遷を分析した。とりわけ彼が詳細に検討したのは，デュポンの事例である。火薬製造業を祖業とするデュポンは，第一次世界大戦がもたらした火薬需要の高まりにより急成長を遂げたものの，戦後における資源の余剰化に備えるため，化学製品分野へと多角化を進めた。だが，この戦略の成果は好ましいものではなかった。大戦終結後まもなく，デュポンは巨額の赤字へと陥った。

　同社の経営陣は状況の検討を重ね，問題はデュポンを取り巻く環境ではなく，企業の内部にあると結論した。とりわけ懸念されたのは，火薬製造企業としてつくり上げてきた強固な職能別組織（functional structure）が，多角化により新たに加わった化学事業の活動を阻害していることであった。職能別組織とは，購買・生産・販売など，事業を構成する活動の種類である機能（職能）によって，部門を分ける構造である（図 1-3(a)）。多角化が進んだことで，デュポンの機能部門は火薬に加えて，さまざまな製品を扱うようになっていた。問題は，同じ事業にかかわる機能が複数の部門に分かれて配置されているために，同じ事業内で機能間の調整や連携を図るのが難しいこと，そのための負荷がトップマネジメントと本社部門のスタッフに重くのしかかっていることであった。

　こうした問題に対応するため，デュポンは事業部制組織（divisional structure）

と呼ばれる新しい組織構造へと移行した。事業部制組織は，機能ではなく事業に基づき部門をつくるため，ある事業の活動は原則として同じ事業部門に集約される（図1-3(b)）。事業部門は担当する事業の機能をセットで持っているため，部門内で機能間の連携・調整をスムーズに行えるとともに，高い自律性を持って活動することができる。また，経営者は事業にかかわる意思決定を事業部門に委ねることで，自らは全社的な課題に集中できるようになる。この変革によってデュポンの多角化は軌道に乗り，同社は合成ゴムやナイロンなどの画期的製品を生み出した総合化学企業として，目覚ましい発展を遂げることになった。こうした多角化の進展と，それに伴う事業部制組織への移行は，ほかの多くの企業でも見られた。この観察からチャンドラーは，「構造は戦略に従う」（Strategy follows structure）という命題を導き出した。経営戦略の実行には，それと適合した組織構造が必要であり，戦略が変わるならば，それに応じて構造も変化する必要があるということである。

　チャンドラーが記録したアメリカ企業の軌跡は，この命題を強く支持するものであるとともに，戦略と構造の適合を実現する難しさを示すものでもある。デュポンが多角化を始めてから，事業部制の採用に至るまでには，非常に長い時間を要した。この間に，多くの委員会やタスクフォースがつくられ，あるべき組織の姿が議論されたものの，その本格的な実現は経営危機の到来を待たなければならなかった。さらにいえば，デュポンにとっての望ましい構造の探求は，事業部制組織への移行で終わったわけではない。研究開発の組織的な位置づけという，組織全体のデザインに比べて簡単に見える問題においてすら，同社は本社研究所を中心とする集権的な構造と，事業部の研究機能を重視した分権的な構造の間を，振り子のように行き来してきた（Column 1-❺）。戦略にフィットした組織の姿を知り，つくることは，優れた戦略を持つことと同じく，容易な課題ではないのである。

Column 1-❺　現在も続くデュポンの模索

　デュポンの研究開発組織の変遷については，Hounshell and Smith（1988）が詳細に分析している。職能別組織の時代においては，同社の研究開発は1つの機能部門に集約され，集権的に行われていた。しかしながら，多角化が進むにつれて，研究活動が個々の事業のニーズを反映していないとの不満が高まるなど，他機能との距離が軋轢を生むようになってきた。このため，事業部制組織への移行に伴い，研究開発活動は個々の事業部に設置された研究部へと移管され，他の機能との連携が強化され

た。しかしながら，この分権的な構造においては，デュポンの生命線ともいえる事業
横断的な革新的技術への投資が滞るようになり，本社研究開発機能の再強化が早々に
行われた。その後におけるデュポンの研究開発は本社と事業部門の分業で行われてき
たが，両者の間での資源や権限の配分は時期により一定ではない。こうしたゆらぎは
企業戦略に適合する構造を一意に決める難しさを示すものといえ，本書では第**9**章で，
より一般的に考察する。

　デュポンの組織に近年生じた大きな変化は，競合のダウ・ケミカルとの統合とその
後の分割である。デュポンはダウ・ケミカルと 2017 年に合併し，世界最大の化学
企業ダウ・デュポンとなったが，この統合は，より大きな企業をつくることが目的で
はなく，統合後の分割により 3 つの独立した企業をつくることであった。このため
に，ダウ・デュポンはダウとデュポンの重複事業を統合・整理した上で，素材化学・
特殊化学・農業関連の領域に特化した 3 社への会社分割（スピンオフ）を 2019 年
に実施した。この大胆なリストラクチャリングについては，Column 12-**❼**でも取り
上げる。

6　企業戦略の重要性

　まとめると，企業戦略は，それをつくり，適切な構造を持つことで実行し，検
証と修正を行っていくプロセスの，すべてに難しさがある。事業の数が増えるに
つれて，これらの難しさは加速度的に高まっていく。[4]こうした認識を持つならば，
企業戦略を通じて企業価値を高めることはそもそも可能なのかという疑問が生じ
ても不思議ではない。ある問題が大きさと複雑さゆえに解くのが難しければ，よ
り小さく単純な問題へと切り分けることが実際的なアプローチとなる。最近のデ
ュポンの動向が示すように（Column 1-**❺**, 12-**❼**），アメリカでは経営者の主体的
な判断で，大きな多角化企業を複数の独立した企業へと切り分けることが実際に
行われる。

　だが，そうした分割の実施にも，企業戦略の核心ともいえる思考が求められる。
分割が合理性を持つためには，1 つの企業が複数に分かれることで，より大きな
価値が生まれなければならない。それはすなわち，（1-2）の不等式が成り立つと

●4　多角化企業の経営を事業間のつながりのマネジメントとするならば，その難しさは，つながり
　　の数とともに高まる。n 個の事業を持つ企業における事業間のつながりの数は最大で $n(n-1)/2$
　　であり，その数は事業が増える以上のペースで増加する。

いうことである。自社についてこの条件が満たされているのかどうかの思考は，多角化を維持したり，進めたりするための思考と性格的に何ら変わるところがない。複数の事業を持つ企業である限り，いかなる方向へと動くにせよ，企業戦略の思考は必要なのである。

　こうした難しさはあるものの，企業戦略は企業に飛躍的な発展をもたらす力を秘めている。デュポンが火薬から化学製品へと，ホンダが二輪事業から四輪車へと多角化することがなかったならば，これら企業によって生み出される価値は今よりずっと小さなものになっていたであろう。経営者が企業戦略を企業の衰退や破綻ではなく，発展のロードマップとして描くことができるためには，戦略とそのロジックを明確にし，妥当性を問い続ける必要がある。優れた企業戦略とはいかなる性格のものなのだろうか。戦略の効果的な実行のために，組織はどうあるべきなのだろうか。チャンドラー以降も続いてきた研究の蓄積は，これらの問題を考える上でのヒントを提供する。そこで本書は，経営戦略と関連分野の理論を概説するとともに，経営への示唆を考察していく。

7　本書の構成

　本書の次章以降の構成は，以下の通りである。次の第**2**章では，事業戦略について概説する。営利組織としての企業の力の基礎は事業にある。事業が活動を通じていかに利益を生み出すのかを理解することなしに，「黒子」である企業戦略の役割も理解することはできない。そこで，第**2**章では競争優位を中心とする事業戦略の課題を検討するとともに，優位の基礎となる，資源や組織能力，バリューチェーンといった要素について解説する。これら要素の知識は，後の章で事業間にシナジーが生まれる仕組みを考える上でも重要である。

　企業が戦略を効果的に遂行できるためには，戦略に適合した組織が必要である。第**3**章では，1つの事業に集中する専業企業の組織を中心に，組織デザインの基礎を解説する。現代の企業，とりわけ大企業の組織の重要な特徴は，複数の会社が株式の所有・被所有によって結びつくことでできる企業グループとしての側面を持つことである。そこで第**4**章では，企業グループとしての組織を取り上げる。

　第**5**章以降では，事業を複数持つ企業の戦略と構造について検討する。最初に第**5**章で取り上げるのは，事業戦略と企業戦略の双方にかかわる垂直統合である。垂直統合とは，企業が既存の事業と取引関係にある別の事業をドメインに加える

ことである。取引という関係性で結ばれた事業を企業がセットで持つ意味は何か，戦略と構造の両面から検討する。

第**6～9**章では，本書の主題である多角化について考察する。事業の多角化が企業価値の向上に結びつくかは，企業が事業間にシナジーをどれだけ強く生み出せるかに依存する。そこで第**6**章と第**7**章では，事業シナジーと財務シナジーという，2つの異なるタイプのシナジーを，それぞれ取り上げる。同じシナジーという言葉を含んでいても，これらの効果が働くメカニズムや事業の範囲は大きく異なる。それぞれの特徴を明らかにすることで，実現のための課題を検討する。

第**8**章では，多角化企業の組織の標準形である事業部制組織の成り立ちと特性を検討する。事業部制組織は，企業が多角化する上で多くのメリットを持つ組織構造であるが，デメリットもある。双方を踏まえることで，企業戦略を実行する手段としての組織構造の役割が明瞭になる。一言で事業部制組織といっても，多様なバリエーションがある。この章では，事業部制組織の代表的な形も概観する。

第**9**章では，シナジーと組織との対応に注目する。企業が抱える，すべての課題に完璧に対応できる組織構造は存在しない。このため，企業がどのようなシナジーを重視するのかによって，組織デザインで優先されるべきことが変わり，望ましい構造も変わる。事業部制組織という枠組みの中で，構造が戦略にどう従うのかを考察する。

企業が事業の集まりとしての姿を変えるためには，新しい事業への投資や既存の事業からの撤退が必要になる。第**10**章と第**11**章では，外部にある資源を活用して事業をつくる方法である，合併と買収（M&A）および他企業との提携（アライアンス）を取り上げ，それぞれの活用における課題を検討する。第**12**章では，企業の構造の大がかりな修正であるリストラクチャリングに注目し，本書の結びとする。

第
2
章

事業戦略の基礎

1　価値の創造と獲得

　企業の中で，利益を生み出す力が宿る唯一の場所は，事業である。その活動を
方向づける事業戦略の基礎を踏まえることなしに，事業の集合としての企業の方
向づけである企業戦略の課題を理解することはできない。そこで本章では，競争
優位を中心に事業戦略の基礎を概観し，後章への準備とすることにしよう。

1.1　事業戦略の役割

　事業とは，企業がある特定の財・サービスの生産と販売を通じて利益を得るた
めに行う活動の体系（システム）である。事業を構成する活動は，生産，研究開
発，部品や原材料の調達（購買），物流，営業（販売），マーケティングなど，多
岐にわたる。それらの活動は独立に機能しているわけではなく，互いに結びつき，
依存し合っている。この意味で，事業は活動の単なる集まりではなく，システム
である。このシステムを納め，機能させる組織的な「箱」が企業であり，その価
値は中身の事業がどれだけ大きな利益を生み出していくかで決まる。事業戦略の
役割は，①事業が活動の場（ドメイン）とする市場，②市場での競争に打ち勝ち，
顧客と利益を得るための強み（競争優位），③それらを実現するための方法を，方
針として示すことで，事業を形づくる多くの活動に一貫性をもたらし，1つのシ
ステムとして有効に機能できるようにすることである。

COLUMN 2-❶　船を造らない造船会社

　企業は何らかの事業のために設立されるが，事業そのものではない。事業は活動の
システムであると同時に，企業が事業のために所有する資源の集合でもあり，顧客や
従業員といったさまざまなステークホルダー（利害関係者）との契約の集合でもある。
企業の資産や契約は他の企業へと移すことができるから，それらの集合である事業を
企業間で移転することも可能である。この事実が意味するのは，企業は事業を収める
ための組織的な「箱」であるということである。箱であるからこそ，企業から企業へ
と中身（事業）の移し替えが可能なのである。箱の中に収めるものは，1つに限定さ
れる必要はない。すなわち，複数の事業へと多角化することができるのも，企業が
「箱」であるからである。

　企業が「箱」であることを端的に表しているのは，社名と事業が一致しない企業で
ある。日立造船はその名の通り造船業を祖業として発展してきた企業である。しかし
ながら，現在の日立造船は，エネルギーと水資源関係のエンジニアリングをおもな事
業としており，一部の舶用機器の生産を除き，造船事業は行っていない。造船事業は
日本鋼管（現 JFE エンジニアリング）との統合のため 2002 年に分離され，後に同
社の子会社となった。このように，名前の由来となった事業が社内に存在しなくなっ
ても，社名にその名残りをとどめることがあるのは，社名とはあくまで企業という箱
の名称であり，中身の事業に付いているものではないからである。

　営利組織としての企業は事業という中身を必要とし，事業は企業という箱に収まる
ことで活動できる。だが，両者は分かち難く結びついているものではない。こうした
関係性を認識しておくことは，企業戦略の多くのトピックで重要になる。

1.2　価値の創造と獲得

　事業が利益を生み出すメカニズムを単純化して考えてみよう。いま，企業が製
品1個を P 円で顧客に販売するとしよう。この取引が成り立つためには，企業
と顧客の双方が利得を得るか，少なくとも損をしてはならない[1]。企業にとっての
利得は，取引のもたらす利益である。製品を1個売ることで得られる収入は製品
の価格である P 円であるから，製品1個当たりの費用を C 円とすれば，利益は
$P-C$ 円となる。ここでの費用とは，原材料費など製品の生産に直接かかる費用
（原価）だけではなく，事業に要するすべての費用を含むものである。

---

[1]　どちらか一方にでも損失が生じるなら，取引をしないことがより望ましい選択であるから，取
　引は行われない。

図 2-1 ■ 企業による価値の創造と獲得

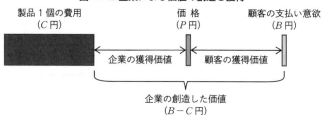

顧客にとっての利得は何であろうか。顧客が製品を購入するのは，それが自分に何らかの便益をもたらすと期待するからである。見込まれる便益が大きいほど，顧客は高い価格でも受け入れる。顧客がある製品に払ってもよいと考える最大限の価格を，顧客の支払い意欲（willingness to pay：WTP）と呼ぶ。支払い意欲は，顧客が製品から得ることを期待している便益の大きさを，貨幣価値として表したものである。製品が自分のニーズ（必要）やウォンツ（欲求）をよりよく満たすと見込まれるほど，顧客の支払い意欲は高くなる。いま，顧客の支払い意欲が B 円であるとしよう。このとき，顧客が P 円で製品を購入するならば，顧客は P 円の価値と引き換えに B 円の価値を得る。すなわち，顧客にとっての利得は $B-P$ 円である。この利得が大きいほど，取引は顧客にとって望ましいものになる。**図 2-1** は，以上の関係を図示したものである。

　このように考えると，利益とは企業によって創造され，獲得された価値であるといえる。企業は，顧客にとって B 円の価値がある製品を，C 円の費用を負担して供給することで，$B-C$ 円の価値をつくり出す。製品が P 円で販売されると，このうち $B-P$ 円が顧客のものとなる。残る $P-C$ 円が企業の獲得する価値であり，利益である。いうまでもなく，企業が生み出す価値 $(B-C)$ がゼロかマイナスであれば，企業の獲得する価値 $(P-C)$ がプラスになることはない。したがって，事業が利益を生むために必ず満たさなければならない条件は，プラスの価値を創造すること $(B>C)$ である。この条件を満たさない事業は，経済的に成り立ちえない。

Column 2-❷　**事業性評価の難しさ**

　営利活動である事業が存続・成長していくためには，十分に大きな利益を生み出す力を持たなければならない。事業が利益を得る上での最も一般的な障害は，企業間の競争である。だが，競争とは関係なく，慢性的な赤字に苦しむ事業も多く存在する。そうした事業の問題は，プラスの価値を創造できないこと $(B<C)$ である。$B<C$

であれば，企業と顧客の双方が利得を得られる価格（P）は存在しないため，事業が利益を生み出す術はない。こうした経済的に成立しがたい事業が生まれる1つの理由は，産業や市場に大きな変化が生じ，プラスの価値を創造してきた事業が，その力を失ってしまうことである。多くの写真フィルム企業が破綻や事業撤退に追い込まれた背景には，デジタルカメラの登場により，フィルムへの需要が激減したことがある。

　もう1つの重要な理由は，見込み違いである。ある活動が十分な利益を生み出し，自立した事業として成立するという展望を，事業性という。新たな事業が始められるのは，それが事業性を持つと判断されたからである。だが，新しい事業は企業にとって未経験の活動であり，見込み違いは起こりうる。事業性の評価がとくに難しいのは，革新的な製品やサービスで新しい市場を切り拓こうとする事業である。こうした事業には，市場がどのくらいの広がりを持つのか，顧客がどのような人々で，いかなる便益を重視するのかなど，多くの不確実性がある。事業に要する費用も多くの不確定要因に依存するため，事前に正確に見積もることが難しい。結果的に，需要（B）の過大評価や費用（C）の過小評価などが生じ，事業性の低い事業が生まれやすくなる。

　ベンチャー企業など新規性の高い事業に挑戦する企業の重要な特徴は，多くの企業が消えていく中で一握りが成功し，成長していくことである。これは，競争による淘汰というよりは，プラスの価値（$B-C>0$）を生み出すことに成功する企業が限られているためである。これら企業の生存と成長に見られるダイナミクスは，新規性の高い活動の事業性を評価することの難しさの反映である側面が多分にある。

1.3　競 争 の 力

　プラスの価値の創造は，事業が利益を得られることを保証するものではない。市場には競争がある。取引相手となりうる企業が複数いれば，顧客はより大きな価値を自らにもたらす企業を選ぶ。選ばれるためには，企業は競合よりも大きな価値を提供しなければならない。競争が激しくなるほど，顧客に提供しなければならない価値（$B-P$）は大きくなり，企業が自ら獲得できる価値（$P-C$）である利益は小さくなる。

　簡単な例として，同じ大きさの価値（$B-C$）を創造する2社が，1人の顧客をめぐって競争する市場を考えてみよう。仮に，企業1が利益の出る価格（$P>C$）で顧客と取引しているとしても，この状況には持続性がない。競合の企業2は，より低い価格を提示することで，顧客を奪えるからである。企業1が顧客を取り返す（あるいは，奪われないようにする）ためには，企業2よりもさらに低い価格を顧客に提示しなければならず，企業2もまた値下げにより対抗する。こうした

価格の切り下げ競争は，取引が利益を生むうちは続くため，価格（P）は利益がゼロとなる C 円まで低下していく。したがって，最終的に企業が顧客を獲得できたとしても，利益を得ることはない。

　この例では，競争が利益を奪い取る力が最大限に働いている。実際にこの力がどれほど強く働くかは，多くの要因に依存する。基本的な要因の1つは，市場における需要と供給のバランスである。上の例では，供給が需要を超過しているために，競争が売り手である企業間で激しく生じている。多くの産業で好況期に利益が増え，不況期には減少するのは，需給バランスの変化によって競争の圧力が変わるからである。より構造的な要因もある。[2] たとえば，法律や規制によって参入が制限されている市場では競争は弱くなる。こうした要因による差異はあるものの，競争はいかなる市場でも必ず存在する。このため，企業が事業を通じて利益を得るためには，競争に抗する力である競争優位を持つ必要がある。ゆえに，どのような競争優位を持つかが，事業戦略の重要な課題となるのである。

2　競　争　優　位

　では，競争優位とは何だろうか。一般的に定義すれば，競争優位とは，競合する他社よりも大きな価値（$B-C$）を生み出す力である。企業1と2による競争で前者によって創造される価値を B_1-C_1，後者によって創造される価値を B_2-C_2 としたときに，$B_1-C_1 > B_2-C_2$ であるならば，企業1は競争優位を持つ。$\Delta B = B_1-B_2$，$\Delta C = C_2-C_1$ と書けば，企業1の優位の大きさは，両社が創造する価値の差である $\Delta B + \Delta C$ である。この差が企業1にどのような強みをもたらすのか，異なるタイプの競争優位に対応する2つのパターンを見てみよう（図2-2）。

(1)　コスト優位
　図2-2(a) は，企業1が企業2よりも低い費用（$\Delta C > 0$）という形で優位を持つ状況を描いたものである。両社の製品に対する顧客の支払い意欲は同じ（$\Delta B = 0$）であるから，顧客にとっては価格が少しでも低い企業と取引することが望ま

●2　マイケル・ポーターのファイブフォースモデル（5つの要因分析）は，事業の環境を規定する構造的な要因を体系的に分析するための代表的なフレームワークである（Porter, 1980）。このフレームワークの優れた解説としては，沼上（2008a）や澤田（2020）がある。

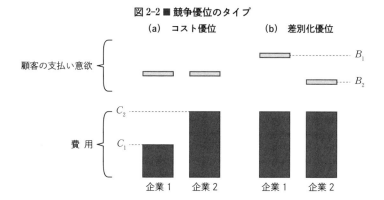

図 2-2 ■ 競争優位のタイプ

(a)　コスト優位　　　　(b)　差別化優位

しい。このため，競争により価格は低下していく。しかしながら，価格は C_2 まで低下すると下げ止まる。この価格では，企業2はもはや利益を得られないため競争から脱落するためである。このとき，企業1は ΔC 円の利益を得る。

　この例のように，競合に比べた費用の低さに由来する競争優位は，コスト優位（cost advantage）と呼ばれる。ニトリホールディングス（ニトリ）は，家具・インテリア用品事業において強いコスト優位を有することで，大きな利益と高い成長を実現してきた企業である。ニトリは製品の企画から販売までを一体的に運営する仕組みと強い販売力を持つことにより，低価格で販売しても大きな利益を得る力を実現している。

（2）　差別化優位

　図 2-2(b) は，企業1が顧客の支払い意欲の高さゆえに，企業2よりも大きな価値の創造力を持つ状況を描いている（$\Delta B > 0$）。こうした形の競争優位は，差別化優位（differentiation advantage）と呼ばれる。企業1は，より大きな便益を顧客にもたらすがゆえに，企業2より高い価格であっても，価格差が ΔB より小さい限り，より大きな価値を顧客に提供できる。企業2は企業1よりも価格を低くすることで対抗できるが，価格が費用（C_2）まで低下するならば，競争を続けることはできない。このときも企業1は，企業2の価格に対する価格差（プレミアム）を保てるために，それが利益となるのである。

　オリエンタルランドが運営する東京ディズニーリゾートは，差別化優位を持つ事業の例である。同リゾートの東京ディズニーランドとディズニーシーは，魅力的なキャラクターとコンテンツを活用したアトラクション，優れた顧客サービスなどにより，一般的なテーマパークや遊園地に比べて高めな価格ながらも，強い

顧客の支持を得ている。

　ここで注意すべきは，差別化優位とは，顧客の支払い意欲（B）が高い結果として企業がより大きな価値（$B-C$）を創造できることであり，支払い意欲の高さだけを意味するわけではないことである。製品がどれほど大きな便益を顧客にもたらすとしても，その供給に非常に大きな費用がかかるならば，企業が生み出す価値（$B-C$）は小さくなる。創造する価値が小さくなれば，それを顧客と分け合い利益を得る企業の力はむしろ低下する。

　同様にコスト優位とは，費用（C）が低い結果として企業が大きな価値（$B-C$）の創造力を持つことであり，費用の低さだけでもたらされるものではない。ニトリのキャッチコピーが「お，ねだん以上。ニトリ」であることが象徴的に示すように，コスト優位とは価格から期待される以上の便益を顧客に提供することで，「お買い得感」という価値を生む力である。顧客の便益に配慮することなく費用をただ削るなら，「安かろう，悪かろう」という顧客にとって魅力のない存在になってしまう。競争優位は事業が生み出す価値（$B-C$）の大きさが決めるものであり，顧客便益（B）と費用（C）双方への目配りなしには，どのような優位も実現しない。

COLUMN 2-❸　価値ベースの戦略論

　競争優位は，経営戦略のテキストには必ず登場し，一般にも広く用いられる言葉である。だが，その意味するところは必ずしも明確ではない。しばしば見られる定義は，「競争に打ち勝ち，利益を得るための力」「競合や産業平均を上回る利益を得る力」といったものである。しかしながら，このように優位のもたらす結果から優位を定義することは同義反復的であり，それを得るために何をなすべきなのかという示唆を企業に与えるものではない。「速く走るためには，速く走る力を身につけなければならない」という言明は絶対的に正しいものの，そこから陸上選手が得るものはないのと同じである。

　本文で紹介しているように，事業が生み出す価値を顧客の支払い意欲（B）と企業の負担する費用（C）の差として捉え，その大きさから競争優位を定義する理論は価値ベースの戦略論（value-based strategy）と呼ばれる。Brandenburger and Stuart（1996）を嚆矢とするこの理論は，利益の先決要因である価値（$B-C$）に基づき優位を定義するため，事業戦略において企業が目指すべきものを，一般的な定義よりも簡潔・明瞭に示す。このため，Spulber（2009）など多くの優れたテキストが，この理論枠組みに依拠しながら，事業戦略を論じている。価値ベースの戦略論

の理論と応用については，Stuart（2016）や Oberholzer-Gee（2021）も詳しい。

　この理論と関連したフレームワークとして，Brandenburger and Nalebuff（1996）のバリューネット（value net）がある。企業が創造する価値（$B-C$）は，企業と顧客の取引により生まれるものであるから，より正確には，企業と顧客がともに創造したものである。バリューネットは，企業の利益を，顧客だけでなくサプライヤーや競合企業など，さまざまなプレイヤーとの協力によって生み出され，企業によって獲得された価値と捉える。企業が獲得できる価値の大きさは，その付加価値（added value）に依存する。付加価値とは，企業が他のプレイヤーと生み出す価値のうち，当該企業抜きでは実現しえない部分である。付加価値が大きいほど，その企業は全体にとって欠くことのできない存在であり，大きな価値を獲得する力を持つ。競争優位を競合よりも大きな価値（$B-C$）を生み出す力として捉えることは，競争優位を企業の付加価値として捉えることでもある。バリューネットの考え方については，青島・加藤（2003）にも，わかりやすい解説がある。

3　市場の定義

　すべての競争優位は，前節で述べた2つのタイプのどちらか，あるいは両者の組み合わせとして捉えることができる[3]。だが，こうした一般的な類型は，事業活動の指針となるには漠然としすぎている。企業は，顧客に提供する自社ならではの価値として，目指す強みをより具体的に描く必要がある。この価値を問うことは，自社の顧客は誰かという，別の重要な問いにつながる。狭い意味での顧客とは，製品を購入してくれた消費者や企業である。だが，それら「実現した顧客」は，企業が取引できる可能性のある「潜在的な顧客」の一部に過ぎない。事業のドメイン（市場）は，取引の実現を求めて自社が積極的に働きかけていく「ターゲット顧客」をいかに定めるのかという問題である。

　ターゲット顧客の選定が重要であるのは，事業が生み出す価値（$B-C$）の大きさが顧客によって変わるためである。これには，2つの理由がある。第1は，顧客のニーズやウォンツに違いがあるため，同じ製品に対する支払い意欲（B）が顧客によって変わることである。ある顧客にとって重要な便益である何かが別

---

[3]　コスト優位（$\Delta C > 0$）と差別化優位（$\Delta B > 0$）双方の側面を持つ競争優位は，二重の優位（dual advantage）と呼ばれる。

の顧客には重要ではないならば，この何かの提供に秀でた企業の製品に対する支払い意欲は，前者の顧客では高く，後者では低くなる。第2の理由は，企業が負担する費用（C）が顧客によって異なることである。たとえば，輸送費のかさむ製品の場合，企業の供給拠点の近くの顧客と遠くの顧客では，前者との取引のほうが費用は小さくて済む。

　したがって，企業には取引が生み出す価値の大きさという点で「相性」の良い顧客と悪い顧客がいる。競争優位を所与とするならば，事業のドメイン（市場）は，その優位が強みとして活きる相性のよい顧客をターゲットとするものでなければならない。多くの市場は，顧客の所在やニーズなどにより分かれるセグメント（サブマーケット）の集合として捉えられる。自社と相性がよい顧客が多くのセグメントに存在するならば，市場の定義はそれらセグメントにまたがる幅広いものになる。逆に，相性のよい顧客が限られたセグメントに集中しているならば，市場の定義は絞り込まれたものになる。

　反対に市場の定義を所与とするならば，事業の競争優位は，それがターゲットとする顧客との取引において実際に大きな価値を生むものでなければならない。市場を幅広く定義する企業であれば，多様なセグメントの顧客が共有しているニーズやウォンツの充足に秀でた力を持つ必要がある。逆に，限られたセグメントを対象に市場を狭く定義する企業は，その市場の顧客にとって，とくに重要な便益の提供に優れた「スペシャリスト」でなければならない。Column 2-❹に紹介する UNIQLO と ZARA の戦略の違いには，こうした市場と競争優位との関係がよく表れている。

　このように，事業戦略における優位性とドメインの方針の間には，強いつながりがある。実際のところ，これら方針の間には連立方程式の解のような相互依存の関係があるため，どちらか一方のみを切り離して，他方とは独立に定めることには意味がない。これらの方針が1つのまとまった戦略として機能するためには，それらが互いに整合していることが不可欠である。

Column 2-❹　**UNIQLO vs. ZARA（1）**

　事業戦略における競争優位と事業ドメインの関係を具体的に見るために，カジュアル衣料のブランドである UNIQLO と ZARA を比較してみよう。ファーストリテイリングの事業である UNIQLO は，多くの読者に馴染み深い存在であろう。今世紀における UNIQLO の目覚ましい成長は，日本のアパレル産業に革命的な変化をもたらしてきた。スペインのインディテックス社の ZARA もまた，世界的に大きな成功を収

めてきたブランドであり，日本でも高い人気を誇る。ともに強い競争力を持つブランドであるが，UNIQLO と ZARA の戦略は大きく異なる。

　UNIQLO の戦略の第 1 の特徴は，幅広い顧客をターゲットとする市場の設定である。このため，UNIQLO の製品は年齢や嗜好を問わず誰もが着やすい，ごく一般的なデザインが主体である。第 2 の特徴は，コスト優位の追求である。記録的な販売を記録したフリースが 1 枚 1900 円という低価格であったことが象徴するように，多くの顧客にとって価格の手ごろさは，UNIQLO の重要な魅力である。手ごろな価格ゆえに大きな需要が生まれ，その規模がコストを低減するための重要なドライバーとなる。もっとも，単なる低価格であれば，顧客の支持は長く続かない。価格から期待される以上の価値を顧客に提供してきたことが，UNIQLO が成長を続けてきた理由である。UNIQLO がとくに重視する顧客便益は，商品の品質と機能性（保温，速乾性など）である。これらは，幅広い顧客が衣料品について持つ共通ニーズを満たすものであることに注意しよう。

　一方，ZARA の戦略におけるドメインの設定は，UNIQLO に比べかなり絞り込まれている。ZARA がターゲットとするのは，ファッションへの関心が高く，流行に敏感な顧客である。これらの顧客は時々のトレンドを反映した商品に対して高い支払い意欲を持つ。だが，トレンドはあらかじめ予測することが難しいため，そうした旬の商品を適切なタイミングで供給することは容易ではない。ZARA は商品の企画から販売までに要する時間を競合よりも圧倒的に短くすることで，トレンドの予測ではなく観測に基づき，新しい商品を次々に投入していく仕組みをつくり上げた。これにより，ZARA の店舗には，その時々のトレンドを反映した商品が途切れることなく確実に並ぶようになった。ZARA の競争優位は，ターゲットとする顧客にとって，とくに重要な便益を提供することによる差別化優位である。

　このように，UNIQLO と ZARA の戦略は大きく異なるが，ドメインと競争優位の間に高い整合性があるという点では一致している。これら方針が整合しているからこそ，両ブランドの戦略は機能し，大きな成果を生み出してきたのである。

4　バリューチェーン

4.1　バリューチェーンの成り立ち

　事業戦略は，どのような強みを持つかという方針だけでなく，それをどのように実現するかという方法論を必要とする。競争優位を生み出す方法は，①事業を活動のシステムとしてどのように形づくり，動かしていくのか，②事業で用いら

図 2-3 ■ バリューチェーンの例

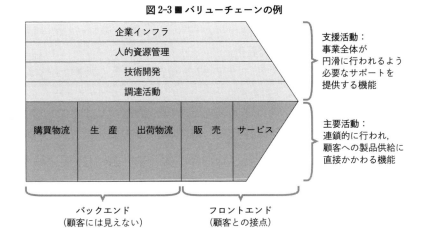

れる資源の何を重視し，いかに活用，蓄積していくのかという，2つの視点から考えることができる。前者の視点での有用なフレームワークが，バリューチェーン（value chain）である[4]。あらゆるシステムは，異なる働きをする要素の組み合わせとしてできている。活動のシステムとしての事業を形づくる要素は，生産や物流，販売といった機能である。バリューチェーンは，事業を構成する機能別の活動の配置と結びつきを示すことで，価値創造のシステムとしての事業の成り立ちを表すものである。

　図 2-3 は，バリューチェーンの例である。バリューチェーンは，事業の活動を2つのグループに分ける。主要活動は，企業が製品をつくり，顧客に供給する過程で直接的な役割を果たす機能であり，顧客との取引のために行われるタイミングの早い活動ほど，図の左に配置される。主要活動の中でも，販売やサービスなど顧客との接点となる機能はフロントエンド，顧客との直接的な接点を持たない機能はバックエンドと呼ばれる。一方の支援活動とは，システム全体を下支えする活動であり，人事や経理，情報システムといった間接機能が一般に該当する。バリューチェーンを構成する機能やそれらの組み合わさり方は，産業や企業により大きく異なる。**図 2-3** は，あらかじめ生産された製品を販売する見込み生産型の製造業に典型的なバリューチェーンである。銀行のバリューチェーンを描くな

---

[4] バリューチェーンは Porter（1985）によって提案された概念である。加護野・井上（2004）は，より広い視点から，事業をシステムとして捉えることを提案している。

らば，同図とはまったく異なるものになる。

4.2　バリューチェーンの差異化

　価値創造の仕組みであるバリューチェーンが競合とまったく同じであれば，競争優位は生まれない。企業が競争優位を持つためには，バリューチェーンを何らかの形で競合とは差異化しなければならない。その方法は，大別して3つある。これらの方法は単独でも，組み合わせても用いることができる。

(1)　活動の差異化

　第1は，ある機能の活動を他社とは異なる形で行うことで，より大きな顧客便益 (B) を生み出すか，費用 (C) の低減を図ることである。インターネットの活用により，伝統的な小売企業に対して強い競争力を実現している Amazon は，わかりやすい例であろう。Amazon と従来型の小売業では，フロントエンドである販売のみならず，多くの機能が異なる形で行われている。

(2)　要素の差異化

　第2は，競合が持たない機能を加えたり，競合が持つ機能を省いたりすることで，バリューチェーンの成り立ちを変えることである。Apple のスマートホン事業は前者の例である。競合製品の多くが Google の Android をオペレーティングシステム（OS）として採用しているのに対し，Apple の iPhone は独自 OS である iOS を搭載することで，強い差別化優位を実現している。これを可能にしているのは，競合にはない OS の開発機能を持つ Apple のバリューチェーンである。

(3)　つながりの差異化

　バリューチェーンを構成する諸活動は，モノや情報のやりとりによって互いに結びついている。差異化の第3の方法は，機能間のつながりや連携を変えることで，システム全体の働きを高めることである。これには，活動が行われる順序を変えることも含まれる。1990 年代のパソコン産業では，当時は新興企業であった Dell が台風の目となり，大きな変化がもたらされた。Dell の競争優位は，競合が**図 2-3** のような見込み生産型の事業を行っていたのに対し，販売を起点に他の主要活動が動き出す受注生産型のバリューチェーンを構築し，機能間の連携により高速回転させることで生み出されたものであった。

COLUMN 2-❺　UNIQLO vs. ZARA（2）

　UNIQLO と ZARA のように，自社ブランドの商品を専門に販売する衣料品小売企業は，SPA（specialty store retailor for private label apparel）と呼ばれ，アメリカの GAP，スウェーデンの H&M なども該当する。SPA の主要活動は，商品企画，生産，出荷，販売といった機能から構成されるが，生産は自社内では行わず，アジアや北アフリカなど人件費の低い地域の企業へと委託されることが一般的である。ただし，戦略の違いを反映して，ブランド間でバリューチェーンにも違いがある。

　UNIQLO の戦略は，バリューチェーンの至るところに表れている。前述のように，幅広い顧客を市場とする UNIQLO は，顧客便益としての機能性を重視する。この強みの実現のため，UNIQLO は化学企業である東レと提携し，保温性や速乾性などに優れた独自素材を開発している。多くの顧客に販売するためには，それら顧客へのアクセスと認知が必要である。UNIQLO は国内だけで 800 店に及ぶ舗数ネットワークをつくるとともに，アパレルブランドが用いることの少ない新聞の折り込み広告などの媒体も活用し，広く一般消費者に向けた販促活動を行っている。生産においては，アジア諸国の企業に大規模に生産委託することでコストの低減を図るとともに，委託先への生産指導により品質を高めている。UNIQLO のバリューチェーンは，多くの顧客に販売するための競争優位を，大規模であるがゆえに効果的に生み出す仕組みである。

　ZARA のバリューチェーンは，UNIQLO とはかなり異なる。1 つの違いは，生産の一部をスペインの自社工場で行うことである。これは，遠隔地の企業に生産委託することによるコストの節減よりも，近隣の自社拠点で生産することによるスピードを重視するためである。社外での生産も，南欧など近傍の企業に委託される比重が高い。このようにしてつくられた商品は，高度に自動化された自社物流拠点へと集められ，世界の店舗へとスピーディに送り出されていく。店舗は流行が生まれ，消費される場である都心の一等地に集中しており，商品企画のための情報収集も重要な機能とする。バックエンドにおいては，各地から送られてくる情報を反映した商品を速やかに企画・生産し，店舗へと送り出せるように，多分野のスタッフによる機能横断的なチームが，活動の中心を担っている。これらバリューチェーンの工夫により，通常は数カ月を要する新商品の企画から販売までのサイクルを，ZARA は 3 週間程度で回転させる。この圧倒的なスピードゆえに，ZARA の店頭にはターゲットとする顧客を引きつける商品が途切れることなく並ぶのである。

　このように，同じ SPA であっても，UNIQLO と ZARA のバリューチェーンは多くの点で異なる。これは両ブランドが狙う市場と競争優位が異なるために，それらを実現する方法論も，おのずと異なるためである。UNIQLO と ZARA の比較にさらに関心のある読者は，齊藤（2014）を参照するとよい。

4.3　バリューチェーンの模倣困難性

　独自なバリューチェーンをつくったとしても，競合が簡単に真似できれば，優位性は損なわれる。松井証券は店頭や顧客元での営業を行わないオンライン（インターネット）証券の先駆けとして，従来型の証券会社とは大きく異なるバリューチェーンを構築した。しかしながら，同様な事業形態をとる新興証券会社の参入や大手証券会社のオンライン事業への進出により，優位性の低下を見た[5]。持続性のある競争優位を実現するためには，バリューチェーン自体の模倣が困難であるか，バリューチェーンの働きに影響する何らかの模倣困難な要素が存在しなければならない。

　バリューチェーンの模倣は，真似すべき要素が多くあり，それらの間に強い補完性（complementarity）があるときに，とくに難しくなる。補完性とは，複数の要因の間に，互いの働きを高め合う正の依存関係があることをいう。活動の間に強い補完性がある場合，活動のすべてを最適な形に変化させないと，バリューチェーン全体としての働きを高めることができない。だが，多くの活動を同時に変化させることは，一部の活動だけを変えることよりも難しい。したがって，企業のバリューチェーンが，多くの活動の補完的システムとしてでき上がっていることは，競合による模倣を防ぎ，競争優位の持続性を高める効果を持つ[6]。

　競合の活動間の補完性が，自社を模倣することへの障害になることもある。競合のバリューチェーンが高度に補完的なシステムとしてでき上がっている場合，自社への対抗のためにそれを一部でも変更することは補完性を壊し，競合のもともとの強みを大きく損なう危険があるためである。このジレンマを回避する1つの方法は，新旧のバリューチェーンを分離することである。すなわち，従来のバリューチェーンで活動する組織ユニットと，新しいバリューチェーンで活動する組織ユニットを，企業内に分離してつくることである[7]。しかしながら，こうした組織的な分離を施したとしても，市場でのユニット間の棲み分けが明確にできない限り，同じ企業のユニット同士の競争という頭の痛い問題が生じる（Column 8-

---

- 5　オンライン証券における競争と松井証券の戦略については，高井（2018）が詳しい。
- 6　このように，競合による強みの模倣の障害となる要因を，隔離メカニズム（isolating mechanism）と呼ぶ（Rumelt,1987）。隔離メカニズムには，活動間の補完性のほか，後述する資源の性格や市場におけるポジションに由来するものなどがある。
- 7　しばしば行われる対応は，企業本体が従来のバリューチェーンで活動する一方で，新設の子会社など過去のしがらみのない組織ユニットに新しいバリューチェーンをつくることである。こうした形の分離は「出島」方式と呼ばれることがある（Column 3-❻）。

❷）。こうした企業内競争が生じる懸念があること自体が，新しいバリューチェーンの構築を遅らせる働きをする。

5　資源と組織能力

　事業は，さまざまなインプットを用いて，物理的なアウトプットである製品と，経済的なアウトプットである価値を生み出すシステムである。企業間の価値の創造力の差は，アウトプットを生み出す仕組み（バリューチェーン）だけでなく，投入されるインプットの違いからも生じる。資源（resource）とは，事業のために企業が保有するインプットのストックである（事業のインプットには，エネルギーや原材料のように，必要に応じて社外から調達されるものもあるが，それらは資源とは呼ばない）。競争優位の基礎として，どのような資源をいかに蓄積していくのかは，事業戦略が答えるべき重要な問いである。

5.1　資源の種類

　企業の資源は，大別すると，有形資源，無形資源，人的資源に区分できる（図2-4）[8]。有形資源とは，土地や工場，社屋，機械などのように，モノとしての形を持ち，目に見える資源である。有形資源は取得時に貸借対照表の資産として計上されるため，会計的にも見えやすい資源である。反対に，無形資源は，モノとしての形を持たない見えざる資源であり，技術やブランド，ノウハウ，商標などが含まれる。無形資源は限られた条件でしか貸借対照表に現れることがないため，会計的にも見えにくい資源である[9]。最後に，人的資源とは，企業組織を構成するヒトである。人的資源は，バリューチェーンのすべての箇所で必要となる。ヒトの集まりとしての組織が，有形・無形の資源を用いて何らかの活動を遂行する力を，組織能力（organizational capability）と呼ぶ。組織能力は，人的資源をはじめ

●8　文脈によって，資源は資産とも呼ばれる。本書では明確な識別が必要な場合を除き，両者をとくに区別しない。

●9　ほとんどの無形資源は，貸借対照表には表れない「オフバランス」（簿外）資産である。これは，無形資源への投資の多くは，研究開発費や広告宣伝費のように，会計的には支出として扱われるためである。ただし，ソフトウェアなどごく一部の無形資源は，無形固定資産として記録される。また，企業がM&Aを行うと，買収価額と被買収企業の純資産の差が「のれん」として，買収企業に資産計上される（Column 10-❻）。のれんは被買収企業の持っていた無形資源の反映と解釈されるが，買収企業がもともと保持していた資源がそこに反映されることはない。

図 2-4 ■ 企業の資源の種類と例

● 資 源

┬─ 有形資源　　土地，建造物（工場，社屋，倉庫），機械設備，事務用機器など

├─ 無形資源　　特許，ノウハウ，ブランド，商標，著作権，顧客情報，企業文化など

├─ 人的資源　　経営者・管理職・従業員など企業組織の構成員

↓

● 組織能力　　　人的資源のチームが有形・無形の資源を用いて，事業の活動を遂行する力

とするさまざまな資源がチームとして発揮する力であるため，複合的な資源ともいえる。

　資源の取得と利用には費用がかかる。費用が大きくなれば，事業が生み出す価値 $(B-C)$ は小さくなる。ゆえに，資源は持つことが必ず強みになるわけではない。競争優位の源泉となりうる資源は，その利用が顧客便益 (B) の向上や活動の効率化による事業全体の費用 (C) の低下などを通じて，資源の利用に要する費用以上の価値創造力の増大を事業にもたらす資源である。たとえば，技術の獲得には研究開発費がかかるが，その技術を用いることで魅力的な製品が生まれ，費用の増分以上に顧客の支払い意欲が高くなるのであれば，事業の生み出す価値は大きくなる。こうした価値の創造力の向上をもたらす資源は，企業として積極的に持つべき資源である。

5.2　資源の模倣困難性

　もっとも，他の企業も同じ資源を簡単に手に入れることができるのであれば，それが生み出す価値が企業に固有な強みとなることはない。競争優位の基礎として戦略的に重要な資源とは，事業の価値創造力を向上させるのみならず，競合による模倣が難しく，それを持つ企業が限られるという意味で，希少性のある資源である。大きな価値を生み出す資源ほど，それを持とうとする企業は増える。にもかかわらず資源が希少であるためには，競合による獲得への障害となる要因やメカニズムがなければならない。そうした障害には，いくつかのタイプがある。

COLUMN 2-❻　企業の資源ベース理論 ────────────────

　資源や組織能力を競争優位の源泉と捉え，企業間の業績の違いをこれら要因の異質性に求める視点は，資源ベース理論（resource-based view：RBV）と呼ばれる。

RBV は現代の経営戦略論の重要な基礎であるが，その源流にあるのはエディス・ペンローズの企業成長理論と経済学におけるレントの概念である。ペンローズは企業の成長における資源の役割に注目し，ある事業で蓄積されてきた資源が余剰になったときに，新たな活用場所として別の事業機会が模索されることが，企業の成長を促していくと考えた（Penrose, 1959）。一方のレントは，古典派経済学に由来する概念である。肥沃な土地の供給に限りがあるとき，そうした土地を持つ農産物の生産者は，土地の生産性がもたらす低い費用ゆえに，同じ価格で農産物を販売したとしても，他の生産者よりも大きな利潤を得ることができる。資源（土地）の希少性に由来する，こうした利潤がレントである。

　Wernerfelt（1984）は，希少な農地のもたらすレントと同様に，企業の利益は，その企業ならではの固有な資源に由来するという理論を提起した。RBV という呼称は，この論文のタイトルに由来している。その後，資源ベース理論は大きく 2 つの方向で発展を見た。第 1 は，資源がレントを生み出し，企業がそれを利益として獲得できるための条件の考察である。Barney（1991）や Peteraf（1993）は，そのための条件を体系的に整理した，代表的な論考である。Dierickx and Cool（1989）は，資源に希少性が生まれ，維持されるメカニズムを，資源の蓄積プロセスに注目して検討した。これら競争優位の源としての資源に関する考察は，事業戦略論の基礎として，とりわけ重要である。

　第 2 の方向は，企業の成長を促す要因としての資源に注目するものである。Teece（1980; 1982）は事業間で共用可能な資源が生み出す範囲の経済性（economies of scope）が多角化に経済合理性をもたらすとし，とりわけ市場での取引が難しい無形資源の役割を強調した。Prahalad and Hamel（1990）と Markides and Williamson（1994）は，多角化の基礎となる資源を生み出し，さまざまな事業で活用するための組織能力をコアコンピタンス（core competence）と呼んだ。こうした企業優位の基礎としての資源と組織能力の役割については，**第 6 章**で改めて検討する。RBV についての日本語の概説としては，沼上（2008b），永野（2015）などを参照するとよい。

　第 1 は，資源の量が物理的に限られていることである。土地や鉱山のような有形資源の場合，優良な資源の絶対量に限りがあることが，それを持たない企業による取得の妨げとなる。ただし，資源を取引する市場が存在すると，資源の獲得のために企業が支払わなければならない価格には，その価値が反映される。都心の一等地の地価や賃貸料は，そこで小売業などの事業を営むことで大きな収入を得られることが誰の目にも明らかであるがゆえに高い。そうした市場性のある資

源から利益を得るためには，資源の価値が十分に明らかではなく，価格が抑えられている早い段階での獲得が必要である。[10]

　第2は，法的な仕組みである。無形資源の多くは知識や情報としての性格を持つ。とりわけ形式知（客観的・明瞭に内容を記述し，伝達することが可能な知識）である資源は，その内容が明らかになると企業間で簡単に伝播するため，希少性が失われやすい。特許法（技術），意匠法（デザイン），著作権法（著作物，ソフトウェアなど），商標法（商標）などの法律は，資源の所有者が資源を独占的に利用する権利を保証することで，希少性をつくり出す仕組みである。

　第3は，資源の性質である。資源は何らかの投資により蓄積されていくため，早くに投資を始めた企業は，他の企業に対して優位性を維持しやすい。加えて，次のような性質を持つ資源は，後発によるキャッチアップがとりわけ難しくなる。[11]

(1)　時間をかける必要性

　ある種の資源は時間をかけて蓄積することが，質の高い資源を得るために不可欠である。ブランドは，顧客が企業や製品に期待することのできる価値が広く認知され，受け入れられることで価値を持つ。単なる知名度であれば，広告宣伝を大規模に行うことで短期間でも向上できるが，顧客から信頼されるブランドは，多くの取引を重ね，期待に反しない価値を顧客に提供し続けることなしにはつくれない。

(2)　蓄積の収穫逓増

　資源の蓄積には，その資源をすでに多く持っている企業のほうが，そうでない企業よりも効率的に資源を増やしていける収穫逓増のメカニズムが働くことがある。たとえば，ビッグデータと呼ばれるような膨大な顧客データの解析から得られる情報資源の質は，蓄積されたデータの規模が大きくなるほど向上していくという意味で，このメカニズムが強く働いている。

(3)　資源の複合性

　獲得すべき対象が複数の資源の組み合わせである場合，要素となる資源をセッ

- 10　Barney（1986）やMakadok（2001）が議論しているように，そうした早い段階で資源を獲得できるためには，企業が優れた「目利き」として他社の持たない洞察を持つか，純粋に幸運でなければならない。これは，土地や鉱山の権益のような個別の資源だけでなく，M&Aにより他社の持つ資源をセットで取得する場合も同様である。
- 11　模倣困難な資源が持つこれらの性格については，Dierickx and Cool（1989）が詳しく検討している。

トで獲得できないと，高い価値の創造力を得ることはできない。したがって，多くの資源が複合的に機能することで発揮される組織能力は，個別の資源よりも模倣が難しい。組織能力の中でも，特定の活動のための能力よりも，広範な活動領域にまたがる統合的な能力のほうが，獲得は難しくなる。

(4) 資源の社会性

資源の中には，複数の企業の関与で成り立っているという意味で，社会的な性格を持つものがある。たとえば，企業がサプライヤー（取引業者）や顧客と互いの活動を密接に連動させたり，調整したりする能力は，その企業の力のみででき上がっているわけではない。こうした資源や能力はパートナーとなる企業間の協力でつくられているため，1社だけの努力で蓄積できる資源よりも獲得が難しい。

(5) 曖 昧 性

ある企業に優位性をもたらしている資源が何であるのか，明確に特定できるとは限らない。特定できたとしても，その資源の性格や成り立ちがわからなければ，簡単に模倣することはできない。そうした曖昧性を持つ資源の代表は，ノウハウのように暗黙知（試行錯誤により経験的に取得され，内容を明確に記述することが難しい知識）としての性格を持つ資源である。暗黙知は，それを持つ企業ですら，それが何であるのか正確に知っているわけではない。

競争優位の基礎になる資源がこうした性質を持っていると，競合による同様な資源の獲得が困難になるため，優位の持続性が高くなる。もっとも，資源が十分に蓄積される前の段階では，これらは当該企業にとっても獲得への障害になる。それを企業自らの力で乗り越えるためには，獲得すべき資源を明確にし，地道に投資を続けていくほかない。技術を得るための研究開発のように，資源への投資の多くは，事業の日々の活動の中で行われる。このため，投資の一貫性は，活動の一貫性を必要とする。事業の基本方針として，活動に一貫性をもたらすのは，事業戦略である。したがって，企業が持つ資源や能力は，戦略を実現するための手段であるとともに，その成果であるともいえる。

企業が自らの投資により資源を獲得し，成長していくことを，内部成長（internal growth）という。内部成長は企業成長の基本形であるが，唯一の形ではない。M&A は，他の企業やその一部を自社と統合することで，企業の外にある資源を内部に取り込み，利用する方法である。M&A によらずとも，相手企業とライセンス契約を結ぶなどの協力関係をつくることができれば，外部の資源を自社の活

動のために利用することができる。このように，他企業が蓄積してきた資源を利用して成長することを，内部成長に対比させて，外部成長（external growth）と呼ぶ。外部成長の利用は企業戦略の重要なトピックでもあるので，第 **10** 章と第 **11**章でそれぞれ取り上げる。

COLUMN 2-❼　バスタブのメタファー

　企業が資源を蓄えていくプロセスは，バスタブ（浴槽）に水を溜めることに，しばしばたとえられる。バスタブの水は，蛇口や入水口から少しずつ溜まっていく。一度に出る水の量は限られているため，バスタブ一杯に水を張るのには時間がかかる。企業をバスタブに見立てれば，蛇口から出る水が，投資により新たに得られる資源であり，バスタブの中に溜まっている水が，過去の投資で獲得されてきた資源のストックである。バスタブを水で満たすのに時間がかかるのと同様に，企業が必要とする資源を十分に蓄積するには時間がかかる。ゆえに，価値ある資源の蓄積に早くから取り組んできた企業は，競合に対する資源ストックの優位を維持しやすい。

　バスタブには水を抜くための吐水口もある。吐水口がしっかり閉まっていないと，新たに加わる水の流入（インフロー）を流出（アウトフロー）が打ち消してしまうため，水はなかなか溜まらない。企業の資源にも，資源量の減少や価値の低下といった形でのアウトフローがある。たとえば，技術進歩は古い技術は陳腐化させ，その価値を低める。特許の失効も，それによって守られていた技術の価値の低下を引き起こす。こうしたアウトフローがインフローを上回ると，バスタブの水位が低下していくように，企業の資源と価値の創造力は低下していく。企業が M&A に踏み切る動機の 1 つは，他社の溜めた水（資源）をバスタブごと買うことで自社資源の不足を補い，こうした事態に対処することである。医薬品産業は M&A の活発な産業の 1 つであるが，それは，自前の研究開発による新薬の開発がうまく進まないときに，有望な新薬を持つ他社を買収することで収益の基盤を強化することが，事業の存続と発展に必要となるからである。

　資源のアウトフローは，不要な資源の売却など，企業自身の施策によっても生じる。だが，企業の資源には除去しようとしても，簡単には取り除けないものもある。とりわけ，活動の中で従業員らが体得してきた力である組織能力は，ヒトと組織に深く根づいているために簡単にゼロにはならない。古い能力の存在が学習の妨げとなるために，新しい能力の獲得も遅れやすい。この傾向は，もともとの能力が強固であるほど強まるため，Leonard-Barton（1992）は「企業のコア（中核）にある能力は，その企業のコアとなる硬直性（rigidity）でもある」という命題を提起している。バスタブ一杯の資源や能力が生み出す企業の強みは，他のものには変わりにくいという弱みの裏返しということである。これは，事業環境が大きく変わり，資源の価値が大きく

変化していくときに，多くの産業でリーダー企業が繰り返し直面してきたジレンマである。

第

3

章

組織構造の基礎

1　組織とは何か

　自社がドメインとする市場と，そこで持つべき強み，それらを実現していくための方法を，戦略として定めたとしても，それで事業が利益を生み出せるようになるわけではない。戦略は方針に過ぎない。いかに優れた戦略であっても，それが指し示す方向に向かって活動することができなければ，目指すところに到達することはない。企業が戦略に従い活動していくためには，活動を担う組織が戦略と適合した形でつくられていなければならない。チャンドラーの命題「構造は戦略に従う」は，多角化する企業にのみあてはまるものではない。あらゆる企業にとって，戦略と適合した組織を持つことは，戦略の実行のために不可欠である。そこで本章では，組織構造の設計（組織デザイン）の基礎について学ぶとともに，1つの事業に集中する企業（専業企業）の典型的な組織構造である職能別組織について考察する。

　組織研究のパイオニアであり経営者でもあったチェスター・バーナードは，組織を「2人以上の人々による，意識的に調整された諸活動，諸力の体系（システム）」と定義している。[1] すなわち，組織とは，複数のメンバーが活動を手分け

---

　[1]　組織研究（組織論）は，経営戦略論やその前身である経営政策（business policy）の研究よりも，長い歴史を持つ。バーナードなど初期の研究者たちの論考については，岸田・田中（2009）にわかりやすくまとめられている。現代の組織論のよい入門書としては，鈴木（2018）や桑田・田尾（1998）などがある。本章がおもに取り上げる組織デザインについての詳細な解説書としては，沼上（2004）やGalbraith（2014），Puranam（2018），Worren（2018）などがある。

（分業）し，調整しながら進めることで，目的を達成しようとする存在である。組織における分業の重要性は，アダム・スミスの「ピンの逸話」にわかりやすく表れている。複数の職人がピン（針）をつくるにあたり，職人たちがそれぞれ独立に，すべての作業を1人で行うこともできる。しかしながら，職人たち全体がつくることのできるピンの数は，それら作業を分担して行うことで飛躍的に増える。ある決まった作業を専門にこなすことで，職人たちはその作業への習熟を深め，それを遂行する力を高められるだけでなく，1人で多くの作業の間を行き来する時間や労力のムダがなくなるためである。

　だが，こうした専門化による個々の力の向上が，全体（組織）の力へと結びついていくためには，分業されている活動が互いに齟齬なく進むよう，調整される必要がある。仮に針金を尖らす工程が何らかの理由で止まっているにもかかわらず，前工程である針金の切断がいつも通りのペースで行われるならば，両工程の間には大量の仕掛品（切られた針金）が積み上がってしまう。ピンの生産が滞りなく行われているとしても，市場で販売可能な本数を超える量を職人たちがつくり続けるならば，製品在庫（売れ残ったピン）の山ができていく。分業がこうした混沌を生み出すことを防ぐためには，さまざまな活動を全体として見渡し，必要な調整を行う仕組みが組織に備わっていなければならない。そうした仕組みを持つことで，組織は分業の力を最大限に引き出すことができるようになる。ゆえに，組織は「調整された諸活動，諸力のシステム」なのである。

2 ヒエラルキー

2.1 権威による調整

　企業組織の成り立ちは，しばしばピラミッドにたとえられる。ピラミッドが石のブロックを何層にも積み上げたものであるように，企業の組織もまた，従業員のグループである部門（division）が階層的に積み上がることでできている（**図3-1**）。組織のこうした構造は，ヒエラルキー（hierarchy）と呼ばれる[2]。ヒエラルキーの重要な特徴は，それを構成する部分もまた，ピラミッドの形をしていることである。**図3-1**の部門Aは，組織全体のピラミッドの一部であるのみならず，

●2　ヒエラルキーは，こうした構造の名称として使われるほかに，組織内部における活動の調整メカニズムを指す言葉として用いられることもある。

図 3-1 ■ 組織の階層構造（ヒエラルキー）

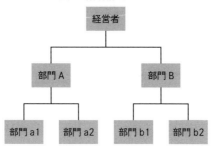

傘下に２つの下位部門（a1 と a2）を持つミニピラミッドである。大きな企業の組織になると，ピラミッドの中にピラミッドが含まれる入れ子型の構造が，何層にも重なったものとなる。

　企業の組織がこうした形をとるのは，組織における調整が，権威（authority）をおもなメカニズムとするためである。５つの作業に分割できる何かを，５人が分担して行うとしよう。もし，５人の作業者が必要な調整を自分たちのみで行うとすると，10 の調整関係が作業者間に発生する（図 3-2(a)）。これに対して，作業者たちとは別に調整を専門に行う係を設け，調整はすべてこの係を介して行うようにすれば，必要な調整関係は半分の５つになる（図 3-2(b)）。いうまでもなく，(b)のほうが(a)よりも全体としての調整負担は軽くなる。だが，調整負担が軽減されても，作業者と調整者の立場が対等であるならば，調整が確実にできるとは限らない。調整の必要性や中身について意見の相違があるならば，それが解消されない限り，調整は進まない。

　この袋小路から抜け出す１つの方法は，調整者に作業者の活動を監督し，指示することができる「上司」としての力を与えることである（図 3-2(c)）。権威とは，組織において上司が部下に対して持つ，こうした力のことである。なぜ，作業者が上司で調整者が部下ではないのだろうか。それは，個々の作業者は，自分が担当する活動には誰よりも通じているものの，全体を知る立場にはないためである。調整者は，活動の当事者ではないものの，すべての作業者と情報をやりとりすることで状況を把握し，全体にとって何が最適かを判断できる立場にある。ゆえに，調整者に権威を付与する（あるいは，権威を持つ者が調整を受け持つ）ことが，よりよい調整を可能にするのである。

　以下では，ある範囲の従業員を監督・指揮し，活動を方向づけていくための権

図 3-2 ■ 代替的な調整システム

(a)　自律的調整システム	(b)　ハブ＆スポーク	(c)　ヒエラルキー

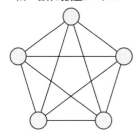

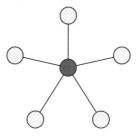

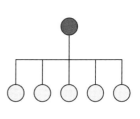

威を持つ調整者を，マネージャーと呼ぶ。**(c)** を企業組織の縮図とするならば，マネージャーにあたるのは経営者である。すなわち，経営者とは，企業の活動全般の調整責任と，その責任を果たすための権威を持つ，究極のマネージャーである。

2.2　調整の分業

　だが，組織が大きくなると，経営者が１人ですべての調整を行うことはできなくなる。統制範囲（span of control）の制約があるためである。統制範囲とは，１人のマネージャーが監督・指揮できる部下や活動の数（範囲）の上限である。人間はコンピュータのように膨大な情報を処理し，何が最適であるかを短時間で見極めることはできない。[3] このため，調整すべき活動が統制範囲を上回ると，マネージャーはそれら活動を十分に把握できなくなり，よい調整ができなくなる。

　この問題への有効な対処が，調整の分業である。いま，統制範囲が５であるのに活動が 25 あるとすれば，経営者１人ではすべての調整ニーズに対応できないことは明らかである。しかしながら，活動を５つのグループ（部門）に分割し，それぞれの部門内での調整を担うマネージャー（部門長）を作業者の直属の上司として配置し，経営者はこれら５人の部門長を通じた部門間での調整だけを行うようにすれば，それぞれのマネージャーの負担が統制範囲を超えることはない。もし，ある部門の活動が増え，部門長の統制範囲を超えるようであれば，それら

---

[3]　こうした認識・情報処理・判断の能力に限界があるゆえ，人間は，何らかの目的のために最適な合理的行動をとろうとしても完全には合理的たりえない，限定された合理性（limited rationality）と呼ばれる性質を持つ。統制範囲が有限であることは，限定された合理性の１つの表れである。限定された合理性については，第5章でも検討する。

の活動をさらに分割し，下位部門へと割り当てることで，負荷を分散させること
ができる。このように，活動の規模が大きくなると調整にも分業が必要になるこ
とが，組織を部門の積み重ねであるヒエラルキーとして形づくっていくのである。

COLUMN 3-❶　権威とリーダーシップ ─────────

　上司が部下の活動を指示し，部下がそれに従うのは，上司が裏づけとなる権威を持
つからである。この権威は，もともとトップ（経営者）のものであるが，効果的な行
使のため，部下であるマネージャーに委譲されているものである。では，経営者の権
威はどこからくるのだろうか。Simon（1951）は，企業組織におけるすべての権威
は，従業員の雇用契約（employment contract）に由来すると論じている。雇用契
約の重要な特徴は，提供される労働サービスがどのように使われるかが事前には明確
に定められておらず，雇用者（雇い主）が事後的に決める裁量を持つことである。す
なわち，雇用契約を結ぶことで，被用者（従業員）は雇用者の権威を受け入れ，雇用
者による指示が法律や倫理に反するものでない限り，それに従う義務を負うのである。
　ただし，従業員が雇用契約を結ぶ相手は，一般に企業（会社）であり，経営者個人
ではない。経営者もまた，会社との契約により職務にあたるという点では，広い意味
での従業員である。したがって，従業員の雇用者であることが，経営者に権威をもた
らすわけではない。だが，経営者には職務の遂行で必要になる多くの権限が，企業の
所有者である株主より委ねられている。そうした権限の中には，会社を代表して従業
員を雇用し，それにより生じる権威を行使することが含まれる。すなわち，雇用契約
の当事者である会社の経営を委託されていることが，経営者の権威の源泉である。
　ところで，経営者が権威を持つことは，部下であるマネージャーや従業員たちの活
動を効果的に導いていけることを保証するものではない。それが可能であるためには，
「人をまとめ，ついて行こうと思わせる属人的影響力」（伊丹・加護野，1989）であ
るリーダーシップを，経営者が持つ必要がある。強いリーダーシップは何に由来する
のか，優れたリーダーである経営者とはどのような特徴を持つのかについては，研究
者や実務家による多くの考察がある。興味ある読者は，金井（2005）などを参照す
るとよい。

3　組織構造の諸側面 ─────────

　分業と調整の仕組みを持たずに企業が活動することは，ごく小さな企業を除け
ば不可能である。ゆえに，ある程度の規模の企業の組織は，部門の階層的な組み
合わせであるヒエラルキーとしての性格を必ず備えている。だが，その成り立ち

である組織構造のつくり方は1つではない。組織構造は，活動のシステムとしての組織の骨格であり，企業ができること（得手）とできないこと（不得手）を根底で規定する。ゆえに，戦略の効果的な実行のためには，組織がその示す方向で活動できるとともに，その過程で生じてくる課題にうまく対処していけるよう，構造がつくられていなければならない。

3.1 水平的構造と垂直的構造

企業が持つ組織構造の特徴は，水平的構造（horizontal structure）と垂直的構造（vertical structure）という，2つの面から捉えることができる。

水平的構造とは，ヒエラルキーの横方向の成り立ちであり，部門間で活動がどのように分業されているかを示す（図3-3(a)）。企業が分業を行うためには，何らかの基準で活動を分割し，複数の部門へと編成しなければならない。分割は，機能や事業，地域（市場や活動拠点の所在地）など，多様な基準により行うことができる。だが，それらの基準を一度に用いた分割を行うと，多種多様な部門が数多く並列することになり，経営者に過大な調整負担がかかる組織ができてしまう。このため，最初に経営者が自ら調整すべき重要な基準で活動を大きく分け，上位部門へと編成した後に，それら部門の内部を他の基準でさらに下位部門へと分割していく段階的な方法が，一般に用いられる。こうした形で部門が編成されるゆえに，組織の水平的構造の特徴は，経営者の真下に位置する最上位部門を分ける基準に最も強く表れる。職能別組織とはこの基準が機能である組織であり，事業部制組織は事業である組織である（図1-3）。

一方の垂直的構造とは，部門の積み重ねとしてのヒエラルキーの深さ（階層性）を意味している（図3-3(b)）。ヒエラルキーの深さとは，ピラミッドの頂点から底辺に至るまでに存在する，階層の数である。深いヒエラルキーとは，多くの階層が積み重なってできている組織であり，浅いヒエラルキーとは，階層の少ない組織である。後者のタイプの組織は，ピラミッドが平坦な形になるため，「フラットな組織」とも呼ばれる。垂直的構造は，組織における上司・部下関係の連鎖である指揮系統（chain of command），あるいはレポートライン（reporting line）の長さや構成を示すものでもある。仮に，ピラミッドの最上位部門が本部，本部の

●4 指揮系統とレポートラインは，同じ関係を逆方向に見たものである。指揮系統が，経営者→本部長→部長→……といった具合に，指示をする側からされる側に指示が伝わる経路を示しているのに対し，レポートラインは，従業員→係長→課長→……といった具合に，部下が上司へと報告

図 3-3 ■ 組織の水平的構造と垂直的構造

(a) 水平的構造　　　　　　　　(b) 垂直的構造

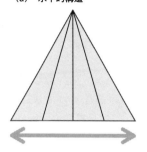
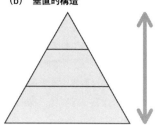

下に部，部の下に課，課の下に係という下位部門が配置されている企業があるならば，経営者とある係に属する従業員の間には，経営者→本部長→部長→課長→係長→従業員という指揮系統が存在している。したがって，フラットな組織とは，経営者と従業員の間に挟まるマネージャーが少ない，指揮系統の短い組織のことでもある。

COLUMN 3-❷　組織の縮図としての経営陣

　組織の指揮系統をたどっていくと，必ずトップである経営者に行き着く。すべてのマネージャーの部下に対する指揮権限は，経営の最終責任者である経営者から委譲されているものだからである。だが，企業の舵とりは，経営者1人によってなされているわけでは必ずしもない。現代の企業，とりわけ大企業の経営は，経営者と，その直接の部下であり補佐役である上級マネージャーからなる，経営陣（top management team）によって，チームとして担われることが一般的である。経営陣の規模（人数）や構成（顔ぶれ）は，企業によって多様である。こうした経営陣の特徴が企業の行動や業績といかに関係するかは興味深い問題であり，経営学の重要な研究テーマとなっている（Finkelstein *et al.*, 2009）。

　経営陣は，組織の縮図である。経営陣のメンバーは，組織の中で昇進を重ね，抜擢されてきたマネージャーが中心となるため，母体となる組織の姿が反映されやすいためである（とりわけ，日本ではこの傾向は強い）。企業として新しく，従業員が若い組織であれば，経営陣も傾向として若くなる。女性の活躍する組織では，経営陣にも女性が入りやすい。経営陣は，組織構造の縮図でもある。経営陣のメンバーは，経営の主要領域を分担して管掌することで，全体の責任者である経営者を補佐する。この分業のための領域分けは，組織の部門分割にほぼ対応する。すなわち，職能別組織の

を上げる経路を示すものである。

企業の経営陣は，生産や営業といった機能で管掌領域を分けることが一般的であり，事業部制組織の経営陣は，事業が分業のおもな基準となる（事業部制組織でも，財務や人事といった本社機能を管掌する経営陣メンバーがいることは多い）。ゆえに，経営陣がどのように分業しているかを見れば，組織の水平的構造を大まかに知ることができる（Column 8-❶）。

　ところで，経営陣は取締役会と同一視されることがあるが，これは必ずしも正しくない。取締役会の重要な役割は，株主の利益を代表して経営陣の意思決定や活動を監督し，必要であれば是正することである。この役割は，経営（management）とは区別して，統治（governance）と呼ばれる。にもかかわらず，統治される側の経営陣が取締役を兼務することが日本企業で長く一般的であったために，取締役会を経営陣と見なす傾向が生まれたものと考えられる（田中，2017）。しかしながら，近年においては，統治を担う取締役と，経営を担う役員（執行役員）を，区別する企業が増えている。また，企業統治において重要性が強調されることが多い社外取締役は，企業組織のメンバーではないため，経営の担い手と見ることがそもそもできない。このように，経営と統治を分けて見ることの重要性は，日本企業においても高まっている。

　垂直的構造は，組織における権限委譲（delegation of decision rights）の関係を示すものでもある。企業は日々おびただしい数の課題に直面し，それらに対処するための意思決定を行っている。それらすべてについて，最終的な決定権限を持つのは経営者である。しかしながら，経営者がすべてを1人で決めるとすれば，膨大な時間と労力が必要になり，企業が迅速に活動することはできなくなる。意思決定が多くなりすぎると，個々の課題について十分な検討を行うことができなくなるため，意思決定の質も低下する。そこで経営者は，とくに重要な課題に集中して取り組むことができるよう，他の課題については直属の部下である部門長に権限の委譲を行う。部門長はまた，自身が決定権限を持つ課題の中で重要なものに集中できるよう，その他の課題にかかわる権限を下位部門のマネージャーへと委譲する。このような上司から部下への権限委譲を段階的に進めることで，組織は日々の活動の中で発生する膨大な課題に対処する。したがって，組織は活動だけでなく，意思決定の分業システムでもある。

3.2　構造の多面性

　このように，企業の組織構造の特徴は，ピラミッドの横方向と縦方向の成り立ちにより大きく捉えることができる。**図**3-4は，実際の組織構造の例として，大

図 3-4 ■ 大樹生命の組織構造

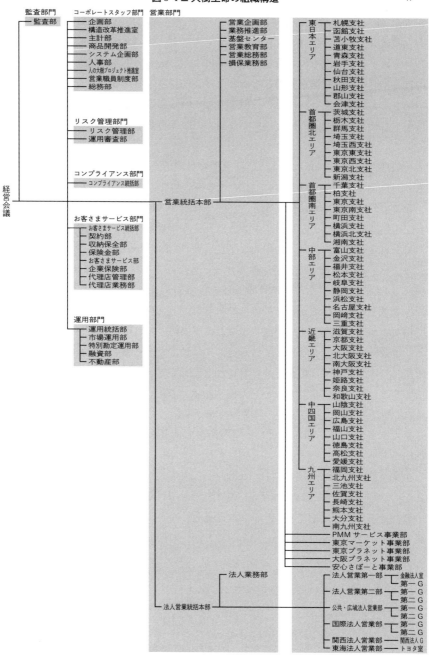

（出所） 大樹生命ウェブサイトに掲載の組織図（2021年3月現在）より，一部簡略化して作成。

樹生命（旧・三井生命）の組織図（組織チャート）を示したものである。同社は生命保険産業で中堅と位置づけられる企業であるが，その組織は1万人を超える従業員を擁する大きなものである。その規模ゆえに，大樹生命の組織構造は，水平的にも垂直的にも複雑なものとなっていることが読み取れるであろう。[5]だが，この図も，大樹生命という組織の一面を示しているに過ぎない。企業の組織は，事業所や会社といった，部門とは異なる要素の組み合わせとしての側面も持つからである。

　事業所（establishment）とは，企業活動の物理的な拠点のことである。企業が大きくなると，同じ場所（拠点）ですべての活動を行うことは，しばしば非効率になる。効率化のために拠点の分散が図られると，企業は事業所の組み合わせとしての構造を持つことになる。事業所は分業システムの中で特定の役割を担う部門でもあることもあれば，物理的な拠点以上の意味はないこともある。前者の例としては，ある地域での営業や顧客サービスなどを担当する支社（支店）や，製作所（工場），研究所などがあげられる。後者の例としては，本社がある。本社はさまざまな経営機能が集まる拠点であるが，それ自体が1つの部門であるわけではない。[6]こうした事業所が混在するため，部門の組み合わせとしての組織構造と，事業所の組み合わせとしての構造は，一般に大きく異なる。組織図の上では隣接している2つの部門が，遠く離れた事業所でほとんど接点を持たずに活動しているということは珍しくない。大樹生命は，多くの部門が拠点とする本社（東京）に加え，全国に450カ所の営業拠点を事業所として持つ（2021年現在）。これら拠点を束ねている63の支社は，事業所でもあり，組織図上の位置づけを持つ部門でもある。

　企業組織の要素としての会社（company）とは，法律上の会社（登記によって設立され，独自な法人格を備えた事業体）のことである。今日における大企業は，単一の会社であることは稀であり，子会社や孫会社など，多くの会社から構成される企業グループ（corporate group）であることが一般的である。親会社は株主として

[5]　図3-4には，部門の最小単位として部まで表示されているが，実際の大樹生命の組織には，部の下部組織としてグループや課などがある。このように大きな企業の組織構造は複雑で，すべてを図示することは難しいために，ピラミッドの上層部分のみを表示することが一般的である。組織図を見るときには，この点に留意することが必要である。

[6]　「本社」という言葉は多義的に用いられるので，文脈への注意が必要である。たとえば，法律上の「本店」である事業所を指す場合，後述の本社部門を指す場合，本社部門が所在する事業所を指す場合，企業グループにおける中核会社を指す場合などがある。

子会社の経営を支配し，その活動を方向づけることができる。ゆえに，親会社と子会社は法的には別個の存在でも，経済的には同じ企業の一部である。大樹生命も，本体である大樹生命保険株式会社に8つの子会社を加えた企業グループである。だが，大樹生命もまた，日本生命保険相互会社（日本生命）という親会社を持つ会社である。もともと日本生命と旧・三井生命は独立した企業であったが，経営統合に同意し，2016年に日本生命による三井生命の買収が行われたためである。日本生命は日本有数の生命保険会社であり，60を超える子会社を擁する企業グループでもある。ゆえに，**図3-4** に示されている大樹生命の組織は，日本生命グループという，より巨大で複雑な企業組織の一部なのである。

4　部門構造の基礎

　このように部門以外の要素の組み合わせとしても組織を捉えることは，大企業の組織を理解しデザインする上で，とりわけ重要である。とくに会社の組み合わせ（グループ）としての構造は，企業戦略にとって重要な意味を持つ。そこで，このテーマについては次の**第4章**で改めて検討することとし，本章では部門の組み合わせとしての組織を念頭に，その働きに影響する要因について，さらに考察を進めよう。

4.1　部門化の効果

　あるグループの従業員たちを特定の活動に従事させるため，1つの部門にまとめることを，部門化という。部門化により，従業員たちは決められた活動に集中し，必要な知識や技能を効率的に習得できる。こうした専門化のメリットが分業の合理性の基礎にあることは，すでに指摘した通りである。だが，部門化は単なる専門化以上の効果を組織の能力に及ぼす[7]。同じ部門の従業員たちは，日々の活動をともにする同僚として，知識や経験を共有する。また，そうした共通の基盤があることで，メンバー間の情報の伝達や意思の疎通が容易になり，思考や行動の様式が似通ってくる。このため，従業員たちが「阿吽の呼吸」で連携し，活動を進めていく力である組織ルーチン（organizational routine）が育ちやすくなる[8]。

---

[7]　部門化の功罪を踏まえた組織デザインの議論としては，Nadler and Tushman（1997）が参考になる。

[8]　組織ルーチンとは，ある課題に対処するために，上司の指示や事前の段取りがなくとも，従業

すなわち，部門は，従業員たちがチームとして活動を遂行していく力である組織能力が生まれ，育つための，組織的な枠組みとなる。従業員たちが部門へと持つ帰属意識は，活動の動機づけともなる。

だが，部門化は，組織の働きに対する妨げも生む。あるマネージャーが持つ権威は，自らの部門のメンバーに対してのみ及ぶ。したがって，ある部門長が別の部門の活動を修正したいとしても，その部門の従業員に直接に指示を与える権限はない。相手の部門長に依頼し，受け入れられない場合には，両者の共通の上司である上位マネージャーによる仲裁を求めなければならない。指揮系統の違いによるこうした煩雑さは，迅速な調整の妨げとなる。部門化は従業員の意識を内向きにし，自部門の外への関心を低める作用もある。意識の壁が高くなると，部門のマネージャーや従業員が自分たちのやり方や現状を守るために，外からの干渉に抵抗し，部門内で自己完結的に活動しようとする傾向が生じてくる。組織サイロ（organizational silo）と呼ばれる，こうした部門の存在は，組織の調整機能を損ない，部門間で資源や情報を共有することを難しくする[9]。

COLUMN 3-❸　NIH 症候群

　部門の意識が内向きになり，他部門との調整や協力に後ろ向きになることの 1 つの表れとして，自部門の外にある技術や考え方，活動の方法に対して，「ここで生み出されたものではない」（not invented here）という拒絶反応を示し，有用性とは関係なく受け入れようとしない，NIH 症候群と呼ばれるものがある（Antons and Piller, 2015）。NIH 症候群は，組織のさまざまなレベルで表れる。技術開発の分野においては，日本企業は自社技術へのこだわりが強く，何でも自前で揃えたがる傾向が強いという指摘がされることが多い（延岡，2006）。これは，社外に存在する有用な技術に対して，企業レベルの NIH 症候群が生じている可能性を示唆するものである。

　同じ企業の中であっても，部門や事業所の違いなどから，NIH 症候群は生まれてくる。企業内で NIH 症候群が生じることのおもな弊害は，同じ資源への重複投資によるムダの発生，価値ある資源の過少利用などである。前者の問題については，コンピュータ・情報通信産業の巨人である，アメリカの IBM のエピソードが象徴的である。IBM は 1990 年代初頭に未曾有の大赤字を記録し，存亡の危機に陥った。この危機を脱するための再建過程で見えてきたのは，さまざまな部門や子会社が同じ

員たちによって発動され，自動的にこなされていく活動の流れである。この概念の詳細については，Nelson and Winter（1982），Hannan and Freeman（1984）を参照のこと。

●9　サイロ化がもたらす，さまざまな弊害に関しては，Tett（2015）に興味深い事例が多く紹介されている。

目的のために似たような投資を行う非効率が，組織の至るところで起きていたことであった。たとえば，仕様の異なる業務システムが部門ごとに乱立していたため，CIO（chief information officer）の肩書きを持つマネージャーが128人存在したという。再建のために，外部からトップとして招聘されたルイス・ガースナー（Louis Gerstner）は，これを1人に集約した（Applegate *et al.*, 2005；COLUMN 9-❷も参照）。

　こうした明らかな非効率が生まれ，続くことは，部門化がマネージャーや従業員の意識に「ウチとソト」の区別を生むことの弊害といえる。

4.2　ラインとスタッフ

　分業の単位としての部門の役割は，最も基本的には，ライン（line）機能とスタッフ（staff）機能に分けられる。ライン機能とは，企業が製品やサービスを顧客へと供給するプロセスで直接的な役割を果たす活動であり，調達（購買）や生産，営業（販売）などが該当する。これに対して，スタッフ機能は，他部門や組織全体の働きを下支えする活動であり，間接（overhead）機能ともいわれる。スタッフ部門のうち，経営者に直接つながり，企業活動の主体であるライン部門とは別個の指揮系統を持つ部門は，本社（コーポレート）部門（corporate headquarters）と呼ばれる。本社部門が一般に果たす役割は，①経営陣の意思決定や業務執行の支援，②企業全体の対外的な代表，③社内共通サービスの他部門への提供などである。後章で検討するように，いかなる活動を本社部門で行うかは，多角化企業の組織デザインで重要な課題となる。

　多数の部門や事業所を抱える企業では，ライン部門が物理的・組織的に本社部門から離れがちになるため，ライン部門の中に専属のスタッフ機能を配置することで，効率的にサポートが提供できるようにすることがある。こうしたスタッフ機能は本社部門の「出先」としてその指示に従って活動する場合もあれば（COLUMN 8-❻），ライン部門の指揮系統に属し，部門本部（divisional headquarters）としての役割を果たすこともある。

4.3　責任センター

　部門の役割は，責任センター（responsibility center）としての位置づけからも捉えられる。責任センターとは，部門の責任を，その活動と企業の最も基本的な成果指標である利益との関係から規定するものである。いま，ある部門の活動の成

果を利益として，他の部門が生み出す利益とは明確に分離して捉えることができるものとしよう。この場合，部門が企業にどれだけの利益をもたらしているかが明らかであるから，その責任は自らの活動を通じて，なるべく大きな利益を生み出すこととするのが自然である。こうした責任を利益責任（profit responsibility），自らの活動に利益責任を負う部門をプロフィットセンター（profit center）と呼ぶ。

　一般に，企業のすべての部門がプロフィットセンターということはない。本社部門などのスタッフ部門の活動は，人件費などの費用を生むものの，収入（売上高）は生まない。このように，利益（＝収入−費用）の構成要素のうち，費用のみを生む部門をコストセンター（cost center）と呼ぶ。ライン部門でも，調達・生産などのバックエンド機能に特化している部門は，コストセンターである。コストセンターの責任は，目標とする費用（予算）の制約の中で，与えられた役割を最大限に果たすことである。ただ単に費用を抑えればよいのではない。研究開発部門がコスト（研究開発費）を小さくする最も簡単な方法は，研究開発をしないことである。だが，この方法が，部門本来の役割である新しい技術や製品の開発に，まったくつながらないことは明らかであろう。

　一方，販売やサービスなどのフロントエンド機能を担う部門は，顧客との取引から収入を得る。こうした部門は，レベニューセンター（revenue center）と呼ばれる。レベニューセンターの活動は，人件費などの費用も生む。だが，そうした費用は，製品・サービスの供給のために企業が負担する費用の，ごく一部に過ぎない。ゆえに，レベニューセンターはコストセンターと同様に，他部門と独立に利益を考えられる部門ではない。レベニューセンターの責任は，企業が得ることのできる収入がなるべく大きくなるように，予算（費用）の制約の中で活動することである。

　以上からわかるように，ある部門がプロフィットセンターであるためには，利益を生み出すための主要な活動が，部門内部に揃っている必要がある[11]。もし，それら活動の一部が部門の外にあり，指揮系統の違いから部門長が自らの権限でコントロールできないならば，そのマネージャーが利益責任を遂行することも，マネージャーにそれを問うことも難しくなる。ゆえに，プロフィットセンターは，

●10　責任センターとは，管理会計の分野から一般に広く用いられるようになった概念である。管理会計の研究者による解説としては，小倉（2010）などを参照。

●11　プロフィットセンターであっても，財務のように企業全体で集約したほうが効率的な機能は部門内部には置かず，本社部門等で生じる費用を部分的に負担することが一般的である。

レベニューセンターとコストセンターの機能を包含する多機能な部門となる。

　企業が持つ多くの機能のうち，ある特定の機能の活動に責任を負うマネージャーを，機能マネージャー（functional manager）という。対するに，さまざまな機能を調整・統合し，全体として方向づける権限を持つとともに，全体が生み出す利益に責任を負うマネージャーを，ゼネラルマネージャー（general manager）という。プロフィットセンター長は，ゼネラルマネージャーである。もし，すべての部門がコストセンターとレベニューセンターであるならば，企業内のゼネラルマネージャーは，経営者をはじめとするトップマネジメントだけとなる。

COLUMN 3-❹　疑似プロフィットセンター

　プロフィットセンターは，顧客に供給する製品・サービスを生産し，販売するための主要な機能を，一揃い内部に持つ必要がある。この要件を満たさない部門は，コストセンターかレベニューセンターである。だが，企業における部門はすべて，他部門との分業の中で，利益の創出にかかわっている。自分たちの活動をどのように進めると，より大きな利益につながるのかという意識は，すべての部門が持つことが望ましい。それを促すための1つの方策は，本来はプロフィットセンターではない部門を，あたかもプロフィットセンターのように扱うことである。

　いま，生産部門（コストセンター）と販売部門（レベニューセンター）からなる企業があるとしよう。生産部門は1個当たり C 円で製品をつくり，販売部門が P 円で販売するならば，企業は製品1個当たり $P-C$ 円の利益を得る（簡単化のため，販売部門の費用はないものとする）。ここで，生産部門が販売部門に製品を引き渡す（移転する）にあたり，$\bar{P}$ 円で「販売」しているものと見立てると，この移転価格（$\bar{P}$）が，生産部門の「収入」，販売部門の「費用」となる。このような見立てのもとでは，製品1個当たりにつき，生産部門は $\bar{P}-C$ 円，販売部門は $P-\bar{P}$ 円の「利益」を，それぞれ生み出していることになり，両部門をプロフィットセンターのように扱うことが可能になる。このように，コストセンターやレベニューセンターを，他部門との取引により利益を生み出す存在と見なし，活動を評価する手法を，疑似プロフィットセンター制度という。

　疑似プロフィットセンター制度のおもな目的は，マネージャーや従業員の利益への意識を高め，その向上のための活動を促すことである。上の例では，生産部門が自部門の「利益」を増やすためには，費用（C）を下げるか，移転価格（$\bar{P}$）を高めなければならない。費用を下げることは，コストセンターである生産部門に本来求められていることであるが，$\bar{P}$ を高めるためには，「顧客」である販売部門が納得してくれる高い品質や，魅力ある製品の供給に努めなければならない。そのように生み出された競争力のある製品が，販売部門によって，より高い価格（P）で外部の顧客に販売

されるならば，企業の利益（$P-C$）は増大する。こうした効果を重視した経営を行っている日本企業の著名な例として，京セラがある。同社では，部門よりもさらに細かい活動単位を，アメーバと呼ばれる疑似プロフィットセンターにすることで，組織における利益意識の浸透と，それを通じた企業全体の競争力の向上が図られている（三矢，2003）。

　疑似プロフィットセンターは，問題も起こしうる。社内取引を行う部門同士が自らの「利益」だけを最大化する部分最適を追求するならば，企業全体の利益を最大にする全体最適には至らないことは，経済学でよく知られている（Column 5-❷）。部門が，自らに有利な移転価格の設定により「利益」の増大を図ろうとするならば，社内交渉に多くのエネルギーが費やされ，費用の低減など本来必要とされる努力がおろそかになる危険もある。また，疑似プロフィットセンターは，活動の中身としては機能部門であるため，マネージャーの利益意識は高められても，多くの異質な機能を俯瞰し方向づけることで利益を生み出す，ゼネラルマネージャーの育成にはつながりにくい。

4.4　集権化と分権化

　先述のように，企業の組織は，上司から部下へと意思決定の権限が委譲されていく体系としての側面を持つ。部門長は，権限を与えられている問題には自己の判断で対処できるものの，他の事柄については決定権限を持つ上司の指示を仰がなければならない。その上司が指揮系統上の遠い存在であるほど，問題を報告し，指示を待つための時間は長くなる。ゆえに，多くの権限が部門長に委譲されているほど，部門は自律的かつ迅速に活動することができる。組織において，ヒエラルキーの上方から下方へとより多くの意思決定権限を委譲することを分権化（decentralization），反対に，ヒエラルキーの上層に多くの権限を集めることを集権化（centralization）と呼ぶ。

　分権化と集権化には，それぞれに異なるメリットとデメリットがある。分権的な組織では部門の自律性が高いため，活動の当事者であるマネージャーや従業員が，現場の情報に基づき，目の前の課題に速やかに対処していくことができる。また，活動の創意工夫を行いやすいため，新しい方法・知識・能力などの探索（exploration）を進めやすい。部門が自らの活動に大きな裁量を持つことは，それを担うメンバーの意欲（モチベーション）の向上にもつながる。一方，個々の部門が持つ情報や知識は，担当する活動周辺の狭い範囲に限られるため，意思決定が，

組織全体にとって最善ではない部分最適なものとなったり，相互の整合性を欠いたものになったりする危険がある。部門の自律性が高まるほど，サイロ化も起きやすくなる。

　これに対して，集権的な組織では，ヒエラルキーの上層で広い範囲の活動を見渡す立場にあるマネージャーに権限が集まっているため，企業にとって何がよいのかという全体最適の視点で意思決定を行いやすく，意思決定間の整合性も保ちやすい。集権化は部門の裁量を低めるため，部門の活動があらかじめ定められた方法やルールから逸脱することを防ぐ効果も持つ。この効果ゆえに，集権化は，新しい何かの探索よりも，企業がすでに持っている強みの活用（exploitation）を確実にすることに適している。一方で，集権的な組織の意思決定においては，現場から決定権限を持つマネージャーへと情報を伝達していく必要があるため，決定のスピードは遅くなる。伝達の過程で情報のロスや歪みが生じると，適切な意思決定が行われなくなる危険もある。ヒエラルキーの上層にいる意思決定者は，活動の現場を周知しているわけではないため，個々の部門に固有な事情を意思決定に反映させることも難しい。

Column 3-❺　組織と意思決定のエラー

　意思決定は，その正しさを事前に知ることはできないという意味で一種の実験であり，統計学でいうタイプ1エラー（第1種の過誤）とタイプ2エラー（第2種の過誤）が起きる可能性が常にある。タイプ1エラーとは，本来すべきことをしないこと，タイプ2エラーは，すべきではないことをしてしまうことである。集権的組織と分権的組織は，起きやすい意思決定のエラーという点でも異なっている（Sah and Stiglitz, 1986）。

　いま，従業員がプロジェクトの承認を上司に求めるとしよう。指揮系統のすべての上司が承認すればプロジェクトは実行され，1人でも承認しなければ実行されない。分権的な組織では，上司から部下へと多くの権限が委譲されているために，承認が必要な上司が少ないのに対し（次ページ図(a)），集権的な組織では多い（次ページ図(b)）。上司の数が増えるほど，どこかの段階でプロジェクトが不承認となる確率は高くなる。このため，提案されるプロジェクトの数が同じであれば，実行されるプロジェクトは分権的組織のほうが多くなる。

　多くのプロジェクトが実行される分権的組織（同図(a)）では，タイプ1エラー（実行すべきプロジェクトを実行しない）は起きにくい。だが，プロジェクトが実行されやすいゆえに，実行すべきでないプロジェクトを実行してしまう，タイプ2エラーが起きやすくなる。つまり，分権的組織とは「余計なこと」をしやすい組織であ

る。逆に，プロジェクトの実行に慎重な集権的組織（同図**(b)**）では，実行されるべきではないプロジェクトを実行してしまうタイプ2エラーは起きにくい。だが，石橋を叩くような意思決定プロセスゆえに，本来実行すべき優良プロジェクトが承認されない確率が高くなるため，タイプ1エラーが起きやすくなる。

　集権的組織が，企業のすでにある強みの活用に適しているのは，自らの誤りによって強みを損なってしまうこと（タイプ2エラー）を防ぐことが，この目的のためには重要であるからでもある。歩くべき道が明確である場合，企業自らが道から逸脱することを防ぐ機能が，集権的組織にはある。逆に，新しい強みの探索に分権的組織が適しているのは，強みとなりうる何かを企業自身の不作為によりつかみ損ねること（タイプ1エラー）を防ぐことが重要であるからである。歩むべき道が明らかでないならば，多様な可能性を探りやすい分権的な組織が望ましい選択となるのである。

図　集権的組織と分権的組織の意思決定

5　調整メカニズム

　組織の働きは，分業の担い手である部門がどのような役割と責任・権限を持つかのみならず，部門の活動がどのように調整され，全体へと統合されていくかにも依存する。だが，調整の担い手である経営者をはじめとするマネージャーが情報を処理し，意思決定する能力には限りがある。負荷が過大になると，必要な調整が適切になされなくなってしまう。ゆえに，調整のシステムとして組織がうまく機能するためには，重要な調整が行いやすいよう，構造が工夫されている必要がある。また，権威を補完するメカニズムを活用することで，調整負荷を抑制す

る必要がある。

5.1 部門の配置

　いま，企業が部門化された4つの活動（a1, a2, b1, b2）を持ち，a1 は a2, b1 の両部門と活動を調整する必要があるとしよう。統制範囲が2であるとすると，この企業の部門構造は，どのようにつくられるべきだろうか。1つの可能性は，**図3-1** のように，(a1, a2) (b1, b2) をグループとしてまとめ，それぞれのグループを部門A, B の下に配置するものである。この場合，a1 と a2 の間の調整は，両部門を管轄する部門長Aによってなされることになる。一方，部門長Aの権威は b1 には及ばないため，a1 と b1 の調整を自ら行うことはできない。これは，b1 の指揮権は持つものの，a1 は管轄外である部門長Bも同様である。したがって，a1 と b1 の間の調整は，両部門長の共通の上司である経営者によって行われる。

　もう1つの可能性は，(a1, b1) (a2, b2) をグループとしてまとめ，部門1と部門2の下にそれぞれを配置することである（図3-5）。この構造では，a1 と b1 の調整は部門長1によって担われるのに対し，a1 の a2 の調整は経営者の役割となる。これら2つの構造のどちらが望ましいかは，a1 と a2，a1 と b1 の組み合わせのどちらが，より緊密な調整を必要とするかによって変わる。仮に，a1 と b1 の調整関係が，この意味でより重要であるならば，両活動を同じマネージャーが直接監督し，必要な調整を適宜，迅速に行える**図 3-5** の構造が望ましい選択となる。

　このように，組織の調整能力を高めるためには，活動間の依存関係を反映した部門の配置が必要である。2つの活動が互いに強く依存しているならば，それらの活動をどう進めていくかは，双方の状況を考慮しながら決めなければならない。そうした場合には，双方の活動を同じマネージャーが管理する体制をつくることで，臨機応変な調整ができるようにすることが望ましい。反対に，2つの活動の間に依存関係がないのであれば，それらをまったく異なる指揮系統に配置しても，調整の問題は生じない。したがって，依存関係の強い活動同士ほど，ヒエラルキーの下方で指揮系統が一致する（同じマネージャーが管理する）ように配置することが，調整能力の高い組織をつくることになる。[12]

●12　Thompson（1967）は，活動間の依存関係を依存度の高い順に，互恵的依存（reciprocal

図 3-5 ■ 代替的な部門配置

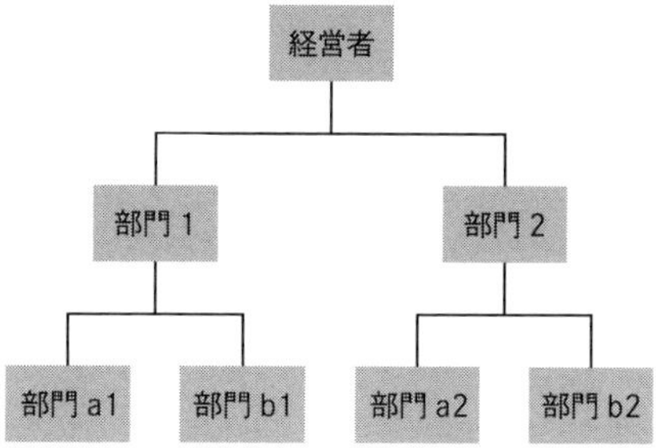

ところで，**図** 3-5 の構造では，a1 と b1 の調整は行いやすいものの，a1 と a2 の調整は経営者を経由する手間のかかるものとなる。この例が示すように，ある調整ニーズに適した構造をつくると，他の調整ニーズへの対応が難しくなるというトレードオフが，しばしば生じる。[13] このため，部門の配置を決める上では，いかなる調整ニーズを優先するかという判断が重要となる。いま，(a, b) は機能，(1, 2) は事業の違いを示すものとすれば，**図** 3-1 は職能別組織，**図** 3-5 は事業部制組織をそれぞれ表す。ゆえに，職能別組織と事業部制組織の違いは，水平的構造の違いであるとともに，優先され，得意とする調整タイプの違いでもある。具体的には，職能別組織が同じ機能内の事業間（a1 と a2）の調整に秀でた構造であるの対し，事業部制組織は同じ事業内の機能間（a1 と b1）の調整を得意とする。これらの強みの裏返しとして，職能別組織は同じ事業の機能間，事業部制組織は同じ機能の事業間の調整が，相対的に不得手となる。

5.2　自動（プログラム）化

マネージャーの上司としての役割は，例外管理（management by exception）であるといわれる。すなわち，活動の当事者である部下たちが，あらかじめ定められたルールや手続きに基づいて自分たちだけで対処することが難しい，例外的な状況が生じたときに，それへの対応を考え，指示することである。活動の調整も同

interdependence），連続的（sequential）依存，共有的（pooled）依存と分類している。互恵的依存関係では一方の活動が他方の活動のインプットとなる関係が双方向で成り立ち，連続的依存においては一方向でのみ成り立つ。共有的依存においては，そうした直接的な依存関係は存在せず，同じ組織の一部分であることによってのみ相手の影響を受ける。

[13]　このトレードオフは，Column 9-❻で紹介する次善最適の組織原理（Collis and Montgomery, 1998a）の 1 つの表れである。

様であり，当事者である部門同士が自律的に進められる調整については，上位マネージャーが介入する必要はない。たとえば，販売部門における製品の販売や在庫状況に応じて生産部門が生産量を調整することは，適切な情報共有の仕組みとルールをつくることにより，両部門間で進めていきやすいだろう。こうした調整の自動（プログラム）化は，上位マネージャーの調整負荷を軽減するとともに，組織がより迅速に活動していくことを可能にする。

5.3 横断的組織

上位マネージャーを介した調整では，指揮系統が離れた活動間の調整を行いにくくなることは避けられない。しかしながら，指揮系統という「タテ」のメカニズムを補完する「ヨコ」のメカニズムを用いることで，組織的な距離の影響を緩和することはできる。たとえば，図3-5の構造において，部門a1とa2のメンバーからなる委員会をつくり，情報や意見の交換を定期的に行えば，両部門の活動の足並みが揃い，大がかりな調整の必要性が低下するかもしれない。このように，部門間の調整や協力のため，複数の部門の従業員やマネージャーをメンバーとしてつくられる委員会，プロジェクトチーム，タスクフォースなどを，横断的組織という。横断的組織は，組織図に描かれることは少ないものの，部門と同様に，組織の公式な活動単位である。

横断的組織は，緊急の課題のためにつくられ，課題が解決されれば解散する一時的なものもあれば，「組織にヨコ糸を通す」仕組みとして恒常的に設置され，活動するものもある。情報の共有のみを目的とするものもあれば，新事業の立ち上げや新製品の企画・開発など，単一の部門だけでは実行していくことが難しい重要プロジェクトの実施主体となることもある。後者のタイプのチームでは，参加メンバーをプロジェクトに専念させるため，通常の部門業務から一時的に切り離すことがある。こうしたチームは部門と似たような性格を帯びるため，そのリーダーには他のメンバーの活動を監督・指揮する権限が与えられることが多い。

5.4 非公式組織

組織のメンバーの間には，現在の職務とは無関係なつながりが，程度の差はあれ存在している。すなわち，同期入社の社員同士やかつて同じ部門で働いた同僚，同じ社内研修の修了者同士といった，何らかの機会や経験の共有，バックグラウンドの共通性などから生まれる，知り合い関係のネットワークである。非公式組

織（informal organization）と呼ばれるこうしたつながりは，現在の組織におけるメンバーの位置づけを反映するものではないという意味で「非公式」であるが，そうであるがゆえに部門構造に縛られない柔軟な情報交換を可能にし，活動の調整を促進する側面がある。このため，複数の部門から従業員を集めて行われる研修では，通常の業務では接点を持ちにくい従業員同士の交流を通じて非公式組織の生成を促すことが，目的の1つとなっていることも多い。

　非公式組織は公式な組織から独立に存在しているわけではなく，後者の歴史や運営に影響される。たとえば，現在は異なる部門に配置されている，かつての上司と部下や同僚の関係は，過去の組織構造と人材配置の反映である。

Column 3-❻　両利き組織と組織のゆらぎ

　組織デザインが踏まえるべきさまざまなトレードオフのうち，経営学がとりわけ強い関心を寄せてきたのは，企業が持つ強みの活用と新たな強みの探索との間のトレードオフである（March, 1991）。Column 3-❺でも指摘したように，既存の強みの活用には集権的な組織が，強みの探索には分権的な組織が，一般に適している。ゆえに，活用を重視して集権的な組織をつくれば探索の力が低くなり，探索を重視して分権的な組織をつくれば活用の力が低くなる。だが，企業の経営においては，活用と探索の双方が高いレベルで必要とされることもある。たとえば，事業の環境に企業の強みを破壊するような大きな変化が生じているため，新しい強みの探索と獲得が急務になるとともに，探索活動を支える経済的な基盤として既存の強みを最大限に活かすことが求められるといった場合である。活用と探索を両立する組織をつくることは可能なのだろうか。

　この問いについては，大きく2つの可能性が検討されてきた。第1は，活用と探索を同時にこなす「両利き」（ambidextrous）の組織をつくることである（O'Reilly and Tushman, 2004）。活用と探索は相反する組織的特徴を必要とするため，これらを同じ組織の中で両立させるためには，右手と左手のように，それぞれに適した特徴を持つ部分へと，組織を分化させる必要がある。たとえば，従来からの強みの活用には親会社を，探索には新しく「出島」として設立した子会社をそれぞれあて，それぞれの目的に応じて構造や管理を差異化することが考えられる。活用と探索を担う部分は互いに独立しているほど，それぞれの役割を果たしやすくなる。一方で，2つの部分が独立的であるほど，両者の統合は難しくなる。子会社が獲得した新たな強みを親会社へと移植し，その活動を更新しようとしても，親会社の組織は強い拒絶反応を示すかもしれない（Column 3-❸）。ゆえに，右利きと左利きの人が形式的に同居するのではなく，組織が真の意味で「両利き」になるための最重要課題は，統合である。

　第2の方法は，組織の構造に意図的な「ゆらぎ」（vacillation）をつくることである。すなわち，活用をより重視すべきときには活用に適した構造へ，探索をより重視すべきときには探索に適した構造へと組織を変えることで，異質な構造間を企業が行き来するのである。そうした往来が活用と探索の交代ではなく両立に寄与するのは，従業員ネットワークのような非公式組織が，部門構造など組織の公式な側面に比べ，ゆっくりとしか変化しないためである。たとえば，ある集権的な構造下で生まれた非公式組織は，組織構造が分権的に変化しても，すぐに消え去ることはない。したがって，集権的組織から分権的組織へと構造を変えた企業は，集権的組織の時代から引き継がれている非公式組織を活かすことで，分権的組織で低下する能力を補うことができる。ただし，こうした過去の構造の「記憶」は時間とともに薄れていく。このため，両立するには構造間の行き来が必要になるのである。Boumgarden *et al.*（2012）は，アメリカのHP（ヒューレット・パッカード）社で見られてきた組織構造の変移が，活用と探索の間の完全な転換ではなく，両立の試みとして理解できるとしている。
　これらのアプローチが活用と探索の両立を真にもたらすのか，そのために必要な条件は何かについては，大いに議論がある。とりわけ両利き組織については，O'Reilly and Tushman（2013）が参考になる。

5.5　インセンティブシステム

　部門間の調整が円滑に行えるためには，組織がそのための土壌を持つことも必要である。部門がサイロ化し，マネージャーや従業員の意識が部門内部にのみ向いているならば，部門の配置を工夫し，横断的組織などの手段を用いたとしても，迅速で柔軟な調整を実現することは難しい。したがって，調整がうまく行われるために，個々の部門が単独での目標や成果の追求に拘泥するのではなく，他部門との協力により組織全体としての成果を生み出すことに価値を見出している必要がある。
　そうした協力への意識を高めるためには，インセンティブ（誘因）が適切に付与される必要がある。インセンティブとは，組織メンバーが組織への貢献の見返りとして受け取る報酬であり，狭義には給与や賞与などの金銭的報酬や昇進などの処遇を指す。より広義には，組織全体の掲げる理念への共感や，他の組織メンバーとの一体感，仕事がもたらす充足感や自己実現の感覚なども含む。企業組織[14]

---

[14]　こうした，さまざまなインセンティブについては，伊丹・加護野（1989）を参照。

において，メンバーの組織への貢献と報酬の関係を規定する諸制度を，インセンティブシステムという。インセンティブシステムが，個人や部門といった狭い範囲の目標の実現だけでなく，組織のより広い範囲の活動や業績への貢献を反映するようにすることで，部門を越えた協力に対し，組織メンバーの意欲を高めることができる。

6　職能別組織

6.1　職能別組織の成り立ち

以上を踏まえた上で，専業企業の標準的な組織形態である職能別組織について検討しよう。[15] 先述の通り，職能別組織とはヒエラルキーの最上位部門を，機能（職能）により分ける構造である。**図**3-4の大樹生命の組織も，職能別組織である。

この組織構造が専業企業で一般的であるのは，専業企業の組織デザインにおける重要な課題が，事業のバリューチェーンに実体を与え，目指す競争優位を実現することだからである。**第2**章で見たように，バリューチェーンとは，事業が価値を創造するために，いかなる活動をどのように組み合わせて行うかを示すものである。活動の組み合わせとしてのバリューチェーンと，職能別組織との間には，明らかな強い対応関係がある。実際，専業企業におけるライン部門とは，基本的にバリューチェーンの主要活動を担う部門であり，スタッフ部門は支援活動を役割とするものである（**図**3-6）。したがって，専業企業の組織デザインの出発点は，事業のバリューチェーンである。

もっとも，バリューチェーン上の機能と職能別組織の部門は，図のように1対1で対応するとは限らない。宅配便事業を考えてみよう。宅配サービスの物理的な起点は，荷物を顧客から集める集荷であり，終点は，依頼された届け先へと荷物を配達する配荷である。これらの活動の行われるタイミングと役割は明確に異なるため，バリューチェーン上では別個の機能と捉えられる。しかしながら，同じ拠点の従業員が，顧客の間を同じ車で回りながら集荷と配荷をともにこなすことは，可能であるのみならず，別々に行うよりも明らかに効率的である。このよ

●15　専業企業の組織は，必ず職能別組織となるわけではない。複数のブランドや製品ラインを擁している企業，広範な地域市場をカバーしている企業は，事業の代わりに，ブランドや製品ライン，市場を単位とする「事業」部制組織をつくることもできる。

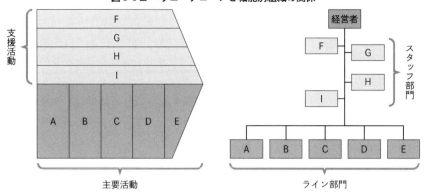

図3-6 ■ バリューチェーンと職能別組織の関係

うに，同じ資源を用いて一体的に行うことが合理的な活動は，1つの部門へとまとめ，同じマネージャーが指揮することが望ましい。

　反対に，2つの活動が同じ機能に属するとしても，それらの間に強い依存関係がなく，調整の必要性が低いのであれば，別個の部門へと組織することが効率的になることもある。大樹生命の組織（**図3-4**）では，販売（営業）機能が，営業統括本部と法人営業統括本部に分かれて組織されている。これは，前者が個人を顧客としているのに対し，後者は法人を顧客としているために，営業活動の中身や方法が大きく異なっており，調整の必要性が低いためである。

6.2　部門の内部構造

　職能別組織の部門は，活動の領域（機能）だけでなく，下位部門の数や階層性などといった部門内部の構造においても違いがある。すでに見たように，統制範囲の制約があるため，大きな部門ほど，多くの下位部門を持つ複雑な構造となりやすい。ゆえに，違いが生じる一因は，部門が担う活動の規模である。一般的に，ライン部門はスタッフ部門よりも，事業の成長とともに大型化しやすいため，構造が複雑になる。[16]

　部門の内部構造は，活動の集中と分散の相対的な重要性によっても変わる。ラ

●16　これは，ライン部門の従業員の働きが，製品・サービスの生産・供給に直接投じられるインプットであるため，活動規模が大きくなるほど多くの従業員が必要になるのに対し，スタッフ部門の活動は，規模との連動性が低いためである。このことから，本社部門などスタッフ部門の従業員の占める比率は，企業組織が大きくなるほど低下していく傾向がある（Collis *et al.*, 2007）。

イン機能の中でもバックエンドの活動は，規模の経済性が働くことが多く，少数の部門や拠点に活動を集中させ，大規模に行うことが効率化につながりやすい。反対に，フロントエンドである販売やサービスなどの部門は，顧客との接点であるため，顧客の数や地理的な分布に応じた細分化が必要になることが多い。

　大樹生命の組織を見てみると，スタッフ部門である企画部や人事部などの本社（コーポレートスタッフ）部門がシンプルに組織されているのに対し，ライン部門であり，営業所での販売を管轄する営業統括本部は，複雑な内部構造を持っている。これは，同本部が7000人を超える営業職員が所属する巨大部門であることに加え，生命保険の顧客となる個人は広く全国に分布するために，多数の営業所を顧客との接点として持つ必要があるためである。一方，同じライン部門であっても，保険料収入をさまざまな資産に投資・運用する運用部門の構造は，シンプルである。運用は，多くの資金をまとめることで，さまざまな資産へとより効率的に投資できるようになるためである。

　部門の内部構造は，企業がその活動をどのように行うかによっても変わる。大樹生命などの伝統的な生命保険会社が数多くの営業拠点を持っているのは，保険商品の販売において顧客への人的な対応を重視しているためである。これに対して，新興の生命保険会社であるライフネット生命は，インターネットを保険販売の主要チャネルとしている。したがって，同じ生命保険の販売機能を比較しても，大樹生命とライフネット生命では，組織のつくられ方がまったく異なっている。

7　職能別組織の特徴

　以上のように，職能別組織の成り立ちは，事業の性格や戦略に応じて，さまざまに変わる。だが，すべての職能別組織には共通の特徴がある。第1はいうまでもなく，機能に基づく水平的分業の構造を持つことである。第2は，部門がある特定の機能領域に特化しているために，すべての部門がコストセンターかレベニューセンターであることである。活動の成果を利益として把握できるプロフィットセンターは，職能別組織の中には存在しない。第3に，すべての機能間で活動を調整できる力を持つのは，経営者などトップマネジメントのみである。調整のための権限がヒエラルキーの最上層に集中しているという点で，職能別組織は集権的な性格の強い組織である。

　これらの特徴が意味するのは，職能別組織が，多くをトップに依存する組織で

あるということである。職能別組織の経営者は，戦略の策定だけでなく，日々の活動を通じた戦略の実行においても，調整者として直接的な役割を果たす。職能別組織には，それゆえのメリットとデメリットがある。1つのメリットは，トップの強い権限を用いるため，調整を進める力が高いことである。これは，事業のバリューチェーンを円滑に機能させ，目指す優位を実現していく上での利点となる。また，経営者と活動の距離が近いため，経営者がさまざまな領域の活動の実態を理解しやすい。このため，経営者が調整役にとどまらず，個々の部門の活動や意思決定に直接的に関与する，「ハンズオン」（hands-on）型のマネジメントも行いやすい。

　一方で，職能別組織はトップに多くを依存するゆえに，そこにかかる負荷が組織全体の働きを制約する要因となりやすい一面を持つ。単一の事業であったとしても，企業が成長すれば，製品ライン，ブランド，ドメインとする市場セグメントなどが増えていく。成長により活動の多様性が高まると，必要な調整は複雑化する。時間とエネルギーの多くが調整に消費されると，経営者は，戦略の策定などといった他の重要な責任を十分に果たせなくなる。また，ヒエラルキーの上層で調整の混雑が起きると，個々の調整ニーズへの対応に遅延が生じ，活動の現場における業務の遂行にも支障をきたす。

　こうした問題を避けるため，職能別組織の企業は成長するにつれ，権威を補完するメカニズムをうまく使うことで，経営者にかかる調整負荷を軽減する必要に迫られてくる。第**2**章で紹介したZARAにとっても，これは重要な課題である。ZARAの強みは高速で回転するバリューチェーンにあるため，調整の遅れは競争優位の低下に直結するからである。そこで同社では，デザイン，マーケティング，生産などの担当者からなる機能横断的チームを商品カテゴリーごとにつくり，それらのチームに大胆な権限委譲を行うことで，調整がスピーディに行える組織をつくっている。

　ところで，組織のヒエラルキーには，マネージャーが選抜・育成されていく過程で通過するキャリアパスを示すという側面もある。この面においても，職能別組織には特徴がある。職能別組織にはプロフィットセンターである部門が存在しないため，マネージャーが昇進を重ねていく過程で，複数の機能を総合的に指揮するゼネラルマネージャーの立場に立つことは基本的にない[17]。したがって，機能

●17　職能別組織であっても，自律性と自己完結性の高い子会社を持つ場合には，そうした子会社

マネージャーとして育ってきた人材が，トップになると突然にゼネラルマネージャーとして職務を遂行することが求められるという，大きく，不連続な変化が生じる。組織の構造ゆえに生じるこうした制約の中で，ゼネラルマネージャーとしての適性と素養を持つ人材を見出し，育成することは，職能別組織を持つすべての企業に共通した課題である。

の社長を務めることが，ゼネラルマネージャーとしての経験になる。子会社の持つこうした機能については，第**4**章で立ち返る。

第

4

第 章

企業グループの基礎

1 企業グループとは何か ─────────────

第**3**章で見たように，企業の組織は部門の組み合わせとしてだけでは捉えきれ
ない複雑さを持つ。とりわけ多くの事業や市場で活動する企業では，子会社や孫
会社（子会社の子会社）といったグループ会社によって担われる活動が大きくなっ
ていく傾向がある。そうした企業にとって，「調整された諸活動，諸力のシステ
ム」（バーナード）としての組織をいかにつくるかという問題は，会社内部の部門
構造だけでなく，会社の組み合わせである企業グループとしての自社の姿をどの
ようにつくるかという視点で考えることが必要になる。そこで本章では，グルー
プとしての企業組織の構造について検討する。

典型的な企業グループは，部門構造と同様なピラミッド型の構造を持つ（**図
4-1**）。だが，企業グループを構成する単位は部門ではなく，会社である。法律上
の人（法人）である会社は，個人と同様に法によって規定される権利と義務を持
ち，自己の名義で他の主体と契約を結び，資産を持つことができる。会社が所有
できる資産には，他社の株式が含まれる。すなわち，会社は他社の株主となるこ
とができる。株主は保有する株式数に応じて，出資先企業の活動の成果を配当な
どの形で享受できるだけでなく，経営者の選任など会社の重要事項に自身の意向
を反映させることができる。もし企業が他社の株式の過半数を持つ支配（マジョ
リティ）株主であるならば，その会社の経営を自らの意向に沿って進めることが
できる。複数の会社の集まりである企業グループを，実質的な1つの企業として
束ねる糸は，親会社が子会社に対して持つ，こうした力である。[1]

図 4-1 ■ 企業グループの成り立ち

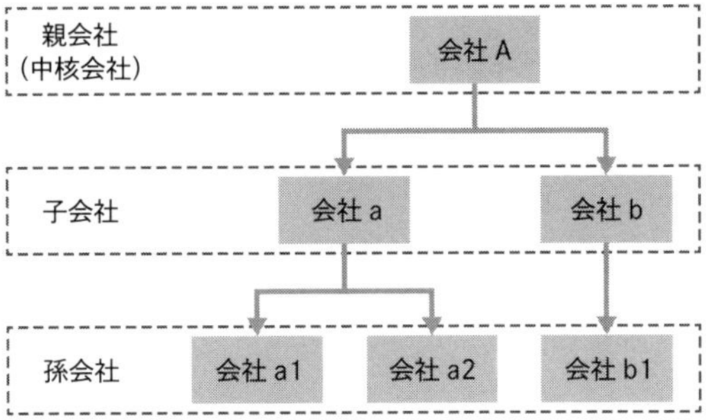

(注) ——▶ は，出資関係を表す。

Column 4-❶ さまざまな企業グループ概念

　本書では，企業グループという言葉を，資本関係によって結びつき，実質的に 1 つの企業である会社の集まりという，一般的な意味で用いている。だが，同じ言葉や類似の表現が，文脈によって別の意味で用いられることもある。ここでは，とくに混同されやすい 2 つの用途をあげておこう。

　第 1 は，自動車などの製造業で見られる，生産系列や流通系列を指す場合である。生産系列とは，最終製品の製造企業とサプライヤー企業のネットワークである。たとえば，トヨタグループという場合に含まれるのは，完成車メーカーであるトヨタを中心に，トヨタと直接取引する部品企業，それら部品企業に部材を供給する企業などである。流通系列とは，ある企業の製品を扱う卸売，小売企業のネットワークである。この意味でトヨタグループというときに含まれるのは，トヨタ車を販売し，整備等のサービスを提供するディーラー企業である。生産系列としてのトヨタグループの中には，トヨタの子会社だけでなく，資本関係のない企業が含まれる。また，トヨタ車の販売店の多くは，トヨタと資本関係のない企業が運営している。したがって，本書の意味での企業グループと系列グループは，同じではない。

　第 2 は，旧財閥系の企業集団（グループ）を指す場合である。この意味での三菱グループとは，三菱 UFJ 銀行や三菱商事，三菱重工業など，旧・三菱財閥に由来する企業と，それら企業の関係会社である。戦前の財閥は持株会社を中核とし，強い資本関係で結びついた文字通りの企業グループであったが，戦後の財閥解体により，グ

●1　会社法の定義では，企業がある会社の株式の過半を所有していなくとも，経営陣の派遣や事業上のつながりにより相手会社の経営を実質的に支配していると見なしうる場合，その会社は企業の子会社となる。子会社ではないものの，企業がまとまった株式を保有し，経営に影響力を行使できる会社は，関連会社と呼ばれる。企業グループにかかわる会社法上のトピックについては，田中（2016），大垣（2017）などを参照のこと。

ループ会社間の資本関係は失われた（COLUMN 4-❷）。その後，同じ財閥に由来する企業間で株式の持ち合いが進み，これら財閥系の企業集団がつくられたものの，企業間の資本的なつながりは弱く，グループ全体を 1 つの企業と見なすべきものではない。三菱商事と三菱重工業は，それぞれに複雑なグループ構造を持った別個の企業である。

　生産系列はサプライヤーシステムとも呼ばれ，藤本ほか（1998）など，多くの論考がある。財閥系の企業集団を含む日本の企業グループ概念について幅広く考察したものには，下谷（1993）がある。

　会社内部の指揮系統をたどっていくと必ず経営者に行き着くのと同様に，企業グループ内の資本関係をたどっていくと，すべてのグループ会社を支配する力を持つ中核的な会社に行き当たる（**図 4-1** の会社 A）[2]。企業グループの活動を全体として方向づけるのは，この中核会社である（以下では，とくに断らない限り，この中核会社を指して親会社という）。企業グループは親会社が事業会社であるか，持株会社（holding company）であるかによって，大きく 2 つにタイプ分けできる。事業会社とは，自ら事業を行う一般的な会社である。大樹生命の親会社であり，日本生命グループの中核である日本生命保険相互会社は，日本有数の生命保険会社であるから，事業会社である[3]。

　一方，日本生命の競合にあたる第一生命保険株式会社の親会社・第一生命ホールディングスは，持株会社である。持株会社とは，他社の株式を保有し経営支配するためにつくられ，自らは事業を行わない会社である。持株会社はすべての事業を子会社で行うため，自らは全体の戦略や子会社の統括など，グループ本部としての機能しか持たない。このため，持株会社はグループの司令塔ではあるものの，その規模は傘下の子会社に比べて小さなものになる。たとえば，第一生命保険株式会社の従業員数が 5 万 5757 人（2021 年 4 月）であるのに対し，第一生命ホールディングスは 726 人である。対するに，事業会社が中核となるグループでは，親会社がグループ最大の会社であることが多い。日本生命保険相互会社の従業員

- 2　ただし，出資が一方向（親会社→子会社）ではなく双方向で行われるなど，グループ会社間の出資関係が複雑に入り組んでいるため，中核である企業が明確に特定しにくい場合もある。そうした構造は循環出資と呼ばれ，韓国の財閥で見られる。
- 3　事業会社という言葉は，銀行・証券会社・保険会社等の金融機関ではない会社（非金融機関）を表す意味でも用いられる。この意味では，日本生命は事業会社ではない。

数は 7 万 6792 人（2021 年 3 月）と，最大の子会社である大樹生命株式会社の 7 倍
もの規模がある。

COLUMN 4-❷　**持株会社あれこれ**

　戦前の日本の財閥は，中核会社である持株会社が多くの事業子会社を統率する，巨
大な企業グループであった（岡崎，1999）。その傘下には，日本の軍事的成長を産
業・技術面から支えた有力企業が多く含まれたため，連合国軍総司令部（GHQ）は
戦後すぐに財閥を解体し，持株会社を禁止した。その後，持株会社の禁止は独占禁止
法に引き継がれたが，1997 年の法改正で解禁されると，大企業を中心に，持株会社
を中核とするグループ構造をつくる企業が増加した。たとえば，ビール産業では主要
4 社（アサヒ，キリン，サッポロ，サントリー）のいずれもが持株会社を頂点とする
グループ構造をつくり，すべての事業を子会社で行うようになった。

　持株会社は，純粋持株会社と事業持株会社に区分されることがある。純粋持株会社
とは，自社では事業をいっさい行わず，他社の株式を所有し，経営支配することを目
的とする会社である。対するに，事業持株会社は，自らも事業を行いながら，株式所
有により他社を経営支配する。総合化学の旭化成やアパレル製品のワールドなど，自
らを事業持株会社と位置づけている企業はいくつかある。だが，一般的な概念として
は，事業持株会社には定義上の曖昧性がある。最も広く考えるならば，子会社を 1
つでも持つ事業会社はすべて事業持株会社であるといえ，親会社として持株会社と
事業会社を区別する意味がなくなる。英語での持株会社（holding company）とは
純粋持株会社のことであり，事業持株会社という概念は日本以外にはない（下谷，
2009）。これらの理由により，本書で持株会社という場合は，純粋持株会社のみを
指している。

　なお，持株会社は，第一生命ホールディングスやセブン＆アイ・ホールディングス
のように，社名に持株会社を表すホールディングス（holdings）が付くことが多いが，
これは決まりではない。ソフトバンクグループや日清製粉グループ本社は，社名にホ
ールディングスを含まないが，ともに持株会社であり，事業活動はすべて子会社で行
っている。

　事業会社と持株会社を中核とするグループの違いは，親会社の規模だけではな
い。事業会社のグループでは，企業全体の方向づけと事業活動の両面で，親会社
が大きな役割を果たす。このため，重要な意思決定の多くが親会社でなされる，
集権的な性格の強いグループとなる。これに対して，持株会社のグループでは，
事業に関する意思決定は子会社を中心に行われるため，親会社と子会社の役割分
担が明確で，分権的な性格が強いグループになる傾向がある。ただし，多角化企業

のグループでは，親会社が事業会社であっても，活動の中心が子会社である事業領域が存在することは珍しくない。日立製作所は，事業会社として 861 社もの連結子会社（2021 年 6 月）からなるグループを率いているが，自動車部品や建設機械など，多くの事業を子会社が主導している。

COLUMN 4-❸　連単比率で見る企業グループ

　企業に資金を提供する投資家にとって，企業の財務状況を正確に把握できることは，的確な投資判断のために不可欠な条件である。企業がグループ構造をつくり，事業を行っている場合，その財務状況は，子会社等を加えたグループ全体として評価される必要がある。このため，上場企業など広く投資家から資金を調達する会社は，会社単体の財務諸表と，グループ全体を合わせた連結財務諸表の，双方を開示することが義務づけられている。これら財務諸表を比較すれば，企業のグループ化の状況や，グループ会社の収益への貢献などを知ることができる。財務諸表上のある項目について，連結と単体の値の比率をとったものを，連単比率と呼ぶ。

　連単比率はさまざまな項目について計算できるが，企業組織のグループ化の度合いを見るためには，従業員数が最も適している。これは組織がヒトの集まりであるという当然の理由に加えて，売上高や資産などの金額ベースの指標をグループとして合算し，連結数値をつくる過程では，企業内取引の消去や親子会社間の投資・資本関係の調整などが行われるため，子会社の存在が見えにくくなるためである。これに対して，連結従業員数はグループ各社の従業員数の単純和であるため，企業組織のグループ化の度合いを映しやすい。

　次ページの図は，2020 年に東京証券取引所の 1 部と 2 部に上場していた企業（金融機関を除く）のうち，連結と単体の双方の財務諸表を持ち，データに問題のない 2382 社について，期末従業員数の連単比率の分布を示したものである。通常，連単比率は連結の値を分子，単体の値を分母にとるが，ここでは逆の比率を見ている。したがって，比率が表すのは，企業グループ全体に占める親会社の従業員の割合である。図が示すように，この値は幅広く分布しており，企業によってグループ化の度合いに大きな違いがあることがわかるだろう。さらに，全体の分布傾向からは突出した数の企業が，左端に集まっていることがわかる。親会社の従業員の比率が非常に小さいこれらの企業は，持株会社である。すべての事業を子会社で行う持株会社は，グループの運営にかかわる限られた機能に特化しているため，その従業員数（単体）は，グループ全体（連結）の従業員数に比べて非常に小さなものになるのである。このように，中核にある会社のタイプによって，企業グループの成り立ちは大きく異なるものになる。

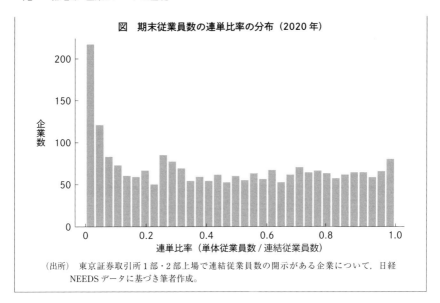

図　期末従業員数の連単比率の分布（2020 年）

（出所）　東京証券取引所1部・2部上場で連結従業員数の開示がある企業について，日経
NEEDS データに基づき筆者作成。

2　子会社のタイプ

　企業グループの性格は，親会社のタイプだけでなく，子会社の数や構成によっても変わってくる。子会社には，親会社の出資比率，活動の自己完結性，設立の方法，所在地などに応じて，多くの種類がある。

(1)　出 資 比 率

　親会社がすべての株式を保有する（すなわち，親会社が唯一の株主である）子会社は，完全子会社（あるいは，100 ％子会社）と呼ばれる。株式の過半を所有する支配株主である限り，親会社は子会社の経営に自らの意向を強く反映させることができる。しかしながら，子会社が親会社以外の株主を持つ場合，それら株主の意向や利害をまったく無視した経営は難しい（Column 4-❹）。完全子会社にはそうした制約がないため，親会社によるコントロールが行いやすい。

　子会社が親会社以外の株主を持つ背景としては，以下のようなものが考えられる。第1は，子会社が他社との共同出資でつくられたジョイントベンチャー（joint venture：JV）であることである。JV は企業間のアライアンスの代表的な形であるため，第**11**章で詳しく取り上げる。第2は，買収である。企業が他社を

買収により子会社化する際に相手株式のすべてを取得しなければ，買収後も少数株主が残る。第3は，子会社株式の一部売却である。とくに，子会社株式を上場させ，一般投資家に売却するカーブアウト（equity carve out）を行うと，子会社は多くの株主を持つことになる。カーブアウトが行われた子会社は上場子会社と呼ばれ，財務・非財務情報の投資家への開示など，上場企業としての責務を親会社とは別に負う。

COLUMN 4-❹　上場子会社のガバナンス

　子会社を上場させることで，一般投資家に子会社株式を売却するカーブアウトは，多くの企業によって行われてきた（吉村, 2016）。カーブアウトにより上場子会社となった企業は，上場後も親会社が追加的な株式売却を行うことで，グループから離れていくことがある。たとえば，工作機械メーカーであるファナックは，富士通の上場子会社であったが，富士通がさまざまな機会に株式の追加売却を行ってきたため，現在は両社の間に資本関係はない。ファナックの親会社であった富士通もまた，富士電機の子会社であったものが，カーブアウト後に独立してきた経緯がある。

　こうした事例は少なくないものの，日本企業によるカーブアウトでは，子会社の上場後も親会社が株式の過半を持ち続け，グループ内に留め置くことが一般的である。こうした場合に問題となるのが，親会社と少数株主である一般投資家の利害の不一致である。子会社の少数株主の利益は，投資対象である子会社単体の利益と連動する。ゆえに，親会社がその力を利用して，子会社に不利な取引を強いるなどすれば，少数株主は不利益を被る。こうした懸念があるため，上場子会社のガバナンスにおいては，独立性が高く，親会社の意向に影響されにくい社外取締役の役割が，とりわけ大きくなる。

　一方，親会社にとって，少数株主への配慮の必要性は，経営の自由度を低める要因である。とくに，子会社の少数株主にとって望ましい部分最適を，グループにとっての全体最適に優先させなければならないのであれば，親会社はジレンマに陥る。こうした背景があるために，日本企業の上場子会社の数は，減少する傾向にある（大坪, 2011）。たとえば日立製作所は，かつて20を超える上場子会社を持っていたものの，重要子会社の完全子会社化と，その他子会社の売却を進めてきたため，その数は2021年現在では2社にまで減っている（COLUMN 12-❻）。ただし，サントリーホールディングスによる飲料事業子会社サントリー食品インターナショナルの上場（2013年），ソフトバンクグループによる携帯電話事業子会社ソフトバンクの上場（2018年）などに見られるように，大規模な資金調達のためにカーブアウトが行われることは，依然として珍しくない。

(2)　活動の完結性

　子会社は，活動の自己完結性によっても特徴づけられる。会社は何らかの事業によって利益を得るためにつくられるが，企業グループに属する会社は，グループ内の他の会社との分業で活動できるため，この目的を単独で果たす必要はない。グループ内での分業を前提に，事業のバリューチェーンの一部に限定した活動のみを行う子会社を，機能子会社と呼ぶ。機能子会社には，生産子会社，販売子会社，物流子会社など，担当する機能に応じて多くの種類があるが，同じグループ内の他社をおもな取引相手とすることが共通の特徴である。たとえば，生産子会社にとっての「顧客」（製品の販売先）は，親会社や販売子会社などのグループ会社である。生産子会社はこれらの会社を経ることなく，最終顧客へと製品を供給することはできない。また，販売子会社は，生産子会社など他のグループ会社から製品の供給を受けることなく，顧客と取引することはできない。このように，機能子会社はグループ内部での分業を前提とするため，営利組織としての自己完結性が低い。

　一方，事業のバリューチェーンの主要な機能を内部や子会社（親会社から見ると孫会社）に備え持ち，当該事業の中心拠点と位置づけられる子会社は，事業子会社と呼ばれる。事業子会社は他のグループ会社に大きく依存することなく活動を遂行することができるため，自己完結性が高い。また，多機能であるがゆえに規模が大きくなる。持株会社の企業グループでは，親会社が事業に直接従事しないため，事業子会社の役割がとりわけ大きくなる。

(3)　設立の方法

　子会社は，どのような形で設立（子会社化）されたかによっても区分できる。一般的な方法は，新設投資，買収，分社の3つである。新設投資では，新たな活動を始めるための拠点として，親会社をはじめとする株主の出資により，新しい会社が設立される。このようにつくられる子会社は，組織としての前歴を持たず，活動に用いられる資源と能力の多くが，設立後に取得，蓄積されていく[4]。他社を買収して子会社とする場合は，これらの点で対称的である。買収によりグループに加わる会社は，グループの外での組織としての前歴と，過去に蓄積してきた資源と能力を，子会社化の時点ですでに持っているからである。こうした違いがあ

---

[4]　この特徴に注目して，新設投資で子会社を設立することをグリーンフィールド（green field）投資ともいう。その対概念として，既存の会社を買収し，子会社とすることをブラウンフィールド（brown field）投資と呼ぶこともある。

るため，新設投資でつくられる子会社と，買収によりグループに加わる子会社では，企業内での役割がしばしば異なる。

　もっとも，新設投資も買収も投資であり，新しい資源と活動が企業に加わるという点では変わらない。これに対して，分社によって子会社をつくる場合には，それにより企業が持つ資源や活動が増えることはない。分社とは部門や事業所など，親会社の一部として組織されてきた活動を親会社から分離し，別個の会社として組織し直すことであるからである。このため，分社によって設立される子会社には，企業がもともと持っている資源と活動が引き継がれる。

　(4) 所 在 地

　子会社は，地理的な所在によっても区分できる。とりわけ重要な区分は，国内と海外子会社の違いである。日本企業が外国での活動のため現地に子会社をつくる場合，準拠される法律は日本のものではなく，現地の企業と同じ現地法である。すなわち，日本企業のアメリカ子会社は，アメリカ法において規定される会社としての権利を与えられるとともに，アメリカ法に基づく会社としての義務を負う。[5]この意味で，日本企業の完全子会社であったとしても，アメリカ子会社はアメリカ籍の法人であり，中国子会社は中国籍の法人である。したがって，企業が多くの海外子会社を持つと，そのグループには多様な国籍の法人が含まれるようになる。国際的に事業を行うために多くの海外子会社を持つ企業は，多国籍企業（multinational corporation）と呼ばれる。

　以上のように，子会社を特徴づける要因は多くあり，それらの組み合わせで決まる子会社のタイプも多様である。大きな企業グループともなると，さまざまなタイプの子会社が数多く組み合わさることでつくられているため，その成り立ちを把握することは容易ではない。企業がどのようなグループ会社を持ち，それらがいかに組み合わさることでグループを形づくっているかを図示したものを，事業系統図（あるいは，単に系統図）という。**図4-2**は日本生命グループの系統図を示したものである。大企業は，こうした会社の組み合わせという形で企業としての成り立ちの大枠が決まるため，親会社内部の部門構造を表す組織図ではなく，系統図でその成り立ちを示すことが珍しくない。

●5　実際には，アメリカでは州により会社法が異なるため，アメリカ子会社の設立準拠法は登記の行われる州によって異なる。

図 4-2 ■ 日本生命の系統図

保険業および保険関連事業

保険業（5社）

大樹生命保険
ニッセイ・ウェルス生命保険
はなさく生命保険
Nippon Life Insurance Company of America（アメリカ）
MLC Limited（オーストラリア）

保険関連事業（8社）

ニッセイ保険エージェンシー
三生オンユー・インシュアランス・マネジメント
三生保険サービス
LHL
ライフサロン
ライフプラザパートナーズ
ほけんの110番
NLI Insurance Agency, Inc.（アメリカ）

資産運用関連事業

投資運用業等（4社）

ニッセイアセットマネジメント
ニッセイリアルティマネジメント　ほか

投融資関連事業（13社）

ニッセイ信用保証
ニッセイ・リース
ニッセイ・キャピタル
三生キャピタル　ほか

不動産関連事業（3社）

新宿エヌ・エスビル
大宮ソニックシティ
アロマスクエア

海外資産運用関連事業（19社）

Nippon Life India Asset Management Limited（インド）
Nippon Life India AIF Management Limited（インド）
Nippon Life India Asset Management (Mauritius) Ltd.（モーリシャス）
Nippon Life India Asset Management (Singapore) Pte. Ltd.（シンガポール）
NLI US Investments, Inc.（アメリカ）
Nippon Life Global Investors Americas, Inc.（アメリカ）
Nippon Life Global Investors Europe PLC（イギリス）
Nippon Life Schroders Asset Management Europe Limited（イギリス）
Nippon Life Global Investors Singapore Limited（シンガポール）
Nippon Life India Trustee Limited（インド）
Nippon Life India AIF Trustee Private Limited（インド）　ほか

総務関連事業等

総務関連事業（4社）

ニッセイ・ビジネス・サービス
ニッセイ商事
ニッセイ・ニュークリエーション
三友サービス

計算関連事業（1社）

ニッセイ情報テクノロジー

その他（4社）

ニッセイ基礎研究所
ライフケアパートナーズ
三生収納サービス
Nippon Life Asia Pacific (Regional HQ) Pte. Ltd.（シンガポール）

日本生命
（生命保険業）

（注）子会社は，出所に記載のあるもののみを表示している。
（出所）日本生命ウェブサイトに掲載の系統図（2021年3月現在）より，一部簡略化して作成。

3　部門と子会社の違い

　なぜ企業はグループ構造をつくるのだろうか。海外での事業や法律・規制で別
会社化が求められる場合を除くと，企業が子会社で行う活動の多くは，親会社の
内部部門として組織することも可能である。たとえば，国内の生産子会社は別法
人とせずに，親会社内部の部門や事業所とすることも可能であろう。ゆえに，企
業を単一の会社ではなく，複数の会社の集まり（グループ）として組織する意味
を考えるためには，ある活動を会社内部の部門ではなく，子会社とすることで何
が変わるのかを知る必要がある。子会社と部門の間には，次のような違いがある[6]。

(1)　自　律　性

　顧客との取引，従業員の雇用，銀行からの借入など，企業の多くの行為は契約
に基づく。部門は法人格を持たないため，その活動で必要となるすべての契約は，
部門の属する会社の名義で相手と交わされる。部門の従業員は会社によって雇用
され，部門へと配属される。顧客との契約書は部門長ではなく，社長など会社の
代表者の名義で作成される。対するに，子会社は親会社とは異なる独自な法人格
を持つゆえに，自らが契約の当事者となれる。ゆえに，子会社の従業員は，グル
ープ会社等からの出向者を除き，子会社との雇用契約により雇われ，顧客や取引
先と交わす契約書は，子会社の代表者名義で作成される。こうした契約の当事者
としての能力は，子会社が部門よりも自律的に活動していくことを可能にする。

(2)　財務的な明瞭性

　子会社は自己の名義で資産を持つため，活動を支える資産とその取得のために
投じられている資金の額が明らかである。1つの会社として，活動に起因する収
入と費用も厳密に把握できる。このため，子会社として組織されている活動は財

---

[6]　部門と子会社の違いやグループ構造の経済的意味は，経営学や関連分野で十分な検討が進んで
　　いないテーマである。本書の記述は，経営学における Bethel and Liebeskind（1998），下谷
　　（2009），清水（2014），Mitsumasu（2015），法学分野における Hansmann and Kraakman
　　（2000），Hansmann and Squire（2018），Triantis（2004），Iacobucci and Triantis（2007），
　　法と経済学における宍戸（2006）などの論考を参照している。青木・宮島（2011）は，部
　　門と子会社の違いを，おもに分権化の視点から実証的に分析している。グループ経営にかかわ
　　る会計や，税務，法律上の課題を扱った実務書は，数多く存在する。たとえば，山田・上杉
　　（2016）などを参照のこと。

務的な明瞭性が高い。対するに，部門は自己の名義で資産を持たず，契約の当事
者でもないため，活動の財務的な状況を子会社と同様に把握することは難しい。

(3)　企業内取引と資源の移動

　企業の組織ユニット間では，モノや資源のやりとりが恒常的に行われている。
生産部門の製品は物流部門へと引き渡され，営業拠点へと届けられた後に顧客へ
と販売される。ある部門に配属されていた従業員が，別の部門へと異動になるこ
ともある。こうしたやりとりのために，部門同士が契約を交わすことはない。

　対するに，会社間で取引や資源の移転をするときには，たとえ同じグループに
属する会社同士であったとしても，やりとりの中身や対価などの条件を規定した
契約が必要となる。ゆえに，販売子会社が生産子会社の製品を販売するために物
流子会社に輸送を委託するとするならば，生産子会社から販売子会社に製品を引
き渡す（販売する）ための契約が交わされるとともに，物流子会社に輸送サービ
スの提供を依頼する契約が必要になる。グループ会社間で従業員の配置を変える
ためには，送り出し元と受け入れ先の会社間での出向契約や転籍契約が必要であ
る。このように，子会社とグループ他社との間の取引や資源の移動は，部門間の
やりとりに比して形式性が高くなる。

(4)　経営者の関与

　部門と子会社では，企業トップである経営者が活動の方向づけに用いるメカニ
ズムが異なる。部門の場合，主たるメカニズムは権威である。すなわち，経営者
はマネージャーや従業員たちの上司として，部門の活動を直接に監督，指示する
ことができる。一方で，子会社は親会社のヒエラルキーの一部ではないため，経
営者の権威は子会社の中には及ばない（親会社の経営者は，子会社従業員の上司では
ない）。ゆえに，経営者は部門のように子会社の活動を直接に指揮し，関与する
ことはできない。

　代わりに，経営者は子会社の株主である親会社を代表する立場から，子会社ト
ップの選任など株主としての力を用いることで，子会社の経営と活動に自らの意
向を反映させる。また，役員の派遣により，子会社の経営と活動を監視する。こ
のように，経営者は会社内部の活動に組織トップとして直接的に関与できるのに
対し，子会社の活動への関与は間接的な性格が強くなる。

(5)　所有の柔軟性

　子会社はJVとして設立したり，設立後に一部株式を売却したりすることで，
他者との共同所有にすることができる。対するに，会社の一部である部門はそれ

自体の株式を持たないため，共同所有にはできない。また，子会社の所有と経営権は株式の譲渡だけで他社へと移すことができるのに対し，部門としてつくられた活動を移転するためには，より煩雑な手続きが必要になる（Column 10-❷）。ゆえに，子会社で行われる活動の主体は，部門よりも柔軟に変えることができる。

(6) 責任の範囲

株主は，会社が負う支払い義務（債務）について，出資額の範囲でのみ責任を持つ（有限責任の原則）。このため，子会社が何らかの理由で債務を履行できない場合，親会社は出資金を弁済にあてる必要があるが，それを上回る負担は原則として生じない。これに対して，部門は契約の当事者にはなれないため，その活動で生じる債務は，すべて部門の属する会社全体のものとなる。ゆえに，親会社はある内部部門の活動で発生した債務に対して，部門の枠に限定されない弁済義務を負う。仮に当該部門が生み出す資金で債務を履行できないのであれば，親会社は別の部門の資産を売却してでも返済のための資金を捻出しなければならない。

4 グループ構造のメリット

部門と子会社の間には以上のような違いがあるために，企業の組織を1つの会社内部だけでは完結させず，複数の会社からなるグループとしてつくることには，以下のような利点が一般的にある。

(1) 分権化の促進

グループ構造は，分権化を進めやすくする。これには，前述した子会社の3つの基本的な特徴に起因している。第1は，自律性である。子会社は自ら他者と契約を結び，活動を遂行する力を持つため，グループ構造の企業では組織の各部分が自律的に活動していきやすくなる。第2は，経営者の関与の間接性である。企

●7　他社との提携のため，工場など部門の一部資産をその企業との共同所有にすることはある。アメリカでは，企業の特定部門の活動成果に配当原資が限定される，トラッキングストック（tracking stock）と呼ばれる株式が存在するが，事業の共同所有の手段として使われることはない。

●8　ただし，親会社が子会社に対して債務保証を行っている場合，子会社の法人性が形式的で実質的に親会社の一部と見なしうる場合などは，出資金を上回る負担が必要になる。また，子会社の破綻が親会社や他のグループ会社の信用や評判を損なうなどして，間接的な損失が生じる可能性は常にある。

業が活動の一部を別法人に組織することは，企業内で経営者の権威が直接に及ぶ
範囲を限定することになるため，分権化へのコミットメントともなる[9]。第3は，
財務的な明瞭性である。子会社化されている活動の成果は客観的な数値として把
握しやすいために，委譲された権限が適切に行使され，責任が果たされているか
をチェックしやすい。

(2) 企業内の差異化

グループ構造は，企業内部で組織や管理のあり方を差異化しやすくする。企業
グループを構成する会社はそれぞれが独自な法人であるため，同種の契約であっ
ても内容が同じである必要はない。このため，別個のグループ会社の従業員間で
は，給与の水準や体系を変えやすい。グループ会社はそれぞれ異なるヒエラルキ
ーを内部に持つために，人事管理の仕組み全般を差異化することも容易である。
子会社には他のグループ会社とは異なる独自な組織文化（組織メンバーに共有され
た価値観）や人的ネットワークが育ちやすいため，非公式組織の差異化にもつな
がる。ゆえに，グループ構造は事業や活動によって望ましい組織や管理のあり方
が異なるときに，それぞれに適した姿をつくり，企業内で並存させることを容易
にする。

(3) 自立の促進とリスクの遮断

子会社の債務に対して親会社が負う責任が限られるということは，親会社が強
い救済の意思を持たない限り，困難な状況に陥った子会社は同様な状況にある親
会社内部の部門に比べ，得られる支援が限られることを意味する。したがって，
グループ構造は企業内の活動がそれぞれに自立する力を持つことを促す働きがあ
る。

有限責任の原則はまた，グループのある部分で生じた問題の財務的な影響がグ
ループの他の部分へと波及し，より大きな問題となる事態が生じにくいことを意
味する。すなわち，グループ会社間の法人格の違いは，リスクの企業内伝播を遮

---

[9] ここでのコミットメントとは，自らの選択や行動を後で覆すことがしにくいよう，事前になさ
れる何らかの工夫である。たとえば，軍隊が退路のない背水の陣をとることは，必死に戦うこと
へのコミットメントである。コミットメントが分権化で重要となるのは，経営者は部下に委譲し
た権限をいつでも取り戻すことができるからである（Baker *et al.*, 1999）。任されていたはずの
意思決定が簡単に覆される可能性があるならば，分権化がマネージャーや従業員の意欲を高める
効果は損なわれる。Itoh and Shishido（2001）と宍戸（2006）は，ある活動を子会社として
組織し，独自な法人格を付与することは，親会社の経営者による権限委譲へのコミットメントと
しての働きがあると指摘している。

断する壁となるため，その影響が及ぶ範囲を限定する効果を持つ。

(4)　企業内取引の可視化

グループ会社間の取引は，明示的な契約に基づく対価の授受を伴う。このため，グループ構造は企業内におけるモノや資源のやりとりの可視性を高める。たとえば，生産子会社から販売子会社へと製品が販売されれば，それによる収入と支払いがそれぞれの損益計算書へと反映される。こうした可視性は，企業内のさまざまな活動間のつながりと依存関係を明確にし，管理しやすくする。

(5)　リストラクチャリングの容易化

会社の所有・経営権を企業間で移転することは，株式の譲渡により容易に行える。このため，企業が持たない活動や資源を外部から新たに取り込むことも，グループ外の会社を買収し，子会社化することで迅速に行える。戦略の変更等により自社での必要性が低下した活動や資源を，企業の外へと分離することも，それらが子会社としてまとめられていれば実現しやすい。したがって，グループ構造は，企業の活動と資源の組み換えであるリストラクチャリングを行いやすくする（第**12**章）。

5　グループ構造のデメリット

こうしたメリットがあるゆえに，多くの企業は成長するにつれて，グループとしての構造を持つようになる。とりわけ，持株会社を中心とする企業グループは，グループ構造のメリットを強く意識した組織形態であるといえる。だが，グループ構造には以下のようなデメリットもある。

(1)　活動・資源の重複

企業グループを構成する会社は別々の法人であるがゆえに，会社として必要な最低限の機能をそれぞれに備える必要がある。たとえば，人事や経理といった基盤的な機能は，どのような会社でも必要となる。こうした機能は規模の経済性が働きやすいため，本来は企業全体として集約することが効率的である。にもかかわらず，グループ構造においては多くの会社に活動が分散するために，企業全体として見たときに過度に多くの人員や資源が投入される非効率が生まれやすくなる。

グループ構造の分権的性格も，こうした非効率を助長する。分権的な組織では

組織内のさまざまな箇所に情報が分散する。このため，ある資源が企業内にすでに存在しており，グループ会社間で共用可能であったとしても，情報共有が不完全であることによる重複投資が起きやすい。また，重複が明らかになっても，解消のための調整が分権性ゆえに進めにくく，非効率が維持されやすい。

(2)　トップと現場の距離

　グループ構造は，経営者と活動の現場の間の距離を長くする。指揮系統はヒエラルキーの上層から下層へと指示がなされる経路であるだけではなく，下層から上層へと情報が伝達されていく経路でもある。ゆえに，親子会社間で指揮系統が不連続になるということは，子会社の活動の現場から親会社のトップへと情報が上がるレポートラインが断線するということでもある。情報不足から子会社が「ブラックボックス」化してしまうと，経営者がその活動を適切に方向づけることは難しくなる。

COLUMN 4-❺　**親子会社のトップの兼任**

　親会社と子会社は別個のヒエラルキーを持つゆえに，親会社トップの子会社の活動に対するコントロールは弱くなる。この問題を軽減する1つの方法は，親会社と子会社の双方に属するマネージャーを置くことで，構造的に分離しているヒエラルキーを人的につなげることである。親会社のマネージャーが子会社の経営陣や取締役を兼務することで，親会社の意向を子会社の活動や意思決定に反映させやすくなるとともに，子会社の状況が親会社に伝わりやすくなる。とりわけ強い効果があるのは，親会社の経営者が子会社のトップを兼ねることである。

　親会社と子会社のトップが同一人物であることは，持株会社を中核とする企業グループでは珍しくない。たとえば，ファーストリテイリングでは，持株会社の代表取締役社長兼会長である柳井正氏が，中核子会社であるUNIQLOのトップを兼任している。後述するニトリにおいても，持株会社（ニトリホールディングス）と販売子会社（ニトリ）の代表取締役会長を，創業者である似鳥昭雄氏が務めている（ともに2021年現在）。銀行など金融機関の企業グループ（COLUMN 4-❻）でも，持株会社と傘下金融機関のトップの兼任が，かつては広く見られた。

　こうした親会社トップの兼務の対象となりやすいのは，グループの屋台骨といえる子会社である。そうした子会社はグループ全体の業績に大きな影響を及ぼすため，グループトップである経営者が直接に関与する必要性が高いためである。だが，この必要性は親会社と子会社を合併し，両者のヒエラルキーを物理的に統合することでも満たされる。親子会社のトップの兼任は，グループ構造のメリットを享受しつつ，そのデメリットを軽減しようとする1つの工夫なのである。

(3)　資源配分の固定化

　企業の中では，活動を支える資金と資源が，さまざまな用途のために配分されている。この配分を変更するための手続きは，同じ会社の部門間では簡潔である。たとえば，従業員を配置転換することは，経営者の人事権で柔軟に行える。ある部門に投じられていた資金を別の部門で用いることも，同じ会社の資金の使い道の変更であり，複雑な手続きを必要としない。だが，同じことをグループ会社間で行う場合には，より煩雑なプロセスが必要になる。グループ会社間での従業員の再配置は，出向や転籍の手続きが，会社と従業員，関係する会社間で必要となる。子会社間で資金を移動させるためにも，ある子会社から配当として還元された資金を親会社が別の子会社へと投資するなど，段階を踏んだ移動が必要となる。こうした複雑性ゆえに，グループ構造では資源や資金の用途が固定化され，過去の配分パターンが維持されやすくなる。

(4)　協力への障害

　グループ構造は，企業内の活動同士が協力することへの障害にもなる。上述のように，子会社は情報が内部にとどまりやすく，共有すべき情報や知識があったとしても，その存在が外からは見えにくい。法人格の違いが壁となるため，人員の交流や異動など共有のための仕組みをつくり，運営することも難しくなる。子会社は部門よりも高い自律性を持つゆえに，従業員の意識における壁も高くなる。企業グループが多くのM&Aを経てつくられている場合には，それぞれのグループ会社が別の企業での組織的な前歴を持つために，壁がとくに高くなりやすい。

COLUMN 4-❻　金融機関のグループ構造

　グループ会社間の法人格の違いは企業内部における壁となり，情報や知識の共有を難しくする。これは，グループ構造の弊害というべき効果である。だが，この効果ゆえに，銀行や証券会社などの金融機関が事業を多角化する際には，グループ構造をつくることが義務づけられている。たとえば，銀行が証券業へと多角化する場合は，銀行本体での参入は法律で禁止されており，証券子会社を設立しなければならない（証券会社が銀行業に参入する場合も同様）。加えて，銀行は，事業会社（非金融機関）の株式の5％超を保有することを禁止されている。このため，メガバンクをはじめとする大規模金融機関は，持株会社の傘下に，銀行，証券会社，消費者信用会社，資産運用会社など，業種別の子会社が配置されるグループ構造をつくっている。

　このように事業によって法人を分けることが義務づけられているのは，金融機関内での情報共有や活動調整により顧客が不利益を被ることを防止するためには，事業の

別法人化が有効と考えられてきたからである。ファイアウォールと呼ばれる規制は，事業間で顧客の情報が不当に共有・利用されることがないよう，金融機関内部の管理体制や人員配置のあり方などを規定する。そうした仕組みの実効性を高めるためには，情報が１つの会社で集中的に管理されるのではなく，別個のグループ会社に分散して存在し，会社の壁（ウォール）で隔てられていることが望ましいということである。金融機関のグループ構造と関連する制度については，野崎・江平（2016）が詳しい。

このように，金融機関では事業間の情報の移動や共有を難しくするためにグループ構造が義務づけられているが，ファイアウォール規制の対象ではない一般企業のグループにおいても，同様な効果は働く。すなわち，グループ内の法人格の違いが意図せざるファイアウォールとして作用し，グループ会社間で共有されるべき情報や知識が共有されないという問題が生じうる。この問題は，多角化企業が事業間のシナジーを実現するための障害となるので，後章で立ち返ることにしよう。

グループ構造を持つ企業では，これらの弊害が程度の差はあれ生じてくる。このため，企業がグループ構造をつくる上では，メリットを活かすとともに，デメリットを軽減するための工夫が必要になる。たとえば，基盤的な機能がグループ会社間で重複する非効率は，シェアードサービスと呼ばれる仕組みを用いることで軽減される。これは，グループ各社の人事や経理，情報通信システムの構築・運営などの活動を，グループ内の１カ所に集約して行い，グループ各社にサービスとして提供するものである。こうした役割のために設置される子会社は，シェアードサービス子会社と呼ばれる。また，グループ内の資金移動や決済を円滑化するために，グループ各社の資金を集約し，親会社や専門子会社（金融子会社）で管理するキャッシュマネジメントシステム（cash management system：CMS）と呼ばれる仕組みを活用する企業も多い。[10]

6　専業企業のグループ構造

多角化企業や多国籍企業など，幅広いドメインを持つ企業では，組織を企業グループとして捉える視点が不可欠である。だが，１つの事業に集中する専業企業

---

[10]　シェアードサービスの活用を含む企業グループの管理会計の課題については，園田（2017）が参考になる。CMS については，西山（2013）が詳しい。

図 4-3 ■ 日立建機のグループ構造

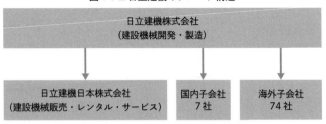

の組織形態としても，グループ構造は珍しくない。専業企業がグループ構造を取り入れる最も一般的な方法は，バリューチェーンのある活動やその一部を機能子会社として組織することである。とりわけよく見られる形は，生産などのバックエンドと，販売・サービスなどのフロントエンド機能を，親子会社間で分担することである。日立製作所の上場子会社であり，建設機械の製造企業である日立建機は，そうした構造を持つ企業である。**図 4-3** が示すように，同社では建設機械の販売，サービス，リースなどのフロント機能を子会社である日立建機日本に移管しており，日立建機本体は製品の開発・生産とバリューチェーン全体の統括を担っている（一部製品の開発・生産は別の子会社に移管）。

　このように，フロントエンド機能を別会社化することの一般的な目的は，販売活動の自律性を高めることで，より迅速で柔軟な顧客対応ができるようにすることである。販売は従業員の成績により給与を変える成果給が取り入れやすいため，企業内の他の活動と給与体系を変える目的で別会社化されることもある。バックエンド機能を別会社に分けることが，事業の価値創造力を高めることもある。たとえば，生産を海外で行うことでコストが大きく低減されるのであれば，外国に生産子会社をつくり，現地での生産を行うことが選択肢になる（下記のニトリはそうした例である）。

　専業企業のグループ構造としては，すべての主要機能を子会社に分離し，親会社は事業活動に従事しない持株会社になるという形も考えられる。ニトリは，そうした構造をつくっている企業である。**第2章**で触れたように，同社は家具・インテリア用品産業において高い競争優位を実現しているが，その組織は，持株会社であるニトリホールディングスのもとに，家具の生産を担う海外子会社（ベトナム），巨大な店舗ネットワークを擁する国内販売子会社のニトリ，物流子会社

図4-4 ■ ニトリのグループ構造

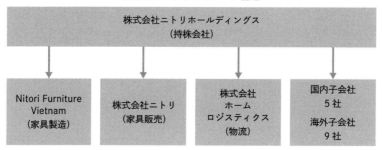

(注) ——▶は出資関係を表す。子会社数は，2021年2月現在の主要な連結対象子会社。
(出所) 企業資料に基づき筆者作成。

であるホームロジスティクスなど，機能領域別につくられた子会社が配置される
構造になっている（**図4-4**）。

　職能別組織をグループ構造でつくることは，それゆえの課題も生む。とりわけ
重要なのは，指揮系統の不連続である。第**3**章で見たように，職能別組織のトッ
プには，機能間の調整者として，バリューチェーン全体の働きを円滑にする役割
がある。だが，別法人化されているために経営者の関与が間接的になる活動があ
ると，機能間の調整や連携がうまく行えず，事業の価値創造力が低下するおそれ
がある。こうした問題を防ぐため，ニトリグループでは，持株会社の経営陣メン
バーが事業子会社のトップや取締役を兼任する，人的な重複を多くつくることで，
グループの調整能力を高めている。

第 5 章

垂直統合の戦略と組織

1 垂直統合とは

　ここからは，本書の主たるテーマである企業戦略（複数の事業を持つ企業の戦略）と，その実行ための組織について，考察していくことにしよう。最初に取り上げるのは，事業戦略と企業戦略の双方にかかわる，垂直統合（vertical integration）である。垂直統合とは，ある事業に従事する企業が，その事業と取引関係にある別の事業へと参入することで，活動の領域を広げることである。

　パソコン産業を例としてみよう。パソコン産業というときに一般に想起される企業は，NEC や富士通など，自社ブランドのパソコンを生産・販売する，いわゆるパソコンメーカーであろう。だが，パソコンに関係して事業を行っているのは，これらの企業だけではない。パソコンはさまざまなデバイス（電子部品）の集まりであるから，それら部品を製造するデバイス産業の活動なくしてはつくりえない。デバイスもまた，半導体のシリコンウェハーなど多くの材料を必要とするから，材料産業の活動なくしてはつくれない。完成したパソコンは，パソコンメーカーが顧客に直接販売するわけでは必ずしもなく，家電量販店や EC（電子商取引）サイトなど，流通産業の企業を介することが一般的である。

　これら産業の活動は，川が上流から下流へと流れていくように，ある産業のアウトプットが別の産業の活動のインプットとして用いられるという，関係の連鎖として結びついている。ある製品・サービスが生産され，最終顧客へと供給される過程における，産業間のインプット・アウトプット関係の連鎖を，価値システム（value system）という（**図 5-1**）。垂直統合とは，価値システムのある段階にい

図 5-1 ■ 産業の価値システム

原材料

最終
顧客

川上

川下

る企業が，隣接する別の段階へと活動の場を広げることである。たとえば，パ
ソコンメーカーが自らデバイスを生産すれば，この企業の活動はパソコンとデ
バイスという2つの領域にまたがることになる。このように，もともとの事業
のインプットを提供する川上の領域へと参入することを，後方統合（backward
integration）という。反対に，既存事業の販売先である川下の領域へと参入する
ことは，前方統合（forward integration）と呼ばれる。パソコンメーカーが自ら販
売チャネルを持ち，顧客に直接販売するならば，この企業は前方統合を行ってい
ることになる。

　ところで，今日のパソコンメーカーは製品を自ら生産しているとは限らず，厳
密には「メーカー」と呼びがたい場合がある。電子機器産業では，他社からの委
託を受けて生産を代行する，受託生産（electronics manufacturing service：EMS）企
業が目覚ましい成長を遂げてきたためである。これら企業の提供するサービスを
利用することで，パソコンメーカーは自ら生産を行うことなく製品を「つくる」
ことができる。同様な変化は，パソコンの川上に位置する半導体でも生じており，
半導体の開発・設計のみを行い，生産はファウンドリと呼ばれる専門業者に委託
する企業が多く存在する。このように，従来は企業の中で行われていた活動が企
業間で分業されるようになると，それら活動を1つの企業内で完結させることも，
垂直統合の形として捉えられるようになる。

　パソコン産業には，垂直統合という点で特徴的な企業がいくつか存在する。
たとえば，競合のほとんどがオペレーティングシステム（OS）としてマイクロソ
フトのWindowsを用いているのに対し，Appleは自ら開発したOSを搭載した
製品を販売している。同社はまた，自社製品のみを販売する店舗であるApple

● 1　価値システムは，産業バリューチェーン（industry value chain）と呼ばれることもある。こ
　　の表現は，企業内部における活動の連鎖であるバリューチェーン（第2章）との混同を招きやす
　　いので，本書ではPorter（1980）に倣い，価値システムという表現で統一する。

Store を展開しており，小売産業への前方統合という形でも垂直統合している。一方で，Apple は製品の生産を台湾の鴻海科技集団をはじめとする EMS 企業に委託しているほか，多くのデバイスを他社から調達し，自社製品のインプットとしている。

　このように，産業の価値システム上で自社のドメインをどのように定めるかという点で，企業には幅広い選択肢がある。企業が既存事業の川上へと進出するということは，その事業のインプットを他社から買う（buy）のではなく，自らつくる（make）ということである。あるいは，インプットの調達先を企業間で取引が行われる市場（market）から，組織（hierarchy）の中へと移行させるということである。ゆえに，垂直統合の意思決定は"make or buy"，その結果として生じる取引形態の違いは"market vs. hierarchy"と表現される[2]。Apple が，ある領域では垂直統合を行っていても，他の領域ではしていないことが示唆するように，市場（非統合）と組織（統合）の一方が常に企業にとって適切な選択肢であるということはない。選択は両者の特徴を踏まえ，状況に応じてなされる必要がある。そこで次節では，市場と組織それぞれの長所と短所を見てみよう。

COLUMN 5-❶　中飛び型の垂直統合

　産業の価値システムは，ある産業の製品（サービス）を生み出し，顧客に届けるために必要とされる，さまざまな活動を，活動の行われるタイミングの早いものから順に並べたものである。リレーのバトンが走者から走者へと次々に渡されていくように，価値システムにおいては，ある段階の活動の成果（アウトプット）が別の段階の活動のインプットとして，取引の連鎖によって引き渡されていく。垂直統合が価値システム上の隣り合う段階で一般に実施されるのは，市場での取引が，それらの段階に位置する企業間で行われることが多いためである。

　だが，すべての垂直統合がこのパターンに従うわけではない。第**2**章で取り上げた，アパレル産業における SPA を考えよう。この産業の価値システムは，次ページの図のような成り立ちをしている。SPA は，商品の企画を手がけるブランド企業が川下の販売も自社店舗で行う業態であるから，垂直統合の一例である。だが，SPA の企業は一般に生産を自社で行わないため，価値システム上で見ると，不連続な段階を束ねる「中飛び型」の統合になる。こうした不連続性が生じるのは，アパレル産業における生産が一般に委託生産という形をとるためである。すなわち，ブランド企業が生産を外部企業に委託し，でき上がった製品を委託先より買い取った上で，小売など川

●2　企業が販売（sell）を行う川下領域へと垂直統合する場合も含めて，このように表現される。

下の企業に販売することが，一般的だからである。ゆえに，取引の連鎖としては，生産サービスの売り手が生産企業，買い手がブランド企業であり，でき上がった製品については，売り手がブランド企業，販売企業が買い手となる。SPA は後者の取引のみを内部化するゆえに，価値システム上は不連続な統合となるのである。

　SPA のような「中飛び型」の統合が行われるのは，垂直統合が取引を企業の中に内部化する行為であるからにほかならない。外部企業への生産委託は，アパレル産業だけでなく，エレクトロニクスなど多くの産業で見られるようになってきている。こうした活動の委託（アウトソーシング）が一般化するにつれ，同様な形の統合が，より多くの産業で見られるようになる可能性がある。

図　アパレル産業の価値システムと SPA

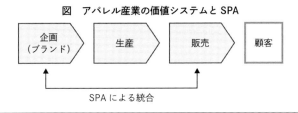

2　市場の特徴

2.1　市場のメリット

　通常，ある市場で活動する企業は，複数（しばしば，数多く）存在する。これら企業は顧客に取引先として選んでもらう競争に勝つために，さまざまな努力を重ねなければならない。企業が活動のインプットを市場で調達することの大きな利点は，市場で競争する企業の顧客として，これらの努力の成果である価格の低下や品質の向上などの便益を享受できることである。[3]市場の競争が激しいと，この便益は非常に大きなものとなる。**図 5-2** は，半導体メモリーの価格の推移を示したものである。1990 年代初頭に 1 メガバイト当たり 100 ドル程度であったメモリーの価格は，企業間の激しい競争による価格低下と技術進歩により，2018 年末には 1 メガバイト当たり 0.5 セントまで低下した。パソコンメーカーはメモリーを自社でつくるのではなく市場から調達することで，開発や生産の費用をいっ

●3　以下では単純化のために，既存の事業の川上領域への垂直統合に焦点を当てるが，川下領域への統合においても議論の本質は変わらない。

図 5-2 ■ 半導体メモリーの市場価格の推移

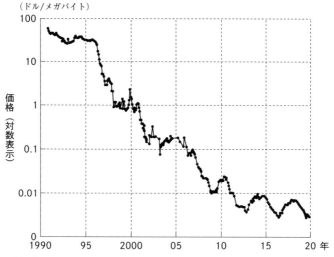

（出所） John C. McCallum による収集・公開データ（https://jcmit.net/index.htm）
に基づき筆者作成。

さい負担することなく，こうした変化の恩恵を享受できる。

第2のメリットは，柔軟性である。インプットを市場から調達する企業は，調達先を特定の企業に固定する必要はない。現在の取引先よりも優れた相手がいるならば，その企業へと調達先を変えることができる。仮に現在の取引先が競争で淘汰されてしまったとしても，競争に勝ち残った企業が新たな取引先として存在するため，インプットの供給が途絶えることはない。メモリー産業は，担い手である企業が大きく変転してきた産業である。初期においてはナショナルセミコンダクターやインテルなどのアメリカ企業が中心であったものの，やがてその地位は日本企業に取って代わられ，現在は韓国のサムスン電子と SK ハイニックス，アメリカのマイクロンといった企業が主導している。こうしたダイナミックな変化にもかかわらず，パソコンメーカーがメモリーの調達に支障をきたさないのは，必要に応じて取引関係を再構築できる市場の柔軟性ゆえである。

第3のメリットは，集中の効率性である。インプットの供給を他社に委ねることで，企業は自社で手がける活動の範囲を絞り込める。企業が行う活動が増えると，活動の方向づけや調整の負荷が，経営者により大きく生じるだけでなく，組織も大きく複雑になるために，管理が難しくなる。垂直統合せずにインプットの

供給源を外部に持つことで，企業はこうした問題を回避しつつ，自社が集中すべき活動に専念し，そのための資源や能力を効率的に蓄積していくことができる。「餅は餅屋」という言葉があるように，自社が強みとしない活動は，無理に自社で行わずに専門の他社に委ねることが，企業自身にとって望ましい。

2.2　市場のデメリット

だが，市場にはデメリットもある。第1は，コントロール性の低さである。市場でインプットを購入する企業は，取引の条件や内容を，自社の意向のみでは決められない。市場で需給バランスが大きく変化し，価格の高騰や品薄状態が生じたとしても，企業はそれを受け入れるしかない。売り手が強い市場支配力を持つ場合には価格が構造的に高くなり，買い手企業の費用を膨らませる要因となることもある。パソコン産業では，中央演算処理装置（CPU）のインテル，OS のマイクロソフトが，独占的な供給業者として大きな利益を得る一方，これらインプットの買い手であるパソコンメーカーの利益は低位にとどまってきた[4]。市場での取引に必要な契約も，コントロールを低める要因となる。いったん契約が結ばれると，取引の内容や条件を変更したい事情が生じても，企業は自社の意向のみで修正することはできない。相手が契約の修正に応じない限り，企業は元の契約に定められた条件で取引する義務を負う。契約が長期にわたる場合，こうした拘束性は，企業が事業環境の変動に対応するための妨げとなることがある[5]。

第2のデメリットは，取引費用（transaction cost）である。契約は企業の自由度を制限するものの，それなしに企業が他者と取引することは難しい。契約は取引の当事者同士が事前に合意した内容と条件を法的な拘束力のある約束として明文化したものであり，企業の利益を守るものだからである。取引相手の行動により自社が不利益を被ったとしても，契約がなければ相手の責任を追及し，自社の利益を回復することは難しい。取引費用とは，契約を作成・締結し，それに従って

---

[4]　価値システム上で利益がどのように分布しているかを把握し，戦略形成に活かす枠組みとして，プロフィットプール（profit pool）と呼ばれるものがある（Gadiesh and Gilbert, 1998）。

[5]　ここでの拘束性とは，個々の契約にかかわるものであり，契約の外で企業がどのような取引を誰とするかを制限するものではない（契約にそうした条項がある場合は除く）。ゆえに，上述の市場のメリットとしての柔軟性と，個々の契約の拘束性は，矛盾しない。契約の拘束性が事業の適応を妨げた例としては，京セラやシャープなどの日本の太陽電池メーカーの経験がある。太陽電池の基礎材料であるポリシリコンの確保のために結んだ長期契約の価格が，その後の市場価格を大幅に上回ったために，これら企業は構造的なコスト高に苦しんだ。

取引を行っていくための費用である。これは，直接的な経費だけでなく，契約案の作成および相手との交渉，契約後の取引の進捗状況の監視など，取引の開始から終了までに必要な，すべての行為に要する時間と労力を含む。これらの費用が取引のもたらす便益よりも大きければ，取引は行われない。したがって，企業がインプットの調達を市場に頼ることができるためには，取引費用が十分に小さいという条件が満たされている必要がある。

3　組織の特徴

3.1　組織のメリット

　一方で，組織には，市場とは大きく異なるメリットとデメリットがある。組織の重要なメリットは，取引費用がないか，あっても非常に小さいことである。同じ企業の部門間でインプットのやりとりは，そもそも契約を必要としない。親会社と子会社などのグループ会社間の取引は契約を必要とするものの，グループ会社は同じ企業の一部として，協働する関係にある。このため，独立した企業間の取引に比べて，情報の共有やコミュニケーションが容易であり，契約の作成や履行のための費用は低くなる。グループ会社間で利害の不一致があったとしても，グループトップである経営者の判断と指示により，取引を進めていきやすい。ゆえに，取引費用の高さから市場では実現の難しい取引も，垂直統合により企業内部に持ち込むことで実行しやすくなる。

　第2のメリットは，全体最適の視点で意思決定できることである。いま，売り手にx円の損失，買い手にy円の利益をもたらす取引があるとしよう（取引を実施しない場合の両者の利益は0円とする）。$y>x$だとすれば，この取引は合計で$y-x$円の利益を生み出すので，取引を実施することは，しないことよりも，売り手と買い手を合わせた全体の見地からは望ましい。しかしながら，取引当事者が独立して意思決定する市場では，損失を被る売り手が取引に応じないために，取引は実現しない[6]。だが，垂直統合によって売り手と買い手を同じ企業の部門同士にすると，両者に対して指揮権を持つ経営者の指示により取引を実行し，企業としての利益を高めることができる。すなわち，組織は全体最適の見地から取引の実

---

[6]　ここでは，買い手が売り手に取引利得の譲渡（サイドペイメント）をすることができないと前提している。譲渡が可能であれば，合計利得の$y-x$円を分け合うことで，売り手と買い手の双方が，取引をしないよりも大きな利得を得ることができる。

施や内容を決め，実行していくことができる。

COLUMN 5-❷　部分最適と全体最適（二重の限界化のロス）

　売り手と買い手が別々の企業であるよりも，垂直統合によってより望ましい状況がもたらされる例として，二重の限界化（double marginalization）と呼ばれる問題を取り上げてみよう（以下の内容は，ミクロ経済学の基礎的な知識を前提とする）。ある生産要素を唯一のインプットとする製品があり，川上でインプットを生産する企業が1社，川下の製品を生産する企業も1社だけあるものとする。また，川下製品への需要が次ページの図の線 D（$P = 21 - Q$）で表され，川上企業の限界費用と平均費用は1円で一定であるとする。もし，これら企業がそれぞれの利益を最大にするよう独立に生産量（Q）を決めるならば，全体でいくらの利益が生み出されるだろうか。

　企業の利益は，限界費用と限界収入が等しくなる生産規模で最大化される。川下企業の需要曲線 D に対応する限界収入は，図の MR_D（$= 21 - 2Q$）で表され，限界費用はインプットの価格である。ゆえに，川下企業は限界収入とインプット価格が一致する生産量を選ぶ。これはすなわち，川上企業のインプットへの需要が，川下企業の限界収入 MR_D で表されることを意味する。この需要に対応した川上企業の限界収入は，図の MR_U（$= 21 - 4Q$）である。川上企業の限界費用は1円であるから，これを限界収入と等置することで，この企業の利益を最大にする生産量は5個，インプット価格は11円と計算できる。この生産規模のとき，川上企業の利益は四角形 A の面積で表され，50（$= (11 - 1) \times 5$）円となる。一方で，川下企業は限界費用であるインプット価格（11円）と限界収入（MR_D）が等しくなるように生産量を決めるため，最適な生産量は5個，価格は16円となる。また，この生産規模における川下企業の利益（四角形 B）は，25（$= (16 - 11) \times 5$）円となる。ゆえに，川上と川下の企業が利益最大化のため独立に意思決定した場合の利益の合計（四角形 A ＋四角形 B）は，75円である。

　次に，これら企業が統合され，同じ企業の部門になったとしよう。この垂直統合した企業の費用は川上部門でのみ発生するので限界費用は1円，収入は川下部門でのみ生まれるので，限界収入は MR_D（$= 21 - 2Q$）となる。ゆえに，企業の利益を最大化する生産量は，この2つを等置させて10個，製品価格は11円と求められる。また，このときの利益は，100（$= (11 - 1) \times 10$）円であり，図の四角形 A と四角形 C の合計で表される。これは，両部門が別々の企業である場合の合計利益（75円）よりも大きく，垂直統合によって全体の利益は増えることがわかる。これは，川上と川下の活動が独立に利益の最大化（部分最適）を図ると，川上活動の付ける価格が川下活動の費用を押し上げ，製品価格を割高にしてしまう効果（二重の限界化）が考慮されないのに対し，両活動を同じ企業の一部として統合すると，それを踏まえた意思決

定（全体最適）が可能になるためである。

　二重の限界化は，部分最適と全体最適が一致しない状況の一例に過ぎないが，不一致が生じる理由はきわめて一般的なものである。すなわち，ある活動の成果が別の活動に依存しているにもかかわらず，それぞれの活動の意思決定を独立に行えば，依存関係を考慮しないことによる非効率が生じるのである。この非効率性は分権的な意思決定が一般的に持つデメリットであり，2つの活動が同じ企業の部門同士として自律的に活動する場合にも生じうる。

図　二重の限界化と垂直統合の効果

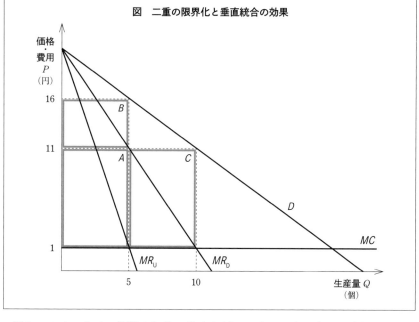

　第3のメリットは，情報や知識の共有が行いやすいことである。市場においても，取引を円滑に進めるための情報共有が企業間で行われる。だが，自社の重要情報が取引先を介して外部に漏れることもありえるため，共有される情報は，取引の遂行に必要な最低限度の内容に限られる。取引相手が変われば情報を共有すべき相手も変わることも，企業を積極的な共有に慎重にさせる[7]。対するに，同じ組織内で完結する企業内の情報共有は，社外への漏洩を心配する必要がない。まったく取引関係のない部門間であったとしても，必要な情報は共有できる。ゆえ

---

[7]　情報の重要な特徴は，いったん誰かへと移転されると相手の記憶として残ってしまうために，後で完全に取り戻すことは難しいということである（Arrow, 1974）。

に，組織内部における活動間の関係性は市場における関係性よりも，情報と知識の共有を進めやすい。

3.2　組織のデメリット

　一方，組織のおもなデメリットは，以下の3点である。第1に，取引が企業の中に持ち込まれることで，市場の競争圧力が及びにくくなる。市場で活動する企業にとって，取引相手の存在は保証されたものではない。対するに，垂直統合した企業における川上部門と川下部門は固定性の強い関係にあるため，市場における競争の脅威を感じにくい。このことが，コストの低減や品質の向上など，市場での生存に必要とされる努力の不足を招きやすくする。努力不足により川上部門の競争力が低下すると，そのアウトプットをインプットとする川下部門にも悪影響が生じる。だが，同じ企業の部門同士であるがゆえに，川下部門が調達先を社外へと切り替えることは簡単ではない。このため，一度生まれた非効率性が温存されやすい。

　第2のデメリットは，管理（ガバナンス）費用（governance cost）である。組織のメリットは，垂直統合することで自動的に生じるわけではない。いかなる取引が企業全体にとって望ましいのかを知るために，経営者や本社部門は，川上と川下の双方の活動に従事する部門やグループ会社から情報を集め，判断しなければならない。部門間の取引を円滑に進めるために，そのための社内ルールや制度を整備し，運用しなければならない。部門同士では解決できない問題が発生すれば，経営者が全体最適の見地からの指示を出し，それに従った活動が行われるように監督しなければならない。管理費用とは，垂直統合に伴って必要になる，こうした組織的な費用である。

　第3のデメリットは，費用が割高になりやすいことである。この問題がとくに生じやすいのは，価値システムの川上と川下で最小効率規模（minimum efficient scale：MES）が大きく異なる場合である。最小効率規模とは，競争で劣位にならないために必要な最小限の活動規模である。たとえば，アウトプット（Q）と，アウトプット1単位当たりの費用（C）の関係が，**図5-3**のようであるとすると，川上部門の最小効率規模はQ_U^*，川下部門のそれはQ_D^*である（簡単化のため，川下部門のアウトプット1単位に，川上部門の供給するインプット1単位が必要であるとする）。図のように，川上部門は規模の経済性が強く働くために最小効率規模が大きいにもかかわらず，川下部門の規模（Q_D）が小さなものにとどまるならば，川上部門

図 5-3 ■ 最小効率規模の不一致

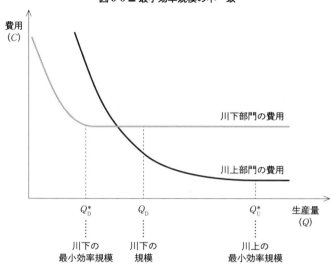

は最小効率規模を下回る大きさで活動しなければならないため，規模不足による非効率（コスト高）が生じる。割高なインプットは川下部門の競争力を低下させるため，規模を大きくして非効率を解消することは構造的に難しくなる。こうした問題は，市場で十分な規模で活動する他社からインプットを調達していれば避けられる。

COLUMN 5-❸　Apple の経営危機

　Apple は，現存するパソコン企業の中で最も早くから活動してきた企業の１つであり，多くのイノベーションによって現在のパソコンのひな型をつくることに貢献してきた。パソコン以外でも，iPod（MP3 プレイヤー），iPhone（スマートホン）などの革新的な製品を生み出しており，近年ではその影響力の大きさから，Google，Amazon，Facebook（現 Meta）とともに，GAFA と総称される。だが，Apple の経営は常に順風満帆であったわけではない。1990 年代に同社の業績は低迷し，1996年には破綻の瀬戸際まで追い込まれた。当時，パソコンの専業企業であった Appleが危機に陥った理由はいくつかあるが，最も本質的なものとして，パソコン産業の構造変化により，同社の戦略と事業環境に大きな齟齬が生じていたことがあげられる。

　産業が新しく生まれた段階では，価値システムの多くの活動がまだ存在していない。このため，産業の初期から活動する企業は，多くの活動を自ら行う傾向がある。Apple も例外ではなく，独自 OS の開発をはじめとして，垂直統合度の高い事業を進

めてきた。だが，産業が成長すると，価値システムのある段階に特化した企業が活動できるようになり，企業間での分業が進む。パソコン産業はこの傾向が顕著であり，OS ではマイクロソフトの Windows が事実上の業界標準となり，圧倒的なシェアを占めるようになった。そうした環境において，Apple は独自 OS による製品差別化を推進し，熱心なファンを中核顧客とする事業を進めていた。だが，OS は規模（シェア）が競争力の重要な規定要因であり，パソコンに比べて最小効率規模が非常に大きい。このため，Apple のパソコン事業における小さな市場シェアでは，川上領域における活動の費用を効率的に負担できない状況が生じてしまった。戦略が生み出す費用の重さに Apple 自ら耐えるのが難しくなったことが，同社が経営危機に陥った主要な理由である。

　1997 年に暫定 CEO として Apple に復帰したスティーブ・ジョブズ（Steve Jobs）は，マッキントッシュの製品ラインや費用構造を大胆に見直すことで同事業の軽量化を図るとともに，iPod や iPhone などの新製品の投入により事業の幅を広げ，戦略の費用を企業内でより広く，効率的に負担する形をつくった。これは事業間のシナジーの一例であるため，第**6**章で改めて立ち返ることにしよう。

4　垂直統合の意思決定

4.1　市場と組織の選択

　あるインプットを外部から調達するか，垂直統合により社内に供給源を持つかを選ぶにあたり，企業は以上のような市場と組織の特徴を勘案することになる。この選択で，企業が標準として考えるべきは，市場である。企業が垂直統合を行うには，そのための設備や技術の取得，従業員の採用と訓練などの，投資が必要になる。統合の初期費用であるこうした投資は，巨額になりうるばかりでなく，実行されると回収の難しい埋没費用（sunk cost）になる可能性がある。[8]また，いったん垂直統合がなされた後に，再び市場（外部調達）という選択肢に戻ることは，それによって失われる活動に従事する従業員の処遇など，難しい組織的な課題を生む。こうした非可逆性ゆえに，組織という選択肢は，市場のデメリットが

●8　埋没費用とは，一度負担されると，後での回収の難しい費用のことである。事業のために取得された土地は，事業から撤退するときに売却すれば，少なくとも一部の取得費用を回収できる。対するに，事業のために特別に発注された専用機械などは事業外での用途がないため売却できず，取得費用の回収は難しい。こうした資産（資源）への投資の費用が，埋没費用である。

大きいと考えられる状況でのみ，慎重に用いられるべきである。

　市場のデメリットで最も本質的なものは，取引費用である。取引費用の大きさから，潜在的な取引相手と契約を結ぶことができなければ，市場という方法はそもそも用いることができないためである。したがって，垂直統合の基本的な役割は，潜在的に大きな価値を持つものの，取引費用の大きさから市場での実現が難しい取引があるときに，それを組織の中で実行することで，価値を顕在化させることである。

4.2　取引費用の規定要因

　取引費用の大きさを規定する要因としては，次のようなものがある。第1は，不確実性である。取引が無事に終了することを確実に予見できるならば，売り手と買い手は口約束や暗黙の了解だけでも取引できる。だが，取引が行われる環境に不確実性があり，開始から完了までの間に売り手と買い手の取引意欲や遂行能力が大きく変化する可能性があると，口約束は反故にされ，自社が損害を被る危険がある。契約は，取引の過程で生じうる，さまざまな状況を想定し，それぞれにおける売り手と買い手の権利と義務をあらかじめ規定しておくことで，そうした事態の発生を防ぐ。だが，不確実性があまりに大きいと，起こりうる状況をすべてカバーする，完全性の高い契約をつくることは難しくなる。[9]不完全な契約に基づく取引で想定外の状況が生じれば，交渉により解決を図らなければならない。ゆえに，不確実性は取引費用を高める要因となる。

　第2の要因は，関係特殊的（relation-specific）な資産の必要性である。関係特殊的な資産とは，特定の相手との取引においてのみ，価値を持つ資源である。たとえば，輸送費のかさむ製品を生産・販売する企業が，顧客である企業の隣に工場を建てるとしよう。もし，この周辺に輸送費で赤字になることなく取引できる他の顧客が存在していないならば，この工場は，隣接する企業との取引でのみ価値を持つ関係特殊的な資産である。関係特殊性は，製品の特性や技術的な理由によっても生じる。固有なデザインを持つ製品の成型加工のための金型や，ある企業との取引でのみ必要とされる技術的な知識やノウハウも，関係特殊性の高い資産の例である。

●9　契約の完全性とは，取引の遂行中に起こりうる状況ごとの売り手と買い手の権利・義務が，明確に規定されている程度である。

　関係特殊的な資産が必要な取引における売り手と買い手は，ほかに代わりとなる相手がいないという意味で特別な関係にある。上の工場の例では，売り手企業にとっての顧客は，工場に隣接する企業 1 社しかいない。もし，この相手が著しく低い価格などの不当な要求してきたとしても，売り手企業には逃げ場（代わりの顧客）がない。買い手企業も同様である。売り手が法外に高い価格を求めてきたとしても，このインプットをすぐ自社に供給できる企業は，ほかにいない。このような，相手の弱みにつけこんで自己の利益を高めようとすることを，機会主義的な行動（opportunistic behavior）という。機会主義的な行動のリスクがあると，そうした行動を抑制するため，入念に契約をつくる必要がある。また，取引を始めた後には相手が契約を遵守しているか監視するなど，自社の利益を守るための行動が必要になる。ゆえに，取引のために関係特殊的な資産が必要であることは，機会主義的行動のリスクを高め，取引費用を大きくする。

COLUMN 5-❹　**取引費用の経済学**

　取引費用は，垂直統合を理解するために重要な概念であるのみならず，「企業はなぜ存在するのか」というより本質的な問いに答えるものでもある。市場経済においては，多種多様な財やサービスが，おびただしい数の売り手と買い手によって取引されているにもかかわらず，経済全体は混沌に陥ることなく，安定して機能する。ロナルド・コースは 1937 年に発表された論文で，こうした優れた働きを持つ市場経済において，市場とは異なる企業（組織）という活動メカニズムが生まれてくるのはなぜかを考察し，市場を利用するための費用の存在を，その答えとした（Coase, 1937）。市場の費用には，大別すると 2 種類ある。第 1 は，潜在的な取引相手を見つけ出すための費用である探索費用（search cost）である。この費用が大きく，売り手と買い手が出会うことがなければ，いかなる取引も生まれない。第 2 は，売り手と買い手が取引の内容や条件に合意し，実行していくための費用（取引費用）である。コースが強調するのは後者であり，大きな取引費用のために市場取引という形では実現の難しい経済活動を，組織という代替的なメカニズムにより実現していくことが企業の存在理由であるとした。

　オリバー・ウィリアムソンはコースの洞察を引き継ぎ，理論の精緻化を進めた（Williamson, 1975）。ウィリアムソンは，取引費用の発生と大きさに影響する要因を，経済活動の主体である人間の特性と取引の性格に注目して考察した。前者については，人間が限定された合理性しか持たず，膨大で複雑な情報を処理・理解する力に限りがあることと，機会主義的に自己の利益を追求しようとする傾向を持つことの，2 点が強調される。限定された合理性ゆえに，完全な契約をつくることはしばしば不

可能であり，機会主義的行動の傾向が，不完全な契約で取引を行う費用をさらに高めるのである。取引の特性としては，不確実性や複雑性，資産の関係特殊性の重要性が強調される。

　コースを嚆矢とし，ウィリアムソンによって体系化された理論の体系は，取引費用の経済学（transaction cost economics：TCE）と呼ばれ，経営学においても基本的な理論枠組みとして定着している。TCE がとくに力を発揮するのは，企業の境界（firm boundary）の分析である。企業の境界とは，いかなる活動を内部（組織）で行い，何を外部（市場）に任せるかという選択で決まる企業の活動領域の問題である。垂直統合は価値システム上における企業の境界の決定であり，TCE に基づく分析が早くから行われてきたテーマである。第 **6** 章以降で取り上げる多角化も企業の境界の問題であり，企業戦略の諸問題を考える上で，TCE の有用性は高い。コースとウィリアムソンは 1991 年と 2009 年に，それぞれノーベル経済学賞を受賞している。TCE をはじめとする企業の境界の諸理論についての解説としては，伊藤（2008）を参照するとよい。

　第3の要因は，取引の複雑性である。取引の複雑性とは，取引の遂行の過程で，売り手と買い手の緊密なすり合わせが必要になる度合いである。市場で広く売買されている財の取引は，複雑性が一般に低い。買い手は，何をどれだけ欲しいのか売り手に明確に伝えることができ，価格などの取引条件も市場で決まる。これに対して，開始時点では内容や条件が完全に確定できず，売り手と買い手がコミュニケーションを重ねることで，徐々に明確化していかざるをえないような取引もある。たとえば，買い手である企業が開発を進めている新製品のために，売り手企業が新たなデバイスを開発・供給するならば，技術的な知見や開発の進捗状況などに関する情報を両社間で頻繁に交換し，取引対象となるデバイスの仕様や取引条件を調整していく必要がある。そうした複雑性の高い取引を行っていくための取引費用は，おのずと大きなものになる。

4.3 垂直統合と競争優位

　いうまでもなく，これらの要因が同時に存在するならば，取引費用は非常に大きなものとなる。実際，上の例のデバイス取引は，単に複雑であるだけでなく，不確実性と関係特殊的な資産の必要性も高いものと考えられる。新しい技術や製品の開発には失敗が付きものであり，その成果を完全に予見することはできない。独自性の高い製品のための取引は，技術的知識や専門設備，ノウハウなどといっ

た，関係特殊性の高い資産（資源）も必要とする。したがって，取引費用の高さゆえに垂直統合が強い合理性を持ちやすい 1 つの状況は，企業ならではの強みを実現するために必要な何かの取引である。Apple が OS へと垂直統合し，自社での開発を行っているのは，独自な OS こそが同社の製品を競合と差別化するための要であるためである。

　垂直統合は，製品の差別化以外にも，さまざまなタイプの優位性を実現するための手段となる。ZARA は競合のブランドより多段階のバリューチェーンを持っているが（Column 2-❺），これは，垂直統合により価値システム上の活動の多くを企業内に持つことで，モノと情報の流れの高速化を図っているためである。[10]その結果として生まれている商品供給サイクルの速さは，その時々のトレンドを捉えた商品を確実に顧客へと提供することを可能にしている。垂直統合がコスト優位に寄与した例として，よく知られているものには，日本軽金属のアルミ精錬事業があげられる。アルミ精錬業は大量の電力をインプットとして消費するため，1970 年代の石油危機で電力価格の高騰が生じた際に，日本のアルミ精錬企業は壊滅的な打撃を受けた。しかしながら，日本軽金属は社内に水力発電設備を持ち，自家発電された電力を用いていたため，国内の競合がコスト高で次々と撤退を余儀なくされる中で，長く操業を続けることができた。[11]

　一方，事業に不可欠な何かであったとしても，企業の競争優位をつくるものではないならば，垂直統合の合理性は低くなる。そうしたインプットは他社にも広く利用される特殊性の低いものであろうから，大きな取引費用を負担することなく，市場から調達可能である可能性が高い。にもかかわらず垂直統合を行うならば，企業内部における競争の欠如や管理費用の発生といった組織のデメリットが，メリットを大きく上回って発生することになる。Apple が液晶パネルや半導体メモリーなどの汎用的なデバイスで垂直統合しないのは，こうした理由による。

●10　Chandler（1977）は，このように垂直統合により活動の連鎖が企業内で完結し，全体のスピードが向上することを，速度の経済（economies of speed）と呼んでいる。
●11　ただし，輸入品との競争や設備の老朽化などの理由により，日本軽金属も 2014 年にアルミ精錬事業から撤退している。

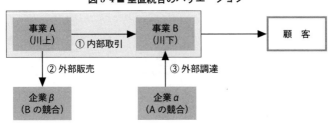

図 5-4 ■ 垂直統合のバリエーション

5 垂直統合と企業戦略

5.1 垂直統合のタイプ

以上の考察では，垂直統合が行われると，川下部門は川上部門のつくるインプットを，この部門からのみ調達するとともに，川上部門は，このインプットを川下部門に対してのみ供給するものと仮定してきた。すなわち，両部門の関係は企業外部に対して閉じられている。こうした形の垂直統合は，完全統合（full integration）と呼ばれる。Apple の macOS は，同社のパソコンである Mac（マッキントッシュ）にのみ搭載され，マイクロソフトの Windows など他の OS を搭載して販売されている Mac は存在しないので，完全統合の一例である。

だが，川上部門と川下部門の関係は，常にこのようであるとは限らない。川上部門が社外の顧客にもインプットを供給したり，川下部門が同じインプットを他企業からも調達したりするならば，両者の関係はより開かれたものになる。そうした，企業外に対して完全には閉じられていない垂直統合を，部分統合（taper integration）という。**図 5-4** は，これらのタイプの違いを図示したものである。完全型の垂直統合では，組織のメカニズムによる部門間取引（①）のみが行われる。これに対して，部分統合においては，川上部門による外部顧客への販売（②）と川下部門による外部企業からの調達（③）の少なくとも一方が，部門間取引（①）に加えて行われる。

部分統合の1つのメリットは，組織における競争圧力の弱さの問題が軽減されることである。川上部門が供給するインプットを川下部門が社外からも調達できるということは，企業内に競争が持ち込まれるということである。川上部門にとっての競争の圧力は，川下部門が社内外の区別に縛られることなく，調達先を自由に選べるときに，最も強くなる。競争の圧力は，川上部門がインプットを社外

で販売するときにも生じる。外部の顧客を獲得しようとするならば，川上部門は市場における他社との競争に勝たなければならないからである。ゆえに，川下部門の外部調達（③）と川上部門の外部販売（②）は，ともに川上部門を市場での競争にさらすことで，競争力の向上を促す効果を持つ。川下部門も競争と無関係ではいられない。川上部門が自由に取引先を選べるならば，「身内」として好条件な社内取引に甘えることはできなくなる。

　部分統合は，川上・川下領域における規模の経済性の違いからくる非効率を軽減するためにも有効である。**図** 5-3 のような最小効率規模の違いがあるにもかかわらず，川下部門が十分に大きくないため，川上部門がコスト高に陥っているとしよう。川上部門のコスト高は，割高なインプットを用いなければならない川下部門のコスト劣位につながる。ゆえに，完全型の垂直統合を続ける限り，川下部門が市場シェアの獲得により規模を大きくし，非効率を解消することは難しい。しかしながら，川上部門が社内への供給だけでは不足する規模を外部の顧客への販売（②）で埋めることができるならば，川上部門の高コスト体質は是正され，川下部門の競争力の強化にもつながる。

　こうしたメリットがあるものの，部分統合には垂直統合の意義を弱める側面もあることに注意しよう。川上部門が供給するインプットを川下部門が他企業からも購入できるのであれば，そのインプットは市場で一般的に調達可能なものであるということになる。では，なぜ垂直統合するのかという問いは，当然に生じる。川上部門が他企業と取引する場合には，それが川下部門に及ぼす影響への懸念が生じる。たとえば，Apple の OS のように，川上部門のインプットが川下部門の競争力を支える重要な要素であるならば，それを他社へも供給することは，自社製品の独自性を低め，競争優位を損なうことになる。ここでもまた，統合の意味が問われることになる。

5.2　企業戦略の視点

　部分統合は，営利組織としての企業の性格も変える。専業企業が完全統合を行い，インプットの供給源を内部に持ったとしよう。新しい活動が加わることで，企業のバリューチェーンは長くなる。だが，完全型の統合である限り，この企業の利益がもともとの事業の製品の販売から得られるものだけであることに変わりはなく，統合後も事業の数は 1 つのままである。こうした場合，垂直統合は事業の力を高めるための手段であり，基本的に事業戦略の問題といえる。一方，企業

が部分型の統合を行い，川上部門のインプットを外部の顧客にも販売するならば，その企業は，川下の製品が生み出す利益と川上のインプットが生み出す利益という，2種類の利益を持つことになる。統合後の企業は，純粋な専業企業ではもはやなく，複数の事業を持つ多角化企業としての性格を持つようになるということである。したがって，部分型の統合は，事業戦略だけでなく，事業の組み合わせとしての企業全体にかかわる，企業戦略の問題にもなる。

　事業戦略と企業戦略では，同じ問題への答えが一致するとは限らない。川上事業がインプットを外部に販売することが川下事業の競争力を損なうならば，後者の事業戦略としては外部販売を控えたほうがよい。だが，川下事業の利益が減る以上に川上事業で利益が増えるならば，企業全体の利益を大きくするためには外部販売を積極的に進めたほうがよい。この場合，企業トップである経営者が選ぶべきは，全体最適である部分統合（外部販売の促進）となる。ソニーの半導体事業は，そうした選択がなされている例である。ソニーは，スマートホンカメラの中核デバイスであるCMOSセンサー（半導体）で世界市場の5割のシェアを持つトップ企業であるが，同デバイスを用いるスマートホンの世界シェアは1％に満たない。すなわち，ソニーの半導体事業にとっては，社内のスマートホン事業への供給よりも，社外の顧客であり，川下事業の競合でもある，他のスマートホン企業との取引のほうが圧倒的に大きい。この大きな社外取引が生み出す利益ゆえに，半導体は，ソニーの製造業分野における中核事業の1つと位置づけられている。

COLUMN 5-❺　コントロール目的の垂直統合

　企業が垂直統合するメリットとして指摘されることの多い効果に，隣接する活動へのコントロールを強められることがある。たとえば，インプットの供給源を内部に持つことで，企業はそのインプットを，外部から調達するよりも低い費用で利用できるかもしれない。あるいは，川下領域へと統合することで，自社製品の市場や販路が安定的に確保されるかもしれない。こうした効果は，その恩恵を受ける事業にとってはメリットだが，企業全体にとってもそうであるかは自明ではない。ある事業にとって便益である何かが，他の事業にとっては費用であることもあるからである。川上と川下部門がともにプロフィットセンターとなる部分型の垂直統合では，この問題が生じやすい。

　いま，あるインプットへの需要が供給を大幅に超過しているため，その市場価格が高騰しているとしよう。このインプットを市場で調達している企業の費用は，当然に上昇する。こうした状況において，インプットの供給源（川上部門）を内部に持つ企

業は，川上部門に市場よりも低い価格でインプットを社内供給させることで，川下部門の費用を抑え，競合に対して優位に立つことができる。だが，内部顧客である川下部門をこのように優遇することは，川上部門に機会費用（逸失利益）をもたらす。すなわち，川下部門に安価に供給したインプットを，より高い市場価格で社外に販売していたら，川上部門が得られたであろう利益である。川下部門の逸失利益が川上部門で得られる利益よりも大きければ，優遇は企業全体にとって望ましいとはいえない。

　垂直統合は，統合前から存在する事業にとってのメリットとデメリットという視点から考えられがちである。だが，統合後の企業にとって重要なのは，統合によって広がった活動全体が生み出す利益であり，部分の利益ではない。事業戦略の観点から始められた垂直統合であっても，その結果として企業が向き合うことになる課題は，企業戦略としての性格を程度の差はあれ帯びるものになる。

　Apple の OS のような完全型の統合では，川上と川下の領域における活動は，同じ事業のバリューチェーンの一部として密接に結びついている。これに対して，ソニーの半導体のように外部取引のウェイトが高い部分統合では，川上・川下領域がそれぞれのバリューチェーンを持ち，別個の事業としての性格が強くなる。こうした違いがあるために，川上と川下分野の活動を，企業内においていかなる形で組織し，関係づけるかは，統合のタイプによって大きく変わってくる。そこで以下では，垂直統合を行う企業の組織構造について考えることにしよう。

6　垂直統合のための組織

　職能別組織を持つ専業企業（O 社）があるとしよう。簡単化のため，**図**5-5(a)のように，この企業の組織は，社外からインプットを調達し製品へと加工する生産部門（P_D）と，製品を顧客へと販売する営業部門（S_D）の 2 部門のみからなるものとする。この企業が垂直統合すると，組織の構造はどのように変わるだろうか。この問いに対する答えは 1 つではない。川上分野への統合（後方統合）を，完全統合と部分統合のケースに分けて考えてみよう。

6.1　完全統合型の組織

　まず，完全統合をする場合を考える。今まで市場で調達していたインプットを内部でつくるのだから，新たな活動が企業に加えられ，何らかの形で組織化されなければならない。1 つの方法は，内部化されるインプットの生産を担う部門

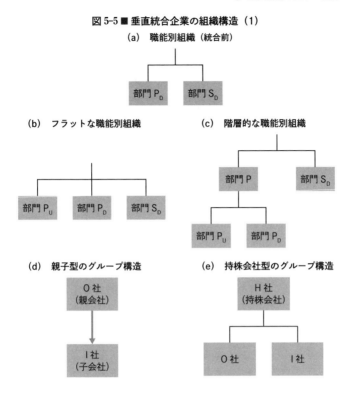

図5-5 ■ 垂直統合企業の組織構造（1）
(a)　職能別組織（統合前）

(b)　フラットな職能別組織　　　　(c)　階層的な職能別組織

(d)　親子型のグループ構造　　　　(e)　持株会社型のグループ構造

（部門 P_U）を新設し，既存の部門と並置することである（**図5-5(b)**）。この構造では，統合前よりも多くの部門が経営者のもとに並ぶため，組織の水平的構造が複雑になる。第2の方法は，部門 P_D と部門 P_U を管掌するための上位部門（P）をつくり，両部門をその下に配置することである（**図5-5(c)**）。この場合，トップマネジメントに直接つながる部門数は統合前と変わりないが，トップから生産の現場までの指揮系統が長くなり，垂直的構造は複雑化する。

　新しい活動の統合は，その活動を機能子会社（I社）としてまとめることでも実現できる（**図5-5(d)**）。グループ構造を用いるこの方法では，企業全体としての活動領域は広がるものの，親会社であるO社の組織は，統合前の**図5-5(a)**からまったく変化しない。グループ構造を用いる別の方法としては，持株会社（H社）をつくり，O社とI社をその傘下に配置することも考えられる（**図5-5(e)**）。この場合も，O社の部門構造は大きく変化しないが，企業トップである経営者は持株会社へと移るため，企業全体を方向づけ，統制する役割は，H社のもの

となる。

　これら構造のどれを用いるにしても，企業としてのドメインは同じである。また，どのパターンも，職能別組織のバリエーションとして理解できる。だが，第**4**章で見たように，部門構造により組織化する場合（(b), (c)）とグループ構造を用いる場合（(d), (e)）では，活動間の関係に質的な違いが生じる。同じ企業グループ内の取引であったとしても，会社間の取引には契約が必要である。また，モノやサービスが売り手から買い手へと供給されるのに対応して，逆方向での対価の支払いが必要である。これに対して，部門間のやりとりは契約を必要とせず，川上部門から川下部門へとインプットの供給がなされても，それに伴う支払いが生じるわけではない（社内売上高の計上など管理会計上の操作がされても，部門間で貨幣の支払いと受け取りが行われるわけではない）。ゆえに，グループ会社間の関係は，会社内部の部門間の関係よりも，形式性が高く，柔軟性に劣る。

　にもかかわらず，グループ構造を用いた垂直統合は珍しくない。これには，いくつかの理由がある。第**4**章で見たように，国外での活動は，基本的に現地の法人格を持つ子会社として組織される。天然資源や低廉な労働力の存在などといった利点のために拠点を国外につくる場合，垂直統合後の組織は，必然的に企業グループの形をとる。新しい活動を他社とのジョイントベンチャーとしてつくる場合も，川上と川下の活動は，法人格を分けなければならない。また，グループ会社間での移転価格の設定や受発注などをシステム化し，CMSにより決済を一元的に管理するなどすれば，グループ構造ゆえの不便さは軽減できる。このため，グループ構造が必然でなくとも，組織や管理の差異化など別法人化のメリットが大きい場合には，グループ構造が用いられる。

　だが，複雑性の高い取引を臨機応変に調整しながら行っていかなければならないならば，川上と川下の活動が同じ会社の部門同士であるほうが進めやすい。活動間で，モノやサービスだけでなく，情報や知識を頻繁にやりとりしたり，共有したりする必要性が高い場合も，会社の壁がない部門構造が適している。ただし，複雑な依存関係にある活動をフラットに並置し，経営者だけが双方への指揮権を持つ構造をつくると，トップの調整負担が過大になる可能性がある。そうした場合は，図5-5(c)のように，両活動を共通の上位部門のもとに配置し，上位部門長が調整を担う構造をつくることが，1つの対応となる。

図 5-6 ■ 垂直統合企業の組織構造（2）

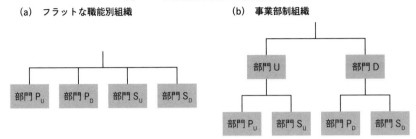

(a) フラットな職能別組織　　　　　　　　(b) 事業部制組織

6.2　部分統合型の組織

　次に，部分統合の場合を，**図 5-5(b)** の構造を出発点として考えよう。部分統合にもいくつかの形があるが，ここでは，部門 P_U が，部門 P_D に供給しているインプットを外部へも販売する場合を取り上げる。この販売を行うためには，そのための活動を，企業内のどこかに組織しなければならない。もし現在の組織構造を変えないならば，製品の販売活動を担っている部門 S_D が，双方の生産部門の製品を扱うという形になるだろう。だが，ある製品とそのインプットでは，顧客がまったく異なる上に，営業で必要とされる知識や，効果的なマーケティング，販売方法など，多くの違いがある。こうした違いに対応できなければ，販売を伸ばすことはできない。この問題に対処する1つの方法は，**図 5-6(a)** のように，川上と川下の販売活動を担う部門を生産と同様に分離することで，領域ごとの専門化を進めることである。

　図 5-6(a) の組織は，垂直的にはシンプルであるものの，川上と川下の2つの領域の職能別組織が混在しているために，水平的構造が複雑である。この企業で行われるべき活動の調整は，3種類ある。すなわち，①川下のバリューチェーンを構成する生産（P_D）と販売（S_D）機能間の調整，②川上のバリューチェーンを構成する生産（P_U）と販売（S_U）機能間の調整，③川上から川下へのインプット供給のために P_U と P_D の間で行われる調整である。このフラットな構造では，これら調整のうち当該部門間で解決できないものは，すべてトップを介して行われることになる。この負荷が過大であるならば，トップの権限を委譲し，調整の少なくとも一部を，ヒエラルキーの下方で行える体制をつくらなければならない。1つの可能性は，**図 5-5(c)** のように，部門 P_U と部門 P_D を共通の上位部門のもとに位置づけることである。この場合，③の調整はその上位部門のマネージャーが行うので，トップマネジメントは，川上と川下それぞれの領域内での調整であ

る①と②を担うことになる。

　別の可能性は，事業部制組織へと移行することである。すなわち，**図5-6(b)**に表されているように，川上と川下，それぞれの領域の生産と販売活動を，同じ上位部門（事業部門）のもとにまとめることである。事業部門である部門Uと部門Dは，担当する事業の機能をフルセットで持っているため，プロフィットセンターとして自律的に活動できる。ゆえに，事業部門長に事業運営の責任と権限を付与することで，事業内部の調整である①と②を進める役割も，それぞれの事業部門長に移管される。この結果，トップが直接に関与する調整は，事業部をまたぐ部門P_Uと部門P_Dの間の調整③だけとなり，トップマネジメントの負担は大幅に軽減される。

　図5-6(b)の構造には，川上と川下の活動の独立性が高まるため，それぞれが外部との取引を進めやすくなるという利点もある。現在の例で，このメリットがとくに大きいのは，川上事業（U）である。川上事業が社外で販売するのは川下事業のインプットであるから，この事業の顧客とは川下事業と同業の企業，すなわち競合である。これら企業が川上事業と取引するにあたり，懸念されることが2つある。第1は，取引を通じて自社の情報が競争相手である川下事業へと伝わる危険である[12]。第2は，取引条件や供給されるインプットの種類などの面で，自社が川下事業に比べて不利に扱われる可能性である。ゆえに，川上事業が外部と取引を進めようとするならば，顧客のこうした懸念を和らげる組織的な体制をつくることが望ましい。川上と川下の活動を独立性の高い事業部門として組織し，活動間の壁を高くすることは，そうした効果を持つ。

Column 5-❻　Apple とサムスン電子 ────────────────

　企業が川上領域（インプット）で部分型の垂直統合を行うと，企業はその領域では顧客となる企業と，川下領域では競合として競い合う複雑な関係を持つことになる。Apple とサムスン電子（以下，サムスン）の関係には，こうした関係の難しさが顕著に表れている。Apple はスマートホン（iPhone）事業において，多くのデバイスを他社から調達している。中でも，同社の主要サプライヤーとして，歴史的に大きな役割を果たしてきたのがサムスンである。Apple は，メモリーやディスプレイなどの汎

---

[12]　たとえば，どのようなインプットが必要とされるのかを知ることで，それを用いる製品のスペックがわかる。取引量からは，製品の受注や販売動向が推察できる。取引の内容によっては，売り手が買い手の独自技術について知見を得ることも可能である。守秘義務契約を結んでも，情報が漏れたり，裏で共有されたりする可能性はゼロではない。

用的なデバイスをサムスンから大規模に調達するだけではなく，独自デバイスである中央演算処理装置（CPU）の製造を委託するなど，サムスンと緊密な関係を築いてきた。

　だが，総合エレクトロニクス企業であるサムスンは，これらデバイスを用いる川下製品でも事業を展開している。そうした製品の中でも，サムスンがとくに力を入れてきたのが，スマートホンである。同社はApple とは異なり，Google のAndroid OS を用いた製品（Galaxy）を，おもに販売する。だが，技術的な先進性やデザイン性などiPhone と共通する強みを打ち出しており，スマートホン市場におけるApple の重要なライバルとなっている。デバイスとスマートホン事業は，サムスンの中で別個の法人に分離されているものの，同社がスマートホン市場で存在感を高めるにつれ，Apple との間には強い緊張関係が生まれた。たとえば，両社はApple のデザイン特許（意匠権）をめぐり，7 年にも及ぶ係争をアメリカで繰り広げた。また，Apple はデバイスの調達先を見直し，サプライヤーとしてのサムスンへの依存度を低めてきた。

　にもかかわらず，両社の関係は完全に敵対的なものになったわけではない。有機EL ディスプレイなどの先進的なデバイスについては，現在もApple はサムスンからの調達を続けている。サムスンも2018 年に上記係争の和解に応じ，Apple との関係悪化に歯止めをかけた。こうしたサムスンとApple の入り組んだ関係はメディアで報じられることも多く，よく知られている。だが，両社の事例は決して特殊なものではない。同じ企業が顧客であり，競合でもあるという複雑な状況にどう対処するかは，部分型の垂直統合を行う企業がしばしば直面する課題だからである。

　この効果は，川上事業を子会社として分離し，グループ構造をつくることで，さらに強めることができる。事業を独自な法人格を持つ会社として組織すれば，企業内で指揮系統（レポートライン）が不連続になるため，情報のタテの移動が少なくなる。従業員の交流も行いにくくなるため，ヨコの移動も起きにくくなる。ゆえに，**図 5-5(d)** のように川上事業と川下事業を別会社化すれば，事業間の情報伝播が会社の壁によって抑えられる[13]。**図 5-5(e)** のように，川上事業と川下事業が兄弟会社となるグループ構造をつくるならば，壁はさらに高くなる。事業間に親子関係がある場合は，一方の事業が親会社として他方から情報を引き出したり，自社の優遇を強いたりする懸念があるが，兄弟会社であれば立場は対等であるからである[14]。ソニーは，半導体とスマートホン事業の双方を別法人として組織

●13　これは，金融機関のファイアウォール規制が，銀行と証券の別法人化によって顧客の不利益を抑えようとしているのと同じ原理である（Column 4-❻）。

●14　もちろん，親会社が一方の兄弟会社から情報を引き出し，他方に提供する懸念は残る。こう

しており，両者の関係は兄弟会社である。

　このように，部分統合において事業の独立性が高い組織構造をつくることは，外部との取引を促進するために有効である。だが，その裏返しとして，そうした構造では事業間の距離が長くなるため，川上と川下の活動間の関係は市場的な性格を強めていく。事業の自律性が非常に高く，川上事業と川下事業がそれぞれ自由に取引相手を選べるのであれば，企業内取引（**図5-4**の①）がゼロになるということもありうる。こうした場合，市場では実現の難しい取引を組織の力で行うという垂直統合の本来の役割を，両事業が同じ企業の中に存在することの合理性とすることは，もはや難しい。したがって，2つの事業が独立性の高い関係にある場合は，垂直統合だけでなく，**第6章**以降で検討する多角化の視点で考えることが必要になる。

COLUMN 5-❼　中間組織（ハイブリッド）

　本章では，垂直統合を市場と組織の二者択一の問題として考察した。だが，市場と組織の双方の性格を兼ね備えた企業活動の形も存在する。よく知られた例として，日本の自動車メーカーと部品メーカーの取引ネットワーク（サプライヤーシステム）がある（COLUMN 4-❶）。このシステムにおいては，取引関係にある企業が相互に関係特殊性の高い投資を行い，一見すると取引費用の高い状況がつくられているにもかかわらず，組織的な統合は行われない。にもかかわらず，取引が膠着することなく，システム全体が1つの企業であるかのように円滑に機能する。ゆえに，システムは市場を基本のメカニズムとするものの，組織のような性格を兼ね備えている。

　こうした活動の形態は，市場と組織の間に位置づけられ，両者の側面を併せ持つという意味で，中間組織（今井ほか，1982；Imai and Itami, 1984），あるいはハイブリッド（hybrid）と呼ばれる（Williamson, 1991；Hennart, 1993）。ハイブリッド（中間組織）には，多様なバリエーションがある。自動車のサプライヤーシステムのように，市場における企業間関係に組織的な要素が見られる場合は外部ハイブリッド（external hybrid），企業組織の中に市場の要素が見られる場合は内部ハイブリッド（internal hybrid）といわれる（Hennart, 2013）。組織の中に市場の競争を持ち込む部分型の垂直統合は，内部ハイブリッドの例である。

　ハイブリッド（中間組織）は市場と組織の間に位置するために，双方のメリットを享受できる可能性を持つ。だが，そのマネジメントには固有の難しさがある。たとえば，外部ハイブリッドが円滑に機能するためには，契約では十分に規定しきれない複

した可能性を完全に排除する唯一の方法は，一方の事業をスピンオフするなどして事業間の資本関係を断ち切り，2つの事業を真に独立した存在にすることである。

雑な協働を進めるため，企業同士の信頼が不可欠である。そうした基礎なしに協働を進めれば，市場と組織の良いところ（メリット）ではなく，悪いところ（デメリット）どりに終わってしまう可能性が高い。企業間の協力をうまく進めるための条件については，第11章において，アライアンス（提携）という，より広い文脈の中で検討する。

第**6**章

多角化の戦略（1）

1　事業の多角化

　本章からは，企業戦略の中心テーマである事業の多角化と，そのための組織を取り上げる。一般に，企業は事業を1つだけ持つ専業企業として生まれてくる。だが，企業が成長し，資源や資本（資金）が蓄積されていくと，それらを今までとは異なる領域に投じることで，活動の場（ドメイン）を広げることが，成長のための選択肢となる。**第5章**で取り上げた垂直統合は，既存の事業と取引で結びついている事業へとドメインを広げることである。対するに，企業が多角化で広げることができる事業の範囲は，従来の事業との関係性に縛られない。このため，積極的に多角化を進める企業のドメインは，幅広い事業領域にまたがる複雑なものになる。多角化した企業がドメインに持つ事業の組み合わせを，事業ポートフォリオ（business portfolio）という。

　よく知られた多角化企業であるソニーの事業ポートフォリオを，同社の事業セグメント情報で見てみよう（Column 6-❶）。世界初のトランジスタラジオを皮切りに，テレビやビデオ，オーディオなどの製品で成長してきたソニーは，エレクトロニクス製品の企業というイメージが強い。だが，**表6-1(a)**が示すように，これら製品が属する「エレクトロニクス・プロダクツ&ソリューション」セグメントは，現在のソニーの売上高の2割程度を占めるに過ぎず，同社のコア（中核）事業とはもはや言いがたい[1]。最大セグメントである「ゲーム&ネットワーク

●1　コア（中核）事業という表現はしばしば用いられるが，厳密な定義はない。一般には，企業の

表6-1 ■ ソニーとパナソニックの事業セグメント構成

(a)　ソニーの事業セグメント（2021年3月期）

	売上高 （十億円）	構成比 （％）
ゲーム＆ネットワークサービス （家庭用ゲーム機，ソフトウェア，ネットワークサービス）	2,605	29
音　楽 （音楽制作，音楽出版）	927	10
映　画 （映画製作，テレビ番組制作，メディアネットワーク）	758	8
エレクトロニクス・プロダクツ＆ソリューション （テレビ，オーディオ・ビデオ，カメラ，スマートホン）	1,903	21
イメージング＆センシング・ソリューション （イメージセンサー）	938	10
金　融 （生命保険，損害保険，銀行業）	1,662	18
その他 （ディスク，記録メディア）	197	2

(b)　パナソニックの事業セグメント（2021年3月期）

	売上高 （十億円）	構成比 （％）
アプライアンス （エアコン，白物家電，テレビ，ビデオ，カメラ，美容家電）	2,294	34
ライフソリューションズ （照明・配電器具，太陽光発電設備，住宅設備，住宅，自転車）	1,340	20
コネクティッドソリューションズ （航空機内娯楽・通信システム，カメラシステム，パソコン）	719	11
オートモーティブ （車載システム，電装品，車載電池）	1,313	19
インダストリアルソリューションズ （乾電池，制御機器，電子部品）	1,085	16

（注）　（　）内はセグメントに含まれる主要な事業。構成比はセグメントの和に対する比率。
（出所）　各社の有価証券報告書に基づき，筆者作成。

サービス」に含まれるゲーム（プレイステーション）事業，子会社であるソニーフィナンシャルホールディングスが手がける金融（生損保・銀行）をはじめ，映画，音楽，半導体など，幅広い事業が組み合わさることで，今日のソニーという企業

持つ最大の事業を指すことが多く，本書もこの用法に従う。規模だけでなく，歴史的経緯や他の事業との関係性が考慮されることもある。

が形づくられている。

　一方，**表6-1(b)** には，多くのエレクトロニクス製品でソニーと競い合ってきた，パナソニックの事業ポートフォリオを示してある。事業セグメントの定義が両社で異なるため，完全な比較はできないものの，両社の事業ポートフォリオに大きな違いがあることは明らかであろう。たとえば，ソニーで大きなウェイトを占める映画・音楽・金融といった非製造業のセグメントが，パナソニックには見当たらない。反対に，パナソニックで大きなウェイトを占める「ライフソリューションズ」セグメントに含まれる住宅関連の事業や，「オートモーティブ」セグメントに含まれる自動車関連事業は，ソニーの事業ポートフォリオにはない。このように，ある事業で競合する企業同士であったとしても，企業全体としてのドメインは大きく異なりうる。

　こうした違いは，どのような事業をドメインに加えるかという参入の意思決定の違いであるとともに，どのような事業をポートフォリオに残すかという選択の違いの反映でもある。ソニーが映画・音楽事業を持っているのは，アメリカのCBSレコードとコロンビアピクチャーズを，それぞれ1988年と1989年に買収した結果である（こうした経緯ゆえに，ソニーのエンターテイメント事業の中心は，現在もアメリカにある）。じつは，パナソニックも同様な多角化をしている。同社の前身である松下電器産業は，アメリカの大手映画・音楽会社であるMCA（現ユニバーサル）を1990年に買収した。しかしながら，松下は後にMCAの株式を売却し，映画・音楽事業から撤退した。このため，これら事業は，現在のパナソニックの事業ポートフォリオに含まれていないのである。

　このように，多角化企業のドメインは，新しい事業への参入や，既存の事業からの撤退により，変化していく。Column 2-❶で紹介した日立造船のように，企業設立時の事業（祖業）がポートフォリオから抜けてしまうこともある。

Column 6-❶　**事業セグメント情報とは**

　上場企業など，広く投資家から活動の資金を調達している企業は，自社の業績や財務状況を有価証券報告書などで定期的に開示する義務を負う。開示される数値は，資金調達の主体である企業を単位としてつくられるため，複数の事業を持つ多角化企業では，企業全体としての状況と個々の事業との関係性が見えにくくなる。たとえば，企業の利益が大きく変動したとしても，それがどの事業の好不調によるものなのかは，企業全体の損益計算書からはわからない。事業セグメントとは，こうした不透明性を軽減するために，多角化企業の売上高や利益などの基礎的な指標を，事業のタイプご

とに分割して報告するための単位である。表6-1 が示すように，2021 年 3 月時点で，ソニーは 7 つ，パナソニックは 5 つの事業セグメントを持っている。

　事業セグメント情報を利用する上では，いくつか留意すべき点がある。第 1 に，事業セグメントは，事業そのものでは必ずしもない。企業がある事業を 1 つのセグメントとして情報開示することが求められるのは，その事業が企業の売上高や利益の 1 割以上を占めるなど，一定のウェイトを持つときである。この基準を満たさない事業は，類似した別の事業と合わせて 1 つのセグメントにすることができる。事業の数が増えるほど，1 つの事業が企業全体に占める比重は低くなる。ゆえに，多角化を積極的に進め，多くの事業を抱える企業ほど，セグメントは単一の事業ではなく，複数の事業の集まりになる傾向がある。たとえば，ソニーの金融セグメントは，銀行・生命保険・損害保険という 3 つの金融事業を含んでいる。

　第 2 に，財務会計上の報告単位である事業セグメントは，部門や子会社など企業の組織単位と完全に対応するものではない。2021 年 3 月時点におけるパナソニックは，第 **8** 章で紹介するカンパニー制と呼ばれる組織構造を持っており，7 つのカンパニーから構成されていた。このうち 5 つのカンパニー（アプライアンス社，ライフソリューションズ社，コネクティッドソリューションズ社，オートモーティブ社，インダストリアルシステムズ社）は表6-1 の事業セグメントと明確に対応しているが，重要地域での活動を統括する残り 2 つのカンパニー（US 社と中国・北東アジア社）の活動は，それ自体としては報告されず，活動の領域に応じて 5 つの報告セグメントに配分され，反映されている。この例が示すように，セグメントデータは複数の組織単位の活動成果の合成であることがしばしばある。こうした点に留意が必要であるものの，事業セグメント情報は多角化企業の事業の状況を外部から把握する上で基本となる情報である。

2　多角化の合理性

　企業が事業を多角化する合理性は何であろうか。企業は営利（＝事業を通じて利益を得る）のために，少なくとも 1 つの事業を持たなければならない。だが，複数の事業を持つ必然性はない。ゆえに，多角化企業は，別々の事業に特化した複数の専業企業へと分解することができる。企業の活動が増えるほど組織は複雑になり，マネジメントの難しさは増大する。したがって，そうした分解は可能であるだけでなく，経済的により望ましい可能性がある。にもかかわらず，複数の事業を同じ企業の中にまとめておくことが合理的であるならば，そうすることで事

業の力がより強く発揮され，企業全体の価値（企業価値）が向上しなければならない。すなわち，事業間にシナジー（相乗効果）が働かなければならない。このことは第**1**章で触れているが，重要なポイントなので，今一度確認しておこう。

いま，AとBという2つの事業を持つ多角化企業があるとし，その企業価値が V_{AB} と書けるとしよう。これら2つの事業の間にシナジーがあるということは，それらが同じ企業の中に存在することで実現される企業価値（V_{AB}）が，それぞれが独立した企業であるときの企業価値（単体価値）の和よりも大きいということである。すなわち，事業Aと事業Bの単体価値をそれぞれ V_A, V_B とするならば，次の不等式が成り立つことである。

$$V_{AB} > V_A + V_B$$

つまり，複数の事業が企業の中で組み合わさることで何かが生み出され，全体としての価値が部分の単純和より大きくなるということである。もし，この不等式が成立しなければ，企業が事業を複数持つことに合理性はない。とくに，不等号が逆になる（$V_{AB} < V_A + V_B$）のであれば，事業間に負（マイナス）のシナジーが生じているということであり，企業を多角化企業として維持するのではなく，別々の専業企業に分けることで，より大きな価値が生まれることになる。

したがって，プラスのシナジーを生み出すことこそが，事業の集まりとしての企業の存在理由である。だが，シナジーはどのような事業の組み合わせでも生じるわけではなく，何の取り組みもなしに生まれるものでもない。第**1**章で紹介したように，多角化企業がシナジーを通じて自らの価値を高める力を，企業優位と呼ぶ。事業の競争優位が，事業の単体価値（V_A, V_B）を高めるものであるのに対し，企業優位は，企業を事業の単純和以上の存在にする付加的な価値（$\Delta V = V_{AB} - (V_A + V_B)$）を生み出す力である。強い企業優位を実現するために，いかなる事業ポートフォリオを持ち，どのようなシナジーを事業間に生み出していくか。これらが企業戦略の中心にある課題である。

これらの課題について考える基礎として，本章と第**7**章では，2つの異なるタイプのシナジーについて検討する。本章で取り上げるのは，事業シナジー（operating synergy）である[2]。事業にはさまざまな資源や組織能力が投じられる。

●2 事業シナジーは，営業シナジーとも呼ばれる。ここでの営業は，営業利益（operating income）における営業と同様に，機能としての営業（販売）ではなく，事業活動全般を指している。

図 6-1 ■ 事業シナジーと財務シナジーの違い

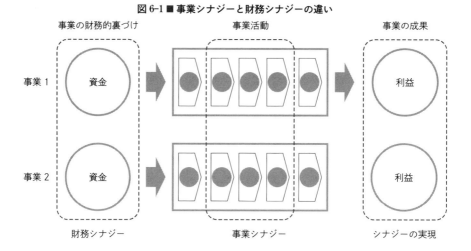

事業シナジーとは，事業間でこれらインプットを共用（シェア）することで，事業が利益を生み出す力を高めることである。一方，事業が資源を取得し利用するには，財務的な裏づけである資金が必要である。第**7**章で取り上げる財務シナジー（financial synergy）は，資金を事業間で移動させることで生まれる価値の向上である。すなわち，事業シナジーが，事業活動に直接投じられるインプットである資源を介するのに対し，財務シナジーは，それらインプットの取得と利用に「先立つもの」であるお金を介して生まれる（図6-1）。

このように，事業シナジーと財務シナジーはまったく異なるメカニズムで働くため，効果が生じる事業の組み合わせや，実現のために必要となる組織的な仕組みも同じではない。企業戦略の策定と効果的な実行のためには，両者の識別が枢要である。

COLUMN 6-❷　**シナジーと企業価値**

　企業価値は，単純化すると，企業が現に生み出している利益（y），将来に見込まれる利益の成長率（g），投資家が期待するリターン（収益率）である資本コスト（r）に，次のように依存する（COLUMN 1-❷）。

$$V = \frac{y}{r-g}$$

　シナジーとは，複数の事業が組み合わさることで，これらの要因を変化させ，企業

価値を向上させる効果と捉えることができる。ただし，事業シナジーと財務シナジーでは，おもに作用する要因が異なる。

　事業間で資源を共用することで生まれる事業シナジーは，事業が生み出す収入（売上高）を高めたり，活動に要する費用を低めたりすることで，事業が生み出す利益を大きくする。ゆえに，事業シナジーが企業価値を高める，おもな経路は，上式の分子である利益水準（y）を底上げすることである。ただし，成長余地の大きな事業では，競争力の向上は，より速い利益成長にもつながる。この場合，事業シナジーの効果は，利益成長率（g）の向上として，分母にも表れる。

　一方，財務シナジーの効果は，おもに分母に表れる。第**7**章で見るように，このシナジーの重要な効果は，成長性の低い事業から高い事業へと資金が移動することで，企業が将来に得られる利益が大きくなることである。これはすなわち，利益成長率（g）が高くなることを意味する。事業間の資金移動は，何らかの要因で事業が困難な状況に陥ったときに，その活動を支え，企業がゴーイングコンサーンとして存続していくことも容易にする。こうした安定性の向上は，投資家が企業に期待するリターンである，資本コスト（r）を引き下げる可能性がある（COLUMN 7-❻）。このように，事業シナジーと財務シナジーはまったく異なるメカニズムで生じるゆえに，企業価値に影響する経路も同じではない。

3 事業シナジーの基礎

3.1 事業シナジーとは

　事業シナジーは，事業が利益を生み出す力が，企業内の他の事業の存在によって高められる効果である。利益は，事業の収入（売上高）から，その活動に要する費用を引いたものである。ゆえに，2つの事業間に事業シナジーが働くならば，それらが同じ企業の一部であることで，少なくとも一方の売上高が大きくなるか，費用が小さくならなければならない。事業AとBが同じ企業の一部であるときの企業全体の売上高（費用）をR_{AB}（C_{AB}），それぞれの事業が別個の企業であるときの売上高（費用）をR_A（C_A）とR_B（C_B）とするならば，$R_{AB} > R_A + R_B$，$C_{AB} < C_A + C_B$の少なくとも一方が満たされることで，$R_{AB} - C_{AB} > (R_A - C_A) + (R_B - C_B)$が成立するということである。事業が組み合わさることで収入が底上げされる効果（$R_{AB} > R_A + R_B$）を収入シナジー（revenue synergy），費用が節減される効果（$C_{AB} < C_A + C_B$）を費用シナジー（cost synergy）という。費用シナジ

ーは，経済学では範囲の経済性（economies of scope）と呼ばれる効果である。

COLUMN 6-❸　範囲の経済性

　経済学の理論は，企業が 1 つの財（製品・サービス）だけを生産するという仮定で組み立てられることが多い。しかしながら，企業の行動と市場での競争を分析する産業組織論（industrial organization）と呼ばれる分野では，複数の事業や市場で活動する企業の重要性が早くから認識されており，そうした企業の経済合理性が検討されてきた。中でも，Baumol *et al*.（1982）による範囲の経済性の理論は，多角化企業の存在理由についての本質的な説明といえる。

　範囲の経済性のわかりやすい例は，ゴミの焼却施設のすぐ隣に設置された温水プールなどの公的施設である。もし，これら施設が離れた場所にあるならば，プールは自ら費用をかけて，水温調整などのための熱エネルギーを生み出さなければならない。だが，焼却施設とプールが隣接していれば，前者が生み出す焼却熱を後者が用いることで，エネルギーを有効利用し，全体としての費用を低めることができる。このように範囲の経済性とは，複数の活動をまとめて行うことで，より活動の効率性が向上するため，全体としての費用が低減する効果である。

　形式的には，範囲の経済性とは次のように定義される。いま，事業 1 が単独の企業として x の規模で活動するときの費用を $C(x, 0)$，事業 2 が単独の企業として y の規模で活動する費用を $C(0, y)$，これら事業がそれぞれ同じ規模で，1 つの企業の中で活動するときの費用を $C(x, y)$ としよう。もし，これら事業の間に範囲の経済性が存在しているならば，次の不等式が成り立つ。

$$C(x, y) < C(x, 0) + C(0, y)$$

　これは，本文における費用シナジーの定義を，それぞれの事業の規模を一定にするという形で，より厳密に表したものである。すなわち，費用シナジーとは，事業の間に範囲の経済性が働くということである。

　範囲の経済性は，規模の経済性とは異なる効果である。規模の経済性とは，ある活動をより大きな規模で行うことで，そのための費用が相対的に節減される（平均費用が低くなる）効果である。上の表記に従えば，事業 1 に規模の経済性が働くならば，製品 1 単位当たりの費用である平均費用 $C(x, 0)/x$ が，x が大きくなるにつれて低下する。これは，事業 1 と事業 2 の間に範囲の経済性がなかったとしても，成り立ちうる。規模の経済性が多角化企業でも専業企業でも働きうる効果であるのに対し，範囲の経済性は複数の事業を持つ多角化企業に固有の効果である。

　第 **2** 章で見たように，ある事業が獲得できる利益の大きさは，その事業が価値を生み出す力に強く依存する。ゆえに，事業シナジーとは，ある事業の価値の創

図 6-2 ■ 関連型多角化と非関連型多角化の違い

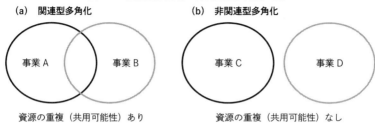

(a) 関連型多角化　　　　　　　　　　(b) 非関連型多角化

事業 A　事業 B　　　　　　　　　　事業 C　　　　事業 D

資源の重複（共用可能性）あり　　　　資源の重複（共用可能性）なし

造力が，社内の別の事業によって高められる効果ということもできる。こうした効果は，どのような事業の組み合わせでも働くわけではない。もし，2つの事業が顧客に提供する価値や，それを生み出すための活動のプロセスに，何のつながり（関連性）もなければ，そうした効果は生じようがない。以下に見るように，事業同士のつながりにはさまざまな形があるが，それらはみな，活動で用いられる資源や能力の共通性に起因している。

　したがって，事業シナジーが生まれるために必要な条件は，事業の間に，資源や能力の共通性という意味での関連性（relatedness）があることである。関連性は，2つの事業で必要とされる資源や能力の重複が大きいほど強くなる（図 6-2）。既存の事業と強い関連性があり事業シナジーを見込みやすい事業へと企業がドメインを広げることを，関連型の多角化（related diversification），関連性が弱く事業シナジーの生じにくい事業へと展開することを，非関連型の多角化（unrelated diversification）という。以下では，収入シナジーと費用シナジーに分けて，事業シナジーの形をいくつか見てみよう。

3.2 収入シナジー

　収入シナジーは，事業間で資源を共用することにより事業の販売が促進され，収入（売上高）が大きくなる効果である。たとえば，ある事業の技術を用いることで別の事業の製品の魅力を高め，より大きな市場シェアを得られるかもしれない。Apple が，パソコンだけでなく，スマートホン（iPhone）やタブレットコンピュータ（iPad）へと多角化している1つの理由は，パソコン事業で培った OS 技術を用いることで，スマートホン事業においても独自 OS（iOS）による製品差別化が図れることである。事業間のブランド共有も，収入シナジーを生むための手段となる。Apple が Mac 事業で築いてきた洗練されたブランドイメージは，

スマートホンをはじめとする他の事業においても，同社の強みとなっている。

　顧客との接点として自前の販売チャネルや外部チャネルへの良好なアクセスを持つことが重要な場合，収入シナジーは事業間でのチャネル共用からも生まれる。セブン-イレブン（コンビニエンスストア事業）の店舗には，同じセブン＆アイ・ホールディングス傘下のセブン銀行（銀行事業）のATM（現金自動預け払い機）が置かれている。これは，事業間で販売チャネルが共有されている，わかりやすい例である。銀行事業は，コンビニエンスストアの大規模な店舗ネットワークを利用することで，多くの顧客と接点を持ち，収益を得ることができる[3]。コンビニエンスストアもまた，ATMを利用するために店舗を訪れる顧客の「ついで買い」により，売上を増やすことができる。

　コンビニエンスストアを訪れる消費者が「ついで買い」をするのは，同じ店舗を何度も訪れたり，別の店舗で買い物したりする手間を省くためである。別々の企業から分けて購入することもできる製品やサービスを，1つの企業からまとめて購入することを，ワンストップショッピング（one-stop shopping）と呼ぶ。ワンストップショッピングが顧客にもたらす便益は，手間の削減だけではない。アメリカのIBMや日本の富士通などの総合IT企業は，顧客企業の課題に対処するための「ソリューション」として，それを構成するハードウェアやソフトウェア，サービスなどの要素をセットで提供することを重視している。これは，これら要素が別々の企業によってバラバラに提供されるよりも，顧客のニーズに精通した同じ企業から提供されることで要素間の連携が高められ，より効果的な課題解決が図れるためである。このシナジーで事業同士が共用する資源は，個々の顧客が持つニーズへの深い理解（知識）である。

3.3　費用シナジー

　費用シナジーは，事業間で資源を共用することにより，事業活動に要する費用が節減される効果である。資源の取得と利用には必ず費用がかかる。複数の事業で同じ資源を用いることができるにもかかわらず，それぞれの事業が同じ資源に別々に投資して，それを利用することは，資源の取得と利用の費用が企業内で重複して発生することを意味する。資源の共用はそうしたムダを減らし，企業が事

●3　セブン銀行の「顧客」は，必ずしもセブン銀行に口座を持つ預金者ではない。だが，セブン銀行は，他行の預金者が自行のATMを使うことで手数料を得るため，他行顧客との取引からも収入を得る。

業ポートフォリオ全体として負担しなければならない費用を低減させる。

　収入シナジーと同様に，費用シナジーを生む資源は，工場や店舗のような有形資源であることもあれば，技術やブランドのような無形資源であることもある。先に取り上げた Apple の例では，パソコン事業が持つ OS 技術をスマートホン事業でも活用することで，後者の事業がゼロから OS を開発する場合に比べ，研究開発費が大幅に節減されている（あるいは，Column 5-❸で取り上げたように，パソコン事業単独では負担の難しい研究開発費が，複数事業への分散により，より効率的に負担できるようになっているともいえる）。この例が示すように，ある資源を事業間で共用することは，収入と費用の両面でシナジーを生むことがある。

　事業の費用には，研究開発のように自社の活動で発生する費用のほかに，社外から部品や原材料などのインプットを購入するための費用もある。複数の事業が同じインプットを用いている場合，購買の窓口を事業ごとに分散させずに集約することで，調達にかかわる情報や資源を有効利用できる。また，集約により大きくなる取引規模をテコとして取引先への交渉力を高め，調達コスト（購入価格）を引き下げることもできる。こうした効果も，費用シナジーの1つの形である。

4　事業シナジーのメカニズム

4.1　シナジーを生み出す資源

　資源の共有は，事業シナジーを必ず生むわけではない。企業の資源には，多くの事業で利用できる高い汎用性を持つものがある。たとえば，本社や支店などの社屋は，事業や用途の限定性の低い資源である。経理・人事・税務などといった会社の基盤的な活動のための知識やシステムも，多くの事業で利用できる。このように幅広い事業で用いることのできる資源を，一般的資源（generic resources）と呼ぶ。一般的資源は多くの企業が保持しているため，希少性が低い。ゆえに，それを事業間で共用することで事業の価値創造力が大きく高められ，強いシナジーが生まれることはない。[4]

　反対に，産業に固有な技術や顧客ニーズなどと深く結びついているため，ある産業でしか利用できない産業特殊的な資源（industry-specific resources）もある。

---

[4]　一般的資源を事業間で共用することはシナジーを生むものではないが，資源の重複というムダを省き，不必要なコスト負担をなくすためには，きわめて重要である。

たとえば，鉄鋼メーカーが鉄鉱石から鉄を取り出すために用いる高炉という大がかりな設備は，鉄鋼産業以外では使途がない。こうした産業特殊的な資源は，それを持つ事業にとってどれほど重要なものであったとしても，他の事業では活用できないため，やはりシナジーを生むことはない。

　事業シナジーの源となるのは，これら2つのタイプの中間に位置する資源である。前節で取り上げた例を振り返ってみよう。Appleがパソコン事業で培ってきたOS技術は，どのような製品にも必要なわけではない。だが，スマートホンなどの情報機器では不可欠である。とくに，同社の古くからの強みであるGUI（graphical user interface）技術（画面上のアイコンでコンピュータを操作する技術）は，小さなディスプレイ上ですべての操作を行うスマートホンなど小型端末の使いやすさを高めるために，きわめて有用である。セブン−イレブンのように大きく高密度な店舗ネットワークは，小売業の中でも，不特定多数の顧客の多様なニーズに即応するコンビニエンスストア事業でなければ必要とされない。だが，セブン銀行のように，顧客との接点の多さが顧客の便益に直結する事業においては，大きな価値を持つ。これらの例が示すように，強い事業シナジーの基礎となるのは，利用可能な産業の範囲が限られるという意味で特殊性があるものの，その範囲の中にある事業にとっては競争優位に寄与する資源である。

　ところで，パソコンとスマートホンのOSは同じものではないから，Appleのスマートホン用OSであるiOSは，パソコン用のmacOSとは別に開発されたものである。ゆえに，Appleのパソコンとスマートホン事業は共通の技術を多く用いているものの，両事業がより深いレベルで共有しているのは，それら技術を生み出し活用することで製品の魅力を高める，優れたOSを開発していく組織能力であるということができる。このように，複数の事業で価値創造に貢献する基盤的な資源を生み出し，それらを用いた活動を効果的に遂行していく企業の力を，コアコンピタンス（core competence）と呼ぶ[5]。ユーザーに良好な使用経験をもたらすOSをつくることは，Appleのコアコンピタンスである。完成度の高い洗練されたデザインの製品を生み出すこともまた，同社のコアコンピタンスといえる。コアコンピタンスの共有は，事業間に強い関連性がある場合にのみ可能である。

---

[5] コアコンピタンスと多角化の関係については，Prahalad and Hamel（1990），Markides and Williamson（1994）などを参照。

COLUMN 6-❹　**財の関係性と事業の関連性**

　2つの財（製品・サービス）がともに用いられることで，顧客のニーズやウォンツをよりよく充足する関係にあるとき，これらの財は補完財（complements）と呼ばれる。パンとバターは補完財であり，パソコンなどのハードウェアとその上で動くソフトウェアも補完財である。逆に，顧客のニーズやウォンツの充足で競合するために，一方が使われると他方は使われにくくなる財は，代替財（substitutes）と呼ばれる。バターとマーガリン，ジャムなどの財は，パンをおいしく食べるという顧客ニーズを満たすために競合する代替財である。なお，まったく異なる顧客のニーズやウォンツに対応しているため，代替性も補完性もない財は，独立財（independent goods）と呼ばれる。

　本文で検討している事業の関連性とは，こうした財（事業のアウトプット）の関係性とは異なることに注意しよう。事業シナジーについてしばしば持たれる誤解は，それが補完財の間で生まれやすいということである。チームとして機能する補完財をセットで顧客に提供することが，企業の価値創造力を高めるという見方である。この見方は，常に正しいとはいえない。読者が食べるパンとバターは，一般に別々の企業の製品であり，テレビで見る番組は，そのテレビのメーカーとは異なる企業であるテレビ局によって放映されている。多くの読者は，このことに何ら不都合は感じないであろう。また，仮にこれら補完財が同じ企業によって提供されたとしても，それによって読者が得るものは，とくにないであろう。すなわち，2つの財が補完財であること自体は，それらが同じ企業から提供されることで顧客の便益が高まることを保証するものではない。

　反対に，代替財の間ではシナジーが生じにくいということもない。雪印メグミルクや明治，小岩井など，バターを生産・販売する有力企業の多くは，マーガリンやジャムなどの代替財も手がけている。類似した顧客ニーズを充足するがゆえに，これらの財の間では技術やブランド，販売チャネルなどの資源の共用可能性が高いためである。補完財の関係にある事業間でシナジーが生まれる場合にも，同じように資源の共用可能性が高い必要がある。事業シナジーを根底で支えているのは，価値ある資源や能力を共用できるという意味での事業間の関連性であり，アウトプットの関係性ではない。

4.2　資源共用の仕組み

　資源は，事業のバリューチェーンの中で用いられることで，価値を生む。ゆえに，資源が事業間にシナジーを生み出すためには，それが複数の事業によって共用され，それぞれの活動に投じられるための仕組みがなければならない。多くの事業の価値創造力を向上させる力を持つ資源があったとしても，そうした仕組み

図6-3 ■ 事業間の資源共用の仕組み

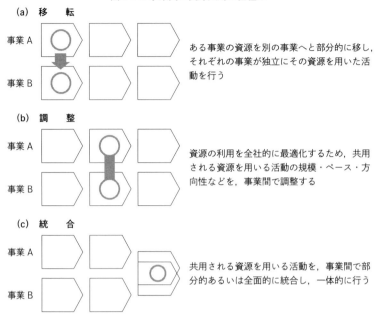

(a) 移　転

事業A

ある事業の資源を別の事業へと部分的に移し，それぞれの事業が独立にその資源を用いた活動を行う

事業B

(b) 調　整

事業A

資源の利用を全社的に最適化するため，共用される資源を用いる活動の規模・ペース・方向性などを，事業間で調整する

事業B

(c) 統　合

事業A

共用される資源を用いる活動を，事業間で部分的あるいは全面的に統合し，一体的に行う

事業B

が存在しなければ，事業シナジーが実現することはない。事業間で資源を共用し，活用するための仕組みには，大別すると３つの形がある（**図**6-3）[6]。

（1）移　転

　共用の最も単純な仕組みは，ある事業の資源が別の事業へと移転され，移転元の活動とは独立に，移転先の事業において用いられることである（**図**6-3(a)）。セブン-イレブンとセブン銀行の間では，前者の資源である店舗の販売スペースの一部が，後者のATMを設置するために使われている。だが，設置されたATMは，コンビニエンスストアの販売活動とはほぼ無関係に稼働しており，店舗という資源を共用していても，小売事業と銀行事業の活動は基本的に独立である。

●6　事業シナジーの基礎となる活動間のリンクについては，Porter（1985）と Puranam and Vanneste（2016）による整理が参考になる。

(2) 調　整

より複雑な共用の仕組みは，単に同じ資源を利用するのではなく，その資源を用いる活動を調整した上で行うことである（**図6-3(b)**）。よく知られた例としては，ディズニーにおけるキャラクターの活用があげられる。同社では，映画事業の生み出す魅力的なキャラクターが，ライセンス（消費財）事業，放送事業，出版事業，テーマパーク事業などで幅広く共用され，販売促進のために活用される。このため，他事業での展開を見据えたキャラクターのデザインや設定が，映画の制作段階からなされている。また，新作映画が公開され，新しいキャラクターが登場するときには，顧客へのアピールを最大限に高めるよう，商品投入やプロモーションが事業間で入念に調整される。

(3) 統　合

最も複雑な仕組みは，資源を共用する事業同士が，その資源を用いる活動を部分的あるいは全面的に統合し，共同で運営することである（**図6-3(c)**）。たとえば，ブランドを共有する事業が顧客に対して統一された価値やイメージを訴求している場合，同一の販売拠点が複数事業の製品を販売することがしばしばある。Apple の直営店舗である Apple Store は，そうした例である。ワンストップショッピングの便益を顧客に提供しようとする企業もまた，顧客ニーズへの対応力を高めるために販売やサービスなどのフロントエンド機能を統合し，顧客との接点を集約する。統合はバリューチェーンの広範囲に及ぶこともある。Amazon は幅広い商品やサービスを販売しているが，顧客との接点であるウェブサイトが共通であるだけでなく，取引を支えるシステムや商品の保管と出荷を担う物流拠点なども同じである。

共用される資源や，それを用いる活動の性格に応じて，事業シナジーを生み出すために必要な仕組みは変わる。このため，事業間で共用される資源が多くある場合には，さまざまな仕組みが併用されることで，事業のバリューチェーン間に多くの「橋」がかけられることになる。これらの橋を組織的にどのようにつくるかは，関連型の多角化を進める企業の組織デザインにおいて重要な課題となる（第**8**章）。

COLUMN 6-**⑤**　**非関連型多角化の成功**

　非関連型の多角化では，既存の事業の資源が強みとなることはない。このため，関

連性のない事業に参入する企業は，誕生したばかりの企業と同様に，強みをゼロから
つくらなければならない。この意味で，非関連型の多角化は関連型よりもハードルが
高い。だが，ハードルを乗り越えて，企業の有力事業へと育つ例もある。ダスキンが
運営するミスタードーナツは，ドーナツ外食市場で大きなシェアを占めるが，同社の
中核である清掃・衛生用品事業との関連性はない。ソニーの稼ぎ頭である金融事業
（生損保・銀行）も，他の事業との関連性に乏しい。何が非関連型多角化を成功に導
くのだろうか。

　非関連型の多角化を行う企業が，同じ事業の専業企業に対して持つ一般的な優位は，
企業内の他の事業が生み出す資金を，新事業の強化や成長のために投じられることで
ある。とくに，専業企業が新興の企業である場合，外部からの資金調達に問題が生じ
やすいため，資金不足が成長や生存の障害となりやすい。第 **7** 章で見るように，多角
化企業は事業間で資金を移動させることで，事業を外部の資金に頼ることなく速やか
に，大きく立ち上げていくことができる。すなわち，非関連型多角化における企業の
基本的な強みは，新事業での投資や活動の元手となる，資金の動員力である。

　もっとも，既存事業との資源の共通性に制約されないために，ある事業へと非関連
型の多角化をできる企業は数多く存在する。そうした形で参入する多角化企業がほか
にも多くいるならば，資金力の強みは減じられる。ソニーが金融事業に参入した当時
も，同様な多角化をする資金力を持つ企業は数多く存在した。だが，実際に参入した
企業はソニーだけであった。金融へ多角化するという発想や，金融機関に伍して事業
を行うための構想を，他の企業は持たなかったためである。この意味では，あらゆる
事業の成功の基礎である企業に独自な洞察こそが，非関連型多角化に成功をもたらす
根本の要因といえる。

5　シナジーを生み出す費用

　独立した企業ともなりうる事業の間に橋をかけることは，それゆえの弊害（費
用）も生む。そうした費用がシナジーを上回るならば，事業間で資源の共用を進
めることにより，企業のパフォーマンスはむしろ低下してしまう。ゆえに，事業
シナジーを実現する上では，資源共用のマイナス面への注意が必要である。事業
シナジーを生み出すための費用としては，以下のようなものがある。

（1）調整費用
資源の共用が活動の調整を伴う場合，そのための費用である調整費用（coordi-

nation costs）が生じる。調整という行為は，時間と労力を必要とする。これらの費用は，活動が多面的に結びつき，調整が複雑化するほど大きくなる。複雑さゆえに調整に手間どると，事業の円滑な運営が妨げられる。とりわけ環境が大きく変化している事業にとって，他事業との調整の必要性は，活動を迅速に修正し，変化へと適応していく柔軟性を低める要因となる。より直接的な費用もある。ディズニーでは，キャラクター資源を共用する事業間で企画やマーケティングを調整するために，他部門との連携や調整を担うマネージャーが各事業に配置されている。また，全社的な資源共用の機会を見つけ，活かすために，事業横断的な調整組織が設置されている。[7]こうした仕組みを持つことは，組織を維持・運営するための費用を当然に大きくする。

（2）妥協費用

企業にとって最善な何か（全体最適）と，事業にとっての最善（部分最適）が，常に一致するとは限らない。企業が全体の課題であるシナジーを優先することで，部分である事業に生じる弊害は，妥協費用（compromise costs）と呼ばれる。事業間で資源を共用しやすくするためには，ある事業単独で見れば最善とはいえない資源を，あえて用いなければならないことがある。たとえば，ある事業の施設を，他の事業と共用できるように汎用的な仕様でつくれば，当該事業ならではのニーズに合わせて最適化された専用施設に比べ，その事業にとっての使い勝手は悪くなる。共用可能性に力点を置いて技術の開発を進めるならば，それを用いる個々の事業のニーズへは十分に対応できないものとなる可能性がある。これらは，共用される資源そのものに起因する弊害である。

資源の利用で生じる費用もある。ある事業でつくられたブランドを，他の事業でも用いれば，後者のマーケティングが容易になり，販売が促進されるかもしれない。だが，異質な製品やサービスに用いられることでブランドの位置づけやイメージが曖昧になってしまうならば，そのブランドをつくり育ててきた，もともとの事業にとって，共用は資源の価値を低める行為となる。

（3）機会費用

ある事業が持つ資源を別の事業で用いれば，前者での資源の利用が制限されることによる機会費用が生じる。セブン銀行のATMを店舗に設置することで，小

---

[7] ディズニーがシナジーのためにつくっている，こうした組織的な仕組みについては，Galbraith（2014）などを参照のこと。

売事業のためにセブン-イレブンが使うことのできる販売スペースは小さくなる。もし，このスペースを商品販売に用いていれば得られていたであろう利益が，コンビニエンスストア事業が店舗という資源を銀行事業と共用することの機会費用である。資源によって，共用の機会費用は大きく異なる。店舗や工場などの有形資源は，それを用いて行える活動の規模（キャパシティ）に限りがあるため，ある事業で資源を用いれば，別の事業のために同じ資源を用いることのできる余地は必ず小さくなる。ゆえに，未活用のキャパシティが大きく存在するのでない限り，資源の共用は機会費用を生む。

　一方，無形資源を共用することの機会費用は，有形資源に比べて一般に低い。無形資源の多くは，知識や情報としての性格を持つ。知識や情報は事業から事業へと伝えたとしても，もとの事業がそれを失うことはない。このため，企業内の多くの事業が互いの活動を制約することなく，同時に利用しやすい。[8]この性格がとりわけ顕著なのは，特許登録された技術やブランドマークなど，客観的かつ明確に内容を表すことのできる形式知（codified knowledge）としての性格を持つ資源である。形式知は，それを認識・理解することのできる人の間では，完全な移転ができる。このため，必要に応じた複製を事業間で行うことで，大きな機会費用を生むことなく共用できるのである。

　だが，すべての無形資源が簡単に共用できるわけではない。ノウハウのように経験から学び取られた知識は，それを所有している本人も内容を正確には知らず，他人に伝えることが難しい，暗黙知（implicit knowledge）である。ゆえに，ある人のノウハウを他の誰かに伝えるためには，両者が経験をともにする中で，後者が自ら学び取らなければならない。多くの組織能力には，従業員によって集合的に獲得されてきたノウハウとしての側面がある。したがって，事業間で組織能力を共用するためには，それを持つ事業の従業員が他事業の活動に協力したり，その事業に異動したりするなどして，学習をサポートしなければならない。これは，ノウハウの移転元の事業では，サポートにあたる従業員の知識や技能を十分に活用できないという機会費用が生じることを意味する。[9]

---

[8] この特性ゆえに，無形資源は企業内公共財（intra-firm public goods）ともいわれる（公共財とは，一度に多くの人が不便なく利用できる財のことである）。多角化の経済合理性の基礎となる無形資源の役割については，Teece（1982），Markides and Williamson（1994）などを参照。

[9] 組織能力の共用に大きな機会費用が生じがちであることは，Levinthal and Wu（2010）によって強調されている。

6 資源の獲得

　事業シナジーへの障害は，資源共用の費用だけではない。新しい事業に参入したとしても，その事業を自立した営利活動として成立させることができなければ，既存事業との間に強いシナジーが生まれることは期待できない。新事業の立ち上げにおける大きな障害は，企業が持たない新しい資源の獲得である。関連型の多角化においても，新しい事業で必要とされる資源と，既存の事業で企業が蓄積してきた資源が，完全に一致することはない。足りない資源を適切な費用とスピードで獲得することができなければ，新事業は事業として成立しない。したがって，不足する資源をどのように取得していくかは，新しい事業をつくる上で最重要な課題である。

6.1 成長モード

　企業が新たな領域へと活動を広げるために資源を獲得する方法は，成長モード（growth mode），あるいは参入モード（entry mode）と呼ばれる。第2章で触れたように，成長モードは，企業が自らの力で資源を獲得していく内部成長と，企業の外にある資源を利用する外部成長に大別される。後者はさらに，自社の必要とする資源を持つ他社やその一部を取り込み自社の一部とするM&Aと，他社と協力関係をつくり，その資源を利用するアライアンス（提携）とに分けられる。本章末尾の補論には，これら3つの成長モードの特徴を簡潔にまとめてある。

　成長モード間の関係性には，代替的と補完的，双方の側面がある。ある特定の資源の獲得についていえば，関係は明らかに代替的である。ある資源を企業自らが容易に獲得できるならば，同じ資源を得るために買収やアライアンスを行う必要性はない。だが，新しい事業をつくり上げるためには，さまざまな資源が必要となる。企業自らが獲得しやすい資源は内部成長により取得し，獲得しにくい資源はM&Aで獲得するといった使い分けをするならば，関係は補完的になる。内部成長を行うことで，外部成長がよりうまく行えるようになるという面もある。自らある資源へと投資する企業は，その資源への理解を深めることができるため，他社の持つ資源の質や自社にとっての重要性を評価する「目利き」としての力が高まるためである。こうした意味でも，関係は補完的である。

　したがって，ある事業への多角化で用いる資源獲得の方法は，1つに限定され

る必要はない。だが，どの方法が相対的に向いているかは事業によって変わる。内部成長がとくに用いやすいのは，関連型の多角化である。新しい事業と既存の事業の間で資源の重複や類似性が大きいと，企業単独でも資源の取得を進めやすいためである。内部成長は組織の連続性を維持しやすいため，事業間で資源の共用を進め，シナジーを生み出しやすいという利点もある。反対に，事業間での資源の重複や類似性が低い非関連型多角化では，内部成長のデメリットが顕在化しやすいため，外部の資源を活用するM&Aやアライアンスの有効性が高くなる。

6.2 ダイナミックシナジー

　資源の獲得は，多角化を進める企業が必ず乗り越えなければならない障壁である。だが，新しい資源を獲得するということは，その資源を活用した，さらなる成長が可能になるということでもある。ダイナミックシナジーと呼ばれるこの効果を理解するために，事業Aをコア事業とする企業が，事業Bへと関連型の多角化をしている状況を考えよう（**図6-4(a)**）。この企業が関連性の糸を切らすことなく，事業ポートフォリオをさらに広げるには，どのようなパターンが考えられるだろうか。

　1つの可能性は，事業AとBが共用する資源（X）を活用できる，第三の事業（C）へと多角化することである（**図6-4(b)**）。この場合，事業の数は増えるものの，事業間には同じ資源がシナジーの基礎として共有されているという意味で，事業ポートフォリオの性格に変化はない。また，3つの事業は相互に関連し合っているため，企業は強い結びつきを持つ事業のネットワークとなる。第2の可能性として，事業Aの資源のうち，事業Bとは共用していない別の資源（Y）を，共用できる事業（D）へと多角化することも考えられる（**図6-4(c)**）。このパターンでは，事業Bと事業Dの間には共通の資源が存在しないため，両者の関係は非関連である。だが，シナジーを生み出す相手として事業Aを共有しており，コア事業を中心としたつながりが保たれている。

　第3の可能性は，事業Bへの多角化で獲得した資源（Z）を活用できる，事業（E）へと多角化することである（**図6-4(d)**）。このパターンで3つの事業をつないでいるのは，ノンコア（非中核）事業であるBであり，新たにポートフォリオ

●10　ダイナミックシナジーは，吉原（1993），伊丹（1984）など，日本企業の成長パターンの分析の中から提起されてきた概念である。

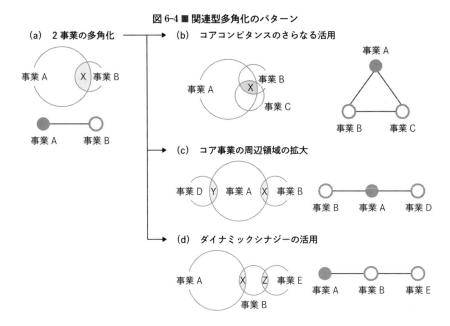

図 6-4 ■ 関連型多角化のパターン

(a) 2 事業の多角化

(b) コアコンピタンスのさらなる活用

(c) コア事業の周辺領域の拡大

(d) ダイナミックシナジーの活用

に加わる事業Ｅとコア事業であるＡの間で資源は共用されていない。にもかかわらず，企業が関連性を切らすことなく多角化できるのは，事業Ｂのために獲得した資源を持つからにほかならない。ダイナミックシナジーとは，過去の多角化で獲得した資源をこのように活用することで，さらに別の事業への多角化が可能になる効果である。同じ「シナジー」という言葉を含んでいるものの，ダイナミックシナジーと事業シナジーは，性格がまったく異なる効果である。事業シナジーは，所与の事業ポートフォリオの価値が，資源の共用により高まる効果である。対するに，ダイナミックシナジーは，多角化による事業ポートフォリオの拡大が，さらなる拡大を可能にする効果である[11]。

図 6-4 の多角化パターンは，すべて関連型である。だが，企業全体の凝集性（coherence）は異なっている。凝集性とは，事業間のつながり（関連性）によって，事業の集合としての企業全体が 1 つの「まとまり」として存在している程度である[12]。凝集性は企業が明確なコア事業を持ち，その事業を中心として事業同士が結

---

[11] 別言すると，ダイナミックシナジーに基づく成長が，企業価値の向上を伴うかは別の問題である。

[12] 多角化企業の凝集性とその規定要因については，Teece *et al.* (1994), Collis and Mont-

びつき合っているときに高くなる。ゆえに，**図 6-4** の多角化パターンのうち，凝集性が最も高いのは(b)であり，最も低いのは，コアと関連のない事業がある(d)である。(b)のように凝集性を高くすれば，企業が多角化できる事業の範囲は狭くなる。対するに，コア事業とのつながりに制約されずに多角化する(d)のパターンは，成長の自由度が高い。したがって，ダイナミックシナジーを活用する多角化は，事業ポートフォリオの凝集性を低めるものの，企業の成長可能性を高める。

Column 6-❻　多角化のオプション効果

　過去の多角化により企業が参入できる事業の範囲が広がるダイナミックシナジーは，成長オプション（growth options）と呼ばれる効果の一種である。オプションとは，何らかの資産を決められた時点に，あらかじめ定められた条件で売買する権利である。この権利を得るためには，投資家はプレミアムと呼ばれる対価を払い，オプションを事前に購入しなければならない。だが，投資家が購入するのは権利であるから，契約に規定された時点が到来したときに，その条件で取引する義務を負うわけではない。取引を行わないほうが利益になるならば，権利を行使しないことができる。同様に，ダイナミックシナジーがもたらす成長機会は，過去の多角化ゆえに企業にもたらされるが，その機会を活用して成長することが必然なわけではない。

　多角化することで企業が将来に持つ選択肢が広がるオプション効果は，事業間での資源の再配置（redeployment）という形でも表れる。ある事業の環境が悪化したため，その活動が大幅に縮小されなければならないとしよう。こうした変化は，この事業に従事する，すべての企業にとって深刻な脅威である。だが，多角化した企業にとっては，この変化は当該事業の資源を他の事業で用いることの機会費用が小さくなることも意味するから，人員や資源の配分を事業間で大きく変更する契機にもなる。すなわち，多角化企業は事業に大きなショックが生じたときに，企業内で資源を移動させ，事業ポートフォリオの構成を変化させることで対応するという選択肢を持つ（Helfat and Eisenhardt, 2004；Sakhartov and Folta, 2014）。こうした対応は，企業があらかじめ多角化しているからこそ可能になるが，それを選ぶことが必然であったわけではない。

　富士フイルムは，この効果をうまく活用し，危機に対応した企業である。デジタルカメラの普及による写真フィルム需要の消失は，世界中のフィルムメーカーを存亡の危機に陥れた。富士フイルムも例外ではなかったが，同社は多角化を 2 つの形で活用することで，危機へと対応した。第 1 に，写真フィルム事業から産業用フィルム，

gomery（1998a）を参照するとよい。

化粧品，医薬品など，同社のコアコンピタンスである精密化学技術が活用できる事業
分野へと資源を大胆に再配置することで，事業ポートフォリオの入れ替えを進めた。
第2に，アメリカのゼロックス社との合弁により，写真フィルムを補完する存在に
育っていた複写機事業を，財務的な支えとして有効に活用した。これらは，富士フイ
ルムが危機の前から進めていた多角化ゆえに可能であった対応であり，破綻に追い込
まれたアメリカのコダックやポラロイドなどの競合と命運を分ける要因となった。

7　事業ポートフォリオ

　このように，企業が多角化を進める方向性には，多様な可能性がある。それら
の中から何を選び取るかは，企業が自らのドメインをどのように定義するのかと
いう方針に依存する。ゆえに，この選択の結果としてつくられていく事業ポート
フォリオの特徴には，企業の戦略が色濃く反映される。そこで，事業ポートフォ
リオを特徴づける要因について整理しておこう。

7.1　事業ポートフォリオの諸側面
　事業ポートフォリオという言葉は，投資家が持つ資産の組み合わせである資産
ポートフォリオとの類似性から用いられる表現である。株式に投資する投資家は，
1つの企業の株式（銘柄）だけを持つのではなく，さまざまな銘柄へと投資対象
を多角化（分散）することができる。分散投資を進める投資家ほど多くの銘柄の
株式を持ち，個々の銘柄がポートフォリオに占めるウェイト（比重）は小さくな
る。もちろん，同じ銘柄数であっても，すべての銘柄が同じウェイトを持つのと，
1つの銘柄が9割を占めるのでは，ポートフォリオの性格が大きく異なる。後者
は単一銘柄への投資に近く，分散投資としての性格は弱い。事業ポートフォリオ
も同じである。多角化を積極的に進める企業ほど事業の数が増え，1つの事業が
占める平均的な比重は低下する。多くの事業に活動が分散するため，企業の凝集
性は低くなる。だが，事業のウェイトが不均一であり，中核（コア）といえる大
きな事業が存在すれば，事業数が多くとも凝集性は低下しにくくなる。
　一方で，企業の事業ポートフォリオには，投資家の資産ポートフォリオにはな
い重要な特徴がある。投資家がある企業の株式から得られるリターン（収益）は，
ほかにどのような銘柄をポートフォリオに持つかで変わることはない。対するに，

多角化企業のある事業が生み出す利益は，事業ポートフォリオに含まれる他の事業とのシナジーによって変化する。したがって，関連型の多角化を行う企業の事業ポートフォリオに含まれる事業同士は，投資家にとっての株式のように互いに独立な関係ではなく，資源の共用という線で結びついた関係になる。こうした結びつきがどのような形で存在しているかは，企業の事業ポートフォリオを特徴づける重要な要因である。

7.2　結びつきの構造（シナジーマップ）

　事業間の結びつきをわかりやすく示す1つの方法は，**図6-4**のような図を描くことである。すなわち，個々の事業を点としたときに，資源の共用によるシナジーが存在する事業同士を線で結ぶことで，つながりを図式的に表すことである。n個の事業を持つ企業であれば，点（事業）の間に引くことのできる線は，最大で$n(n-1)/2$本である。実際に引かれる数がこの値に近ければ，この企業の事業ポートフォリオは事業同士が結びつき合った，凝集性の高い構造であるといえる。反対に，この値に比べて少しの線しか引かれないのであれば，事業同士の独立性が高く，投資家の資産ポートフォリオに近い性格を持つ事業ポートフォリオであるといえる。

　この図には，事業間で共用される資源や，シナジーの具体的な形などの情報も加えることができる。2つの事業間に複数のシナジーが存在するならば，それらを別々の線で表すこともできる。ディズニーの創業者であるウォルト・ディズニー（Walt Disney）が1957年に描いたとされるシナジーマップ（synergy map）は，そうした図の著名な例である（**図6-5**）。この事業ポートフォリオの「地図」においては，ディズニーのコア事業である映画が魅力的なキャラクターやストーリーを他事業へと供給するとともに，他事業の活動がこれら資源の価値をさらに高める双方向でのシナジーが働くこと，映画以外の事業間においてもさまざまなつながりが存在することが，詳細に示されている。このように，映画を中心とする強いシナジーのネットワークとして事業ポートフォリオをつくることは，ディズニーの企業戦略の根幹として現在も引き継がれている。

7.3　事業ポートフォリオのタイプ

　ディズニーのように，コア事業を中心とする資源共用のネットワークとして事業ポートフォリオをつくることは，抑制型多角化（constrained diversification）と呼

図6-5 ■ ディズニーのシナジーマップ

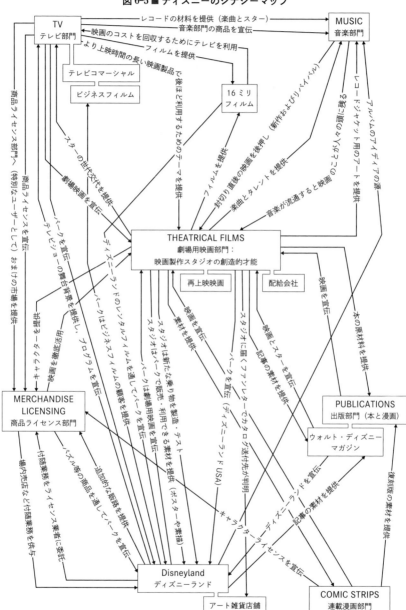

（出所）『DIAMOND ハーバード・ビジネス・レビュー』2013 年 10 月 10 日（https://www.dhbr.net/
articles/-/2163）より作成。

ばれる（**図**6-6(a)）。こうした形で多角化が行われるためには，複数の事業で共用できる資源や能力（コアコンピタンス）を企業が持つだけでなく，それらが活きる事業にドメインを限定する必要がある。

　ホンダは，そうした戦略を持つ企業の例である。二輪車（オートバイ）を祖業とし，四輪車（自動車）を現在のコアとするホンダの事業ポートフォリオは，同社が持つ低燃費で高出力のエンジンと，それを用いた製品の開発・生産能力が活きる，マリン（船外機）やパワープロダクツ（発電機，耕運機）などの事業，それらをサポートする事業（金融サービスなど）から構成される。自動車に関係する企業では，大気社の多角化も抑制型といえる。ビルの空調設備の設計・施工を祖業とする同社は，この事業で培った技術に磨きをかけ，高度な空調管理が必要とされる化学や電子機器の精密空調へと多角化した。また，コアコンピタンスである気流制御技術を活かして自動車の塗装設備事業へも多角化し，世界の自動車工場を支える存在になっている。

　事業の結びつきの構造には，連鎖型多角化（linked diversification）と呼ばれるタイプもある（**図**6-6(b)）。このタイプの事業ポートフォリオでは，共用される資源が事業の組み合わせによって異なる。すなわち，**図**6-4(d)の関連性が鎖のように連続することで，事業ポートフォリオが形づくられている。キヤノンの多角化は，このようにダイナミックシナジーを積極的に活用した例である。フィルム式カメラを祖業とする同社は，初期の多角化としてシンクロリーダー（磁気録音装置）と電卓事業へ参入したものの，前者は事業化に失敗，後者は十分に大きな事業へと育てることができなかった。しかしながら，これら事業で得たエレクトロニクス技術とカメラの光学技術を用いた複写機への多角化は成功し，当時市場を独占していたゼロックスを脅かす存在となった。さらに，複写機での経験を活かして確立されたレーザープリンター事業は，コンピュータ分野での技術蓄積を促し，デジタルカメラなどの事業へとつながってきた。

　非関連型の多角化によりつくられる，コングロマリット（conglomerate）と呼ばれる構造もある（**図**6-6(c)）。コングロマリットの事業間で共用される資源は，一般的資源に限られる。事業同士を結ぶ線（つながり）がないため，事業ポートフォリオを構成している事業は，それぞれに独立した「点」になる。したがって，

●13　抑制型多角化と連鎖型多角化（後述）の区別は，Rumelt（1974）を嚆矢とする。これらの概念を用いた事業ポートフォリオのタイプ分けは，多くの研究者により試みられている。日本企業の分析例としては，吉原ほか（1981），上野（2011）などを参照のこと。

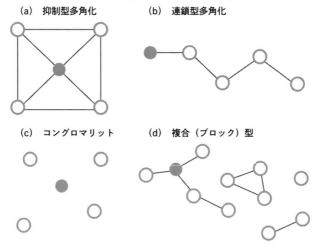

図 6-6 ■ 事業ポートフォリオのタイプ
(a) 抑制型多角化　　　(b) 連鎖型多角化
(c) コングロマリット　(d) 複合（ブロック）型

コングロマリット型の企業の事業は，投資家の資産ポートフォリオにおける株式と同様な存在である。

　多くの事業を持つ企業の事業ポートフォリオには，これらタイプの特徴が混在していることが珍しくない。キヤノンは連鎖型多角化の例としてしばしば取り上げられるものの，同社の多くの事業では画像情報の入力・処理・出力の技術が広く活用されている。ゆえに，キヤノンの事業ポートフォリオは抑制型の性格も併せ持つ。現在のディズニーの事業のうち，ホテル事業やクルーズ船などの旅行業は，テーマパーク事業で獲得した「夢の国」の運営ノウハウが活かされており，連鎖型多角化の要素がある。ポートフォリオがいくつかのブロック（部分）に分かれており，ブロック内の事業にはつながりがあるものの，ブロック間では資源の共用関係がないコングロマリット的な構造であることも，しばしばある（図6-6(d)）。このように，事業ポートフォリオの構造は，多角化が進んだ企業ほど複合的な性格を帯びやすくなる。

Column 6-❼　ドミナントロジック ─────────────

　事業ポートフォリオにある事業を加えるか（加えないか）は，企業にとって重要な選択である。経営者をはじめとするトップマネジメントは，何をもって判断するのだろうか。事業への参入が企業価値を向上させると期待できるためには，経営陣がそのための戦略を構想できなければならない。経営陣には過去の経験からつくり上げてきた，自分たちなりの「勝ちパターン」や「勝利の方程式」をしばしば持つ。経営陣が

そのパターンがあてはまると考える事業へと多角化を進めるならば，事業ポートフォリオは同じ戦略ロジックを共有する事業の集まりとなる。

　多角化企業の経営陣が，事業の選択や企業全体の方向づけに用いるロジックは，ドミナントロジック（dominant logic）と呼ばれる（Prahalad and Bettis, 1986）。ドミナントロジックは，事業で生起するさまざまな事象を認識し，解釈するための主観的な枠組み（スキーマ）であり，祖業やコア事業など企業の主要事業での経験に根ざしていることが多い。ドミナントロジックは，企業の多角化に一貫した方向性を与え，事業ポートフォリオの拡散を防ぐ要因となる。とりわけ，企業の強み（コアコンピタンス）と，それが活用できる事業が正しく認識されるならば，凝集性の高いポートフォリオをつくり，大きな事業シナジーを生み出すことに寄与する。

　反面で，ドミナントロジックは経営陣が事業を客観的に理解することを妨げ，非効率な多角化が行われる要因ともなる。かつて行われた日本の鉄鋼業企業による半導体への多角化は，そうしたドミナントロジックの負の側面の表れといえる。多くの産業の基礎的インプット（「産業のコメ」）である鉄鋼を供給することで日本の経済発展を支えてきた鉄鋼メーカーは，産業の成熟化に対応して，さまざまな事業への多角化を進めた。とりわけ 1980 年代には，成長著しい半導体産業に主要鉄鋼メーカーのすべてが参入し，事業化に取り組んだ。鉄鋼と半導体は，技術的にも市場的にもまったく関連性のない，異質な事業である。にもかかわらず，この多角化が行われた一因には，半導体が多くの産業を支える新しい「産業のコメ」であり，鉄鋼メーカーの認識する自らのコアコンピタンスに合致すると考えられたことがある。結果的に，この多角化は失敗し，すべての鉄鋼メーカーが半導体事業から撤退することになった。

補論　成長モードの比較

　企業が資源を獲得する方法（成長モード）である内部成長と M&A，アライアンスには，それぞれ以下のような特徴がある（M&A とアライアンスについては，**第 11, 12**章でより詳しく検討する）。これらの違いを踏まえることは，適切な方法を選ぶために重要である。[14]

---

[14]　これら成長モードの比較と選択については，Capron and Mitchell（2012）が詳細な検討を行っている。

表 6-2 ■ 成長モードの比較

	内部成長	M&A	アライアンス
特徴	事業に必要となる資源を，個別に企業自らの投資によって取得する	他社が持つ資源を，対価を払って一度にパッケージとして取得する	他社と協力関係をつくることで，自社が必要とする相手の資源を利用させてもらう
主要なメリット	・投資と活動のコントロール ・段階的な投資がしやすい ・事業間の組織的な連続性を保ちやすい	・資源獲得のスピードが速い ・取得できる資源の幅が広い	・取得できる資源の幅が広い ・投資の負担が軽減される
主要なデメリット	・獲得できる資源が既存の資源に制約されやすい ・獲得に時間を要する	・組織に不連続性が生じやすい ・不必要な資源も取得しやすい ・企業の一存では実施しにくい	・不完全な活動のコントロール ・企業の一存では実施できない

1　内部成長

　内部成長は，企業成長の基本となる形である。内部成長を行う企業は，必要とされる資源を，自らの投資によって個々に取得していく。内部成長には，それゆえのメリットとデメリットがある（表6-2）。いかなる資源に投資するかは，企業だけの意思決定であり，投資の成果として得られる資源も，企業だけの所有である。したがって，内部成長する企業は，投資とその成果である資源について，完全なコントロールを持つ。このため，企業が自らのペースで少しずつ投資したり，取得する資源を細かく選定したりするなど，蓄積を柔軟に進めていくことができる。内部成長する企業の組織は，生き物が成長するように，内側から少しずつ大きくなる。[15] このため，組織の風土や人的なつながりに断続性が生じにくく，資源の共用のための協力を事業間で進めやすいというメリットもある。

　内部成長のデメリットは，獲得できる資源の幅が狭くなりやすいことである。企業がすでに持っている資源に近い（類似した）資源の獲得は比較的容易であるが，自社にとっての新規性が高く，不慣れな投資が必要とされる資源の獲得は難しくなる。第2のデメリットは，資源の蓄積に時間がかかることである。取得すべき資源が多く，自社の既存資源から遠いほど，必要な時間は長くなる。

---

[15]　この特徴ゆえに，内部成長は有機的（オーガニック）成長（organic growth）と呼ばれることもある。

2　M&A

　他社が持つ資源を取得する M&A は，多くの点で内部成長と異なる。その第１のメリットは，資源の獲得に要する時間が短いことである。必要な資源をすべて持つ企業が存在し，買収することができるならば，獲得は一度に完了する。自社の既存事業とまったく関連のない事業を，一夜にして事業ポートフォリオに加えることも可能である。第２に，内部成長のように企業自らの資源や能力によって取得しやすい資源が制約されることがないために，獲得できる資源の幅が広い。買収可能な相手と実施の資金があれば，どのような資源でも獲得できる。

　M&A のデメリットは，今まで別の企業やその一部であった組織を取り込むゆえに，企業組織に断続性が生まれやすいことである。新しく加わった組織と既存の組織が不調和を起こすと，取得した資源の利用への障害ともなりかねない。別の企業の資源をセットで獲得するために，自社が必要としない資源までも取得しやすいという問題もある。買収後に不要な資源をうまく整理できないと，資源の重複や未活用などの非効率が生じる。また，M&A が可能であるためには，必要とする資源を持つ企業が現に存在し，買収可能である必要がある。買収可能性を決める最も基本的な要件は，相手企業の同意である。相手の意向に関係なく買収を進める敵対的買収という方法もあるが，対象となりうる企業が限られる上，成功するとは限らない（第**10**章）。

3　アライアンス

　アライアンス（提携）とは，自社の必要とする資源を持つ企業と協力関係を築くことで，その資源を利用する方法である。パートナー企業が共同で所有する会社をつくるジョイントベンチャーは，アライアンスの代表的な形である。アライアンスには，独立した企業同士の協力であるがゆえのメリットとデメリットがある。第１のメリットは，買収と同様に，利用できる資源の幅が自社の資源に制約されないことである。自社が必要とする資源を持つ企業をパートナーにできる限り，企業はその資源を自ら獲得することなく，自社の活動で利用することができる。第２のメリットは，同じ活動を企業単独で行う場合に比べ，投資の負担が軽減されることである。

　アライアンスのデメリットは，M&A と同様に，自社の意向だけでは実施できないことである。自社が必要とする資源を持つ企業が存在したとしても，その企業が自社との協力を望まなければ，アライアンスは成立しない。他社との協力で行う活動は，コントロールが不完全になりやすいという問題もある。自社にとって重要な活動であっても，相手企業の合意なしに自社が望む形で行うことは難しい。相手が協力を続ける意欲を失えば，活動自体が継続できなくなる。

第
7
章

多角化の戦略（2）

1 財務シナジー ──────────────────────

　事業シナジーは，事業間で資源を共用できることが前提である。ゆえに，非関連型の多角化を進める企業の事業ポートフォリオには，事業シナジーを生み出す力がない。これに対して，あらゆる資源を取得し，利用する元手となる資金は，どのような事業でも必要とされる。ゆえに，資金の移動が生み出す財務シナジーは，事業ポートフォリオの性格に依存しない。ある企業がコングロマリットであったとしても，強い財務シナジーを生み出せる限り，多角化により企業価値を向上させることができる。このように，財務シナジーの創出は，すべての多角化企業に共通する課題である。そこで本章では，資金の活用の視点から多角化について考えてみることにしよう。

　企業の資金は，事業を通じて自ら生み出す内部資金と，外から調達される外部資金に分けられる。内部資金は，生産や販売などの事業活動に伴う現金（キャッシュ）の純流入である，現金収支（キャッシュフロー）から生まれる。外部資金は，銀行借入や社債，株式などの形で外部の資金提供者（投資家）から供給される資金である。企業が外部資金を調達する場は，外部資本市場（external capital market）と呼ばれる[1]。外部資本市場では，よりよい投資先を求めて移動する資金が，より有利な条件での調達を希望する企業の間で，市場メカニズムによって配

───────────────────────────────

●1　外部資本市場は，より簡単に，資本市場と呼ばれることが一般的である。本章では，後述する内部資本市場との混同を避けるために，外部資本市場で統一することにする。

分される。ゆえに，企業は必要とする資金を，希望する条件で調達できるとは限らない。一方，企業が自ら生み出す内部資金については，経営者は裁量的に使途を決めることができる。ゆえに，内部資金は，外部資金よりも，企業にとって自由度の高い資金である。

いま，専業企業が投資を計画しているものとしよう。内部資金が不足しているならば，投資の実行には外部資金の調達が不可欠である。調達ができなければ，計画は断念か縮小せざるをえない。一方，多角化企業の事業がそのような状況にある場合，外部資金に頼らなくても，不足を埋める方法がある。他の事業が生み出す資金をあてることである。投資などの資金ニーズを満たすために，企業が事業間で資金を移動させる仕組みを，内部資本市場（internal capital market）という。この仕組みを持つために，多角化企業は，専業企業ほど外部資本市場の影響を受けることなく活動できる。財務シナジーとは，内部資本市場を活用することによる企業価値の向上である。

もし，事業が独立した1つの企業であるならば，その不足資金は外部から調達される。この調達に何の問題もないならば，内部資本市場が付け加える価値はない。ゆえに，財務シナジーが生まれるためには，企業が良好な投資機会を持つにもかかわらず，外部資金の調達に何らかの障害があることが必要である。そうした機会への資金提供は，本来は投資家にとって魅力的な投資である。にもかかわらず，企業の資金調達に問題が生じうるのは，情報の非対称性（information asymmetry）があるためである。企業は事業の当事者として，その現状や展望について多くの情報を持つものの，企業の外にいる投資家が持つ情報は限られる。企業から情報の提供を受けたとしても，その真偽や妥当性を完全に確かめることはできない。提供した資金が約束通りに使われているのかも，企業の外からはわかりにくい。こうした不透明性が大きいと，投資家は資金の提供に慎重になり，企業は資金調達に支障をきたすのである。

財務シナジーは，情報の非対称性が事業に及ぼす影響を，内部資本市場により軽減することでもたらされる企業価値の向上（$V_{AB} > V_A + V_B$）である。この効果には，2つの形がある。第1は，ライフサイクル（成長段階）の異なる事業間で資金を動かすことで，企業全体の成長力を底上げする効果である。第2は，何らかの突発的なショックが生じたときに，事業間で資金を融通し合うことで，影響を緩和する効果である。これらの効果それぞれについて，より詳しく見てみよう。

COLUMN 7-❶　見えざる手と見える手

　外部資本市場と内部資本市場は，まったく異なる資金配分のメカニズムである。前者が多くの投資家（資金の供給者）と企業（資金の需要者）が参加する文字通りの市場であるのに対し，後者は企業内部の組織的なメカニズムであり，「市場」は比喩的な意味でしかない。同様な表現は，労働の分野でもなされる。人材を求める企業と仕事を求める個人を参加者とし，労働力が多様な雇用機会の間に配分されていく，外部労働市場（external labor market）に対して，企業がすでに雇用している従業員を組織内のさまざまな仕事へと配置し，その働きを評価・報償するための組織的な仕組みを，内部労働市場（internal labor market）という。

　第5章で検討したように，市場（外部市場）と組織（内部市場）は多くの点で異なる。アダム・スミスは，不特定多数の売り手と買い手の間の流動的な取引関係が生み出す市場の働きを，「神の見えざる手」（invisible hand）と呼んだ。すなわち，市場における資源配分は，多くの参加者がそれぞれの判断で独立に行動する結果として，見えない何かに導かれるように決まる。市場を動かしているこの何か（見えざる手）は，どの参加者のものでもないという意味で，非人格的なメカニズムである。また，多くの参加者の間に分散している情報が，1カ所に集約されることなく資源配分に反映されていくという意味で，市場は分散型の情報活用メカニズムである。

　一方，組織の働きは，その構成メンバーの意図と行動の明確な反映である。企業内の資源配分にとって，とりわけ重要なメンバーは，組織全体の方向性を定め，他のメンバーを指揮する権限を持つ，経営陣である。組織が限られた資源をどのように配分するかは，これらマネージャーの判断と権威の行使によって決まる。組織においてマネージャーが意識的に果たすこの役割を，チャンドラーは，市場の「見えざる手」に対比させて，「見える手」（visible hand）と呼んだ（Chandler, 1977）。組織はまた，多くのメンバーが持つ情報が，指揮系統（レポートライン）を通じてトップへと集約される仕組みでもある。この仕組みゆえに，分散型システムである外部資本市場で生じる情報の非対称性を，多角化企業（内部資本市場）は軽減することができる。

2　事業のライフサイクル

　財務シナジーの中心は，資金が不足している有望事業の成長を，別の事業が生み出した資金を投じて促すことである。このメカニズムには，事業が生まれてからの発展パターンであるライフサイクルが深く関係している。**図7-1**は，事業の一般的なライフサイクルを示したものである。ライフサイクルの段階に応じ，事業活動と，それを支える財務の課題は，変化していく。[2]

図7-1 ■ 事業のライフサイクルとキャッシュフロー

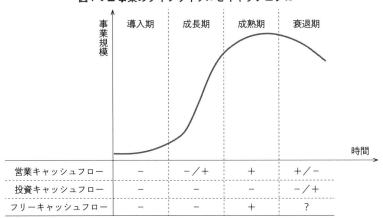

	導入期	成長期	成熟期	衰退期
営業キャッシュフロー	－	－／＋	＋	＋／－
投資キャッシュフロー	－	－	－	－／＋
フリーキャッシュフロー	－	－	＋	？

（1）　導　入　期

　事業が始められた初期（導入期）においては，活動の基盤をつくるため，多く
の資源への投資が必要になる。また，ターゲットとする顧客の見定めや製品・サ
ービスの改良など，事業のあるべき姿の探索が，活発に行われる。このため，導
入期における事業は，活動の規模に比して大きな資金を必要とする。だが，事業
の力が未確立であるために，自らが資金を生み出す力（稼ぐ力）は弱い。このた
め，通常の活動に伴う現金収支である，営業キャッシュフロー（operating cash
flow）はマイナス（赤字）である。多くの資源への投資が必要であるため，投資
活動による現金収支である，投資キャッシュフロー（investment cash flow）もマイ
ナスである。ゆえに，営業キャッシュフローと投資キャッシュフローの合計で
あり，事業の活動全般の現金収支である，フリーキャッシュフロー（free cash
flow：FCF）もマイナスとなる。

　フリーキャッシュフローがマイナスであるということは，事業から現金が流出
しているということである。ゆえに，新たな資金の注入がない限り，事業の持つ
資金は減少していく。専業企業であれば，資金の枯渇は，企業としての存続が不
可能になることを意味している。このため，事業の基盤を一日も早くつくり，稼
ぐ力を高めるとともに，不足する資金を外部から補うことが，事業の存続と発展
のために必要である。だが，実績が乏しい導入期の事業は，投資家との情報の非

●2　以下のライフサイクルの区分と記述は，Dickinson（2011）に依拠している。

対称性がとりわけ大きい。このため，外部資金の調達は容易ではない。

COLUMN 7-❷　ベンチャー企業のファイナンス

　　ライフサイクルの早い段階にいる企業にとって，外部資金の調達は，企業の存続と発展に直結する問題である。外部資金は負債と株式に大別され，それらの相対的な調達のしやすさは，事業の性格に依存する。銀行借入などの負債は，返済すべき元本と金利が決められているため，業績がどれほど好調でも，企業はそれ以上の額を返す必要はない。貸し手の立場で見ると，これは得られるリターンの上限が決まっているということである。よって，貸し手が資金提供で最も懸念するのは，借り手の業績不振や破綻により，予定された額を回収できず，リターンが下振れするリスクである。このリスクが大きい企業ほど，貸し手は資金提供に慎重になり，高い金利を要求する。一方，株式には，約束されているリターンはないものの，企業の業績が高まるほど，配当や株価の上昇といった形で，株主は大きなリターンを得る。ゆえに，投資家が株式への投資を決める上での重要な要因は，利益成長の潜在的な可能性である。

　　こうした違いがあるため，負債による資金調達が相対的に適しているのは，新しい企業であっても事業の新規性は低く，貸し手がリスクを評価しやすい企業である。また，担保となりやすい資源を多く持ち，リスクが顕在化した際に資金の回収が進めやすい企業である。反対に，革新的な技術やアイディアに基づき，新規性の高い事業をつくろうとするベンチャー企業は，リスクの評価が難しい。ベンチャー企業は資源の多くが無形であるため，担保も設定しにくい。こうした特性ゆえに，ベンチャー企業は負債による資金調達が行いにくい。だが，新しい事業や市場を開拓しようとする企業は，成功すれば飛躍的な成長を遂げ，大きな利益を生み出していく可能性がある。ゆえに，ベンチャー企業の資金調達には，負債よりも株式が適している。

　　もっとも，不確実性の大きなベンチャー企業を評価することは，どのような投資家でもできることではない。ゆえに，ベンチャー企業への資金供与においては，専門的な知識と経験を持つベンチャーキャピタルや，自身が同様な起業経験を持つ個人投資家（エンジェル投資家）などが，重要な役割を果たす。GoogleやAmazon，Facebook（現Meta）などの巨大IT企業の成長にも，これら投資家から提供された資金が役立てられたことは，よく知られている。アメリカがこうした革新的な企業を生むことができる一因は，専門投資家の層が厚く，そうした企業を育成する機能が外部資本市場に備わっていることである。ベンチャー企業のファイナンスについては，忽那ほか（2013）などを参照するとよい。

(2) 成　長　期

　活動の基盤がつくられ，提供する製品・サービスの価値が市場で認知され，浸透していくと，事業は成長期に入る。売上が増加する一方で，活動規模の拡大に

より，費用を効率的に負担できるようになる。このため，営業キャッシュフローが黒字化する。だが，成長期の事業は，活動を大きくし，改善するための，継続的な投資を必要とする。このため，投資キャッシュフローはマイナスが続く。投資のための資金の流出が，事業活動による資金の流入を上回るため，フリーキャッシュフローは基本的にマイナスである。

　事業から資金の流出が続くために，成長期の事業も，外部からの資金注入を必要とする。追加的な資金を得ることができなければ，事業の拡大は，内部資金で到達可能な規模で頭打ちになってしまう。反対に，必要な資金が供給されるならば，事業はより大きく育つのみならず，活動を通じて自ら資金を生み出す力を高め，財務的に自立した成長に移行していくことが可能になる。ゆえに，成長期においても，資金の供給は，事業の発展を決める重要な要因となる。

（3）成　熟　期

　市場が成熟し，事業のマーケットシェアも高まると，事業は成長ペースが低下する成熟期に入る。バリューチェーンが強固に確立されているため，成熟期の事業は，強い稼ぐ力を持つ。このため，営業キャッシュフローは大幅なプラスが定着する。事業の成長が鈍化しても，設備の更新など，活動を維持・改善するための投資は必要である。このため，投資キャッシュフローはマイナスが続く。だが，大規模な成長投資が行われなくなるため，事業が生み出す資金が，投資に必要な資金を上回る。すなわち，フリーキャッシュフローはプラスになる。

　フリーキャッシュフローの黒字は，事業が自ら必要とする以上の資金を生み出す力を持ったことを意味する。だが，成長が鈍化しているため，余剰な資金を自らの活動の中で活かすことはできない。このため，専業企業であれば配当などの形で投資家に還元し，外部資本市場を通じて成長余地の大きな別の企業への投資に回すことが，資金の望ましい活用法となる。

（4）衰　退　期

　どのような事業であれ，永続するとは限らない。技術や需要の変化などにより価値を生み出す力が低下していくと，事業は衰退期に入る。稼ぐ力が低下するため，営業キャッシュフローは縮小し，マイナスへと転じていく。新たな投資の必要性がなくなる一方で，事業の縮小で不要になる資源を売却できれば，売却収入がもたらされる。このため，投資キャッシュフローはプラスになることもある。

　すべての事業が，以上のような発展パターンをたどるわけではない。多くの新

事業は，存続のための基盤をつくることができず，成長段階に至ることなく消えていく（COLUMN 2-❷）。衰退期の事業が大胆な変革に成功し，再び成長軌道に乗ることもある。そうした多様性はあるものの，一般にライフサイクルの早い段階にいる事業は資金が不足し，後の段階の事業では資金が余り気味になる。また，前者は多くの資金を必要とするにもかかわらず，情報の非対称性が大きいために，外部資金の調達が難しい。したがって，ライフサイクル上の位置が異なる複数の事業を持つ企業は，内部資本市場を通じて，ある事業の余剰資金を資金不足の別事業に移し，そこでの投資に用いることで，それら事業が別々の企業であるときよりも全体が生み出す利益の成長を速め，企業価値を高めることができる。これが，成長の促進という形で財務シナジーが働く，基本的なメカニズムである。

COLUMN 7-❸ 逆選択とモラルハザード

　取引における情報の非対称性は，企業の資金調達だけでなく，さまざまな経済活動に影響を及ぼす要因である。情報の非対称性が引き起こす問題は，逆選択（adverse selection）と，モラルハザード（moral hazard）という，2つの形に大別できる。逆選択とは，取引されるモノや取引相手の特性が不透明であるために，本来は望ましい取引が行われなくなったり，取引条件に歪みが生じたりすることである。モラルハザードは，取引相手に行動が見えにくいことが引き起こす，行動の変質である。

　Akerlof（1970）の分析で知られる「レモンの市場」は，逆選択の例である。ここで，レモンとは，中古車のように，その質が売り手にはわかっていても，買い手には見えにくい財のことである。質の良い車を購入したい消費者が，市場に出回る中古車の質を見極められないと，高い価格を払って質の悪い車をつかまされないよう，購入価格を抑えるようになる。だが，売り手は高品質な車を低い価格では売ろうとしないので，市場には質の悪い車しか出回らなくなり，本来は需要のある高品質車の取引が行われなくなってしまう。同様に，銀行が企業の与信リスクを識別できず，高リスク企業を低リスクと誤認して貸し付けてしまうことを恐れると，低リスク企業が高い利子を払うことを余儀なくされたり，融資そのものを受けられなくなったりする。

　モラルハザードが生じやすい1つの状況は，買い手と売り手が依頼人と代理人の関係にあるときである。たとえば，経営者は株主の投資先である企業の価値を高めるよう，経営を委任されている。すなわち，経営者は株主の代理人であるが，経営者が約束通りの経営をしているのかは，依頼人である株主にはよく見えない。この不透明性を経営者が悪用すると，自身の報酬を過度に高めたり，個人的な便益のために不必要な投資を行ったりなど，株主の利益を損なう経営を行う可能性がある。こうした代理人のモラルハザードは，エージェンシー問題（agency problem）とも呼ばれる。

　企業の与信リスクが銀行に不透明であるのは，銀行と企業が別の組織だからであり，経営者の行動が株主に見えにくいのは，株主が企業組織の外にいるからである。内部資本市場は，資金の出し手（企業）と受け手（事業）を同じ組織の中にまとめ，前者が後者の活動を間近に見られるようにすることで，外部資本市場で情報の非対称性が引き起こす問題を軽減する。

3　事業ポートフォリオマネジメント

　内部資本市場を通じた資金移動が企業価値を高めるためには，経営者の持つ 2 つの力が適切に行使される必要がある。第 1 は，自らの判断と裁量で，組織内のさまざまな用途に資金を振り分けていく力である。市場メカニズム（「見えざる手」）が働かない企業の内部では，この「見える手」の作用なしに資金が移動することはない（Column 7-❶）。第 2 は，事業の現状と展望を評価するための，情報を得る力である。事業が外部資金を調達する困難は，投資家が事業について知りうることが限られているために生じる。情報の不足から，優れた展望を持つ事業（資金を提供すべき事業）と，そうでない事業（提供すべきではない事業）を識別できないと，後者にまで資金を投じてしまう懸念から，投資家は資金の提供を控えてしまう。

　対するに，経営者は事業の状況を企業の中で把握できる。部下に運営を委ねている事業であっても，その業績や状況は定期的に報告され，必要に応じた追加的な情報提供もなされる。利用できる情報も幅広い。事業の展望を評価するためには，売上高やキャッシュフローなどの「ハードな」情報だけではなく，新製品への顧客の反応や新技術の開発動向のような，定量化が難しい「ソフトな」情報も必要となる。[3] そうした情報を取得し，理解する上では，企業の外にいる投資家よりも，情報が生み出される場である事業と同じ組織の中にいる経営者に，強い優位性がある。ゆえに，経営者は投資家に比べ，量的にも質的にも豊富な情報に基づく事業評価ができる。

　こうした経営者の情報優位と「見える手」により，事業間で資金を移動させ，

●3　投資や資金提供の意思決定において用いられる情報のうち，企業の財務指標や株価など定量的で客観的に評価可能な情報は，ハードな情報，定性的で主観的要素を持つ情報を，ソフトな情報と呼ぶ（Liberti and Petersen, 2019）。

図7-2 ■ 事業ポートフォリオマネジメント

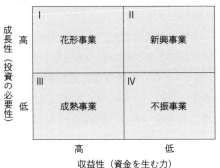

企業全体の利益成長力を高めていくことが，事業ポートフォリオマネジメント
（business portfolio management）の目的である。[4] 事業ポートフォリオマネジメント
の基本的な考え方は，**図 7-2** のようなマトリックスでしばしば説明される。いま，
企業が持つすべての事業を，収益性（稼ぐ力）と成長性（資金の必要性）の高低に
応じて，この図のように 4 つのグループへと分けるとしよう。第 I 象限に含まれ
るのは，高い収益性と成長性を併せ持つ花形事業である。これら事業は強い稼ぐ
力を持つものの，今後も期待される成長を確実にしていくために，いっそうの投
資を必要とする。

　第 II 象限の事業は，成長市場で新たにつくられた事業を典型とする新興事業
である。これら事業は魅力的な市場にいるものの，競争優位を持つには至ってい
ない。ゆえに，強化のための投資を必要とするものの，そのための資金を自ら生
み出す力は弱い。一方，高い収益性と低い成長性の組み合わせである第 III 象限
に含まれるのは，プラスのフリーキャッシュフローを持つ成熟事業である。自ら
の活動に必要とする以上の資金を生み出す力を持っているため，これらの事業は
キャッシュカウ（cash cow）とも呼ばれる。最後の第 IV 象限に含まれるのは，衰
退期に入った事業や低迷が続く事業など，収益性と成長性の双方に問題を抱える
不振事業である。

　こうした区分を踏まえた上で，事業ポートフォリオマネジメントは，多角化企
業が 2 つの課題にどう対処すべきかを示す。第 1 の課題は，財務シナジーの創出

---

[4]　このフレームワークは，製品ポートフォリオマネジメント（product portfolio management）
や，企業ポートフォリオマネジメント（corporate portfolio management）と呼ばれることも
あるが，みな同じ意味である。

における個々の事業の役割を明確にし，事業間で資金を動かすことである。企業が全体として生み出す利益を大きくしていくためには，相対的に高い利益成長が見込まれる事業へと，資金が優先的に配分されなければならない。この見込みが最も大きいのは，高い収益性と成長性を持つ第Ⅰ象限の花形事業である。テコ入れにより将来の花形（Ⅰ）へと育つ可能性がある，第Ⅱ象限の事業も，優先度の高い配分先となる。ゆえに，キャッシュカウ事業（Ⅲ）が生み出す余剰資金を，花形事業（Ⅰ）や有望な新興事業（Ⅱ）の強化のために用いることが，利益成長を通じて企業価値を高める資金の活用となる。

第2の課題は，新しい事業への参入と既存の事業からの撤退により，財務シナジーを生み出しやすいポートフォリオをつくることである。どのような事業もいつかは成熟するため，現在の事業間だけで資金を配分しているならば，いずれはすべての事業の成長が鈍化し，余剰な資金を活用する機会は企業の中になくなる。そうした資金を投資家に還元しないならば，企業は第Ⅰ象限や第Ⅱ象限がカラになることを防がなければならない。これは，何らかの投資により，現在はポートフォリオの外にある事業を，中に取り込むことを意味している。一方，第Ⅳ象限の事業は，稼ぐ力が弱く，企業外への資金流出をもたらしがちである。このため，撤退によりポートフォリオから取り除くことが，企業全体が利用できる資金を増やすことになる。このように，財務シナジーを持続的に生み出していくためには，現在の事業の組み合わせを所与とせず，適宜見直していく中で，資金の活用を図る必要がある。

COLUMN 7-❹ 事業ポートフォリオマネジメントの盛衰

図7-2 のような事業ポートフォリオマネジメントのフレームワーク（マトリックス）には，多くのバリエーションがある。最もよく知られているのは，ボストンコンサルティンググループ（Boston Consulting Group：BCG）の「成長シェアマトリックス」であろう。このマトリックスの特徴は，横軸に，事業の競合に対する相対シェアをとることである。これは，事業（競争）戦略の分野で，BCG が経験曲線（experience curve）の活用を提唱してきたことの反映である。経験曲線とは，事業の累積生産規模（経験）が大きくなるほど，平均費用が低下する関係を表す。この効果が強く働く事業では，競合よりも大きなシェアを獲得し，経験を早くに蓄積することが，競争力の向上につながる。ゆえに，成長性の低下した市場で大きなシェアを得ている事業（キャッシュカウ）の生み出す資金を，成長性のある市場で経験曲線を降りる途上にいる事業へと回し，それら事業のシェアの獲得を助けることが，企業全体としての利

益成長力を高めていくことになる（Ghemawat, 2002；Stern and Deimler, 2006）。

　こうした個性の違いはあるものの，事業の収益性（稼ぐ力）と成長性（投資の必要性）の組み合わせで資金配分の方向性を考えることは，事業ポートフォリオマネジメントのフレームワークに共通する特徴である。高度に多角化した企業が多く存在した1970年代のアメリカで，事業ポートフォリオマネジメントは，ブームともいえる普及を見せた。だが，普及とともに，さまざまな批判も生じた（Haspeslagh, 1982；Porter, 1987）。たとえば，こうしたフレームワークは事業を独立した点と見なすため，事業間のつながりを重視する企業が，凝集性の高い事業ポートフォリオをつくる助けにはならない。これはコングロマリット型の企業にとっては大きな問題ではないが，その後のアメリカではコングロマリットの解体と，コア事業やコアコンピタンスを重視する経営への回帰が進んだ（Column 7-❾）。こうした中で，フレームワークのブームは去った。

　だが，ブームの終焉は，フレームワークの本来の意味が失われたことを意味するわけではない。事業ポートフォリオを**図7-2**のような形で捉えることは，多角化企業の課題のすべてに示唆を与えるものではまったくないが，内部資本市場のあるべき姿をわかりやすく示すという点では有用である。後述するように，財務シナジーはマイナスに作用し，企業価値の低下をもたらす要因ともなりやすい。そうした罠に陥ることを避けるためにも，本来あるべき姿を簡潔に示すことには意味がある。このフレームワークの歴史的な概観と課題については，Nippa *et al.*（2011）が参考になる。

図　BCGの成長シェアマトリックス

（出所）　左下・右下：Flaticon.com より画像利用（一部修正）。

4　コインシュランス

　次に，内部資本市場が企業のショックへの耐性を強める効果を見てみよう。事業の状況は変化する。変化にはライフサイクルに基づくトレンド的なものと，産業や市場へのショックがもたらす短期的な変動がある。事業ポートフォリオマネジメントは，前者の変化に応じて資金を動かす。事業間の安定的な違いに基づくため，この移動は一時的なものではない。対するに，コインシュランス（coinsurance）と呼ばれる財務シナジーは，事業が互いに保険（インシュランス）をかけ合うように，「いざというとき」の資金不足を一時的に補い合うことで生まれる。こうした融通はあらかじめ計画されたものではなく，資金が動く方向も定まっていない。キャッシュカウの役割をしている成熟事業に，他事業の資金が移動することもある。

　コインシュランスが働く状況には，2つのパターンがある。第1は，事業の稼ぐ力が低下し，活動のために負っている支払い義務を果たすことができないときである。いま，AとBという2つの事業があり，従業員の給与や，取引業者への支払い，銀行借入の返済などといった，契約上の義務に伴う現金の支払いが，毎期それぞれ一定額（O_A, O_B）で生じるものとしよう（**図7-3**）。支払いの元手となる現金収入は，両事業とも平均的には十分に大きい（I_A, I_B）。だが，需要の動向や競争などにより，収入は変動する。このため，支払い能力が義務を下回る可能性が，わずかながらある。これら事業が独立の企業であるならば，こうした事態が生じたときに不足している資金を外部から調達できないと，債務不履行により破綻してしまう懸念がある[5]。

　だが，これら事業が同じ企業の一部であるならば，ある事業の支払いを，その事業の生み出す資金だけで賄う必要はない。事業の資金が不足したとしても，他事業の資金で補うことができれば，外部資金に頼らなくとも債務を履行できる。すなわち，事業間の資金移動は破綻リスクに対する「保険」の働きをする。この効果は，次のようにも表現できる。事業AとBが同じ企業の一部であるならば，企業としての支払い義務の総額は$O_A + O_B$，支払い能力である現金収入の総額は

●5　こうした事態に備えるために，企業は現金やすぐに現金化しやすい資産を持つが，そうした備えは十分にないものとする。

図 7-3 ■ 多角化による破綻リスクの低減

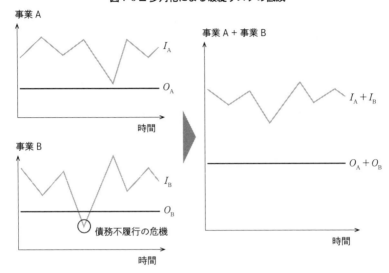

$I_A + I_B$ である。2つの事業の収入が完全に同じように変動するのでなければ，企業全体としての収入は，事業レベルの収入の変化が部分的に相殺し合うため，より安定的になる。このため，企業が支払いに窮する事態（$I_A + I_B < O_A + O_B$）は，多角化により生じにくくなる。

COLUMN 7-❺　2つのディストレス

　企業が支払い義務（債務）を果たすための十分な資金を持たず，債務不履行を起こしかねない逼迫した状態にあることをフィナンシャルディストレス（financial destress：財務困窮）という。事業間のコインシュランスは，ある事業がディストレスに陥ったときに資金繰りを改善させ，活動への影響を和らげる。だが，この「保険」は無条件に適用されるべきものではない。ディストレスには2つのタイプがあり，事業の置かれている状況がどちらに該当するのかを見極めることが重要である。

　1つのタイプは，純粋に財務的な問題である。すなわち，突発的なショックにより資金繰りに窮しているものの，事業に何らかの構造的な問題が生じたわけではない場合である。こうした一時的な困難に陥っている事業は，現下の資金不足さえ解消できれば，従来のように問題なく活動していくことができる。反対に解消されなければ，状況はますます切迫し，独立した企業であれば破綻へと至る懸念がある。事業が破綻すれば，それが生み出したであろう将来の利益も失われる。

　もう1つのタイプは，市場や技術の急激な変化などによって営利活動としての事業の基盤が深刻に損なわれており，問題が一時的な資金繰りにとどまらない場合である。すなわち，事業の継続が難しくなっており，独立した企業であれば，ゴーイングコンサーンとしての展望が描けなくなっている場合である。こうした状況は，エコノミックディストレス（economic distress）と呼ばれる。抜本的な打開策が存在しない限り，エコノミックディストレスに陥ってしまった事業で必要な対応は，撤退である。他事業による資金支援は，一時的な延命にしかならない。ゆえに，支援の対象とすべきは，第1のタイプのディストレスに陥った事業だけである。

　外部資本市場では，情報の非対称性ゆえに，これら2つのディストレスを識別することが難しくなることがある。このため，長い目で見れば存続すべきであった企業が，短期的な資金繰りの問題を解消できずに，破綻に追い込まれることがある。内部資本市場における経営者の情報優位は，事業に生じている問題をよりよく理解し，支援すべき事業と手を引くべき事業を，外部の投資家よりも正確に判別することを可能にする。にもかかわらず，困難に陥った事業に「保険」を無条件に適用するならば，本来は撤退すべき事業をポートフォリオに持ち続けることになり，後述する財務シナジーのマイナス化を引き起こす大きな要因となる。

　第2は，予期せざる投資機会の到来である。通常であれば，キャッシュカウの役割を果たしている事業に，他事業から資金が移動することはない。だが，事業には「千載一遇のチャンス」が訪れることがある。たとえば，別の企業が破綻の危機に陥り，「虎の子」事業の売却で窮地を脱しようとしているものとしよう。この事業の買収には多くの資金を要するため，キャッシュカウ事業といえども単独では行えない。だが，買収により資金の創出力が高まり，より強いキャッシュカウになることができるのであれば，実現のために他の事業の資金を一時的に投じることは，企業全体にとって合理的な選択となりうる。このように，ある事業で突然に生じたチャンスをつかみ損ねることを防ぐことも，コインシュランスの1つの形である。

　コインシュランスが多角化企業の経営に持つ意味は，大きく2つある。第1は，資本コストの低下である。資本コストとは，資金の提供者が見返りとして企業に要求する収益率である（Column 1-❷）。たとえば，銀行からの借入のコストは，融資契約で定められる利子率である。銀行は，融資の返済が滞ったり，貸し倒れたりする危険のある企業ほど，高い利子率を要求する。したがって，複数の事業を1つの企業にまとめて業績（返済能力）の安定性を高めることは，それぞれの

事業が別個に融資を受けるよりも低い利子率で借入を行うことを可能にする。同様なことは，社債についてもいえる。社債の発行会社の信用リスクは格付機関によって評価されており，高い格付けを持つ企業（債務不履行を起こす可能性の低い企業）ほど，有利な条件で資金調達できるようになる。

　第2は，財務柔軟性（financial flexibility）の向上である。財務柔軟性とは，「いざというとき」に企業が必要とする資金を動員する力である。企業が普段から多くの借入を行っていると，それらの返済が懸念される事態が生じたときに，銀行から追加の融資を得ることは難しくなる。ゆえに，財務柔軟性を高める1つの方法は，平時において借入を抑え目にしておくことである。もう1つの方法は，現金や現金化しやすい資産を多く持っておくことである。事業間のコインシュランスは，こうした手段により柔軟性を確保する必要性を低める。このため，多角化企業は専業企業に比べて，負債を積極的に活用したり，現金保有を少なく抑えたりしやすい。

Column 7-❻　多角化と株主資本コスト

　コインシュランスは負債のコストを低める。株式はどうだろうか。次ページの図(a)のように，3つの事業を持つ企業があるとしよう。これら事業の業績変動パターンが完全に同じでない限り，企業全体の業績は，個々の事業の変動が相殺し合うことで安定化する。だが，この効果は，株主にとって大きな意味のあるものではない。株主は，企業が事業を多角化しなくとも，自らが投資先の企業を同図(b)のように多角化する（分散させる）ことができるからである。すなわち，株主は，多角化企業に投資する代わりに，それぞれの事業分野の企業へと分散投資することで，リターンの変動を抑えることができる。こうした株主の分散投資は，企業による事業の多角化と対比させて，「自家製の多角化」(homemade diversification) とも呼ばれる。投資家は，自らが容易に実現できるものを提供されても，企業に求める収益率を低めることはない。ゆえに，企業の多角化は，株主の分散投資以上の意味を株主資本コストに対して持たないというのが一般的な見方である。

　だが，この見方を疑う研究が現れてきている。ある企業の株式に投資するリスクは，システマティックリスク（systematic risk）と個別リスク（idiosyncratic risk）に分けられる。前者は経済全体の変動に伴うリスクであり，後者は企業に独自な要因によるリスクである。投資家は，多くの企業に分散投資することで個別リスクの影響を小さくできるが，システマティックリスクを消すことはできない。ゆえに，企業の株主資本コストを決めるのは，システマティックリスクである。Hann *et al.* (2013)は，コインシュランスの強く働く事業ポートフォリオを持つことで，多角化企業の株

主資本コストが同じ事業の専業企業の資本コストに比べて低くなることを見出した。これは，投資家の分散投資とは異なり，企業の多角化がシステマティックリスクを低める効果を持つことを示唆している。

　こうした効果が生じうるのは，経済の変動が事業に，一過性でない影響を及ぼすためである。たとえば，景気後退による収益の悪化で戦略的に重要な投資を実行できないと，事業は競争力を高めることができず，将来に生み出す利益が低下する。事業が破綻すれば，それが将来に生み出すはずであった利益は完全に失われる。システマティックリスクは，経済変動による短期的な業績の上下動だけではなく，こうした長期的な影響も反映する。事業間でコインシュランスを働かせることは，一時的な資金不足のために事業が一過性ではない影響を被るリスクを軽減させる。ゆえに，多角化は企業のシステマティックリスクを小さくし，資本コストを低める効果を持つ可能性があるのである。今後における研究の進展が望まれる問題である。

図　企業の多角化と株主の多角化

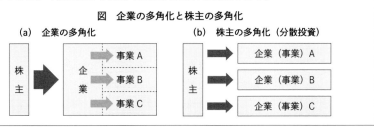

5　マイナスの財務シナジー

　財務シナジーは，すべての多角化企業が持つ価値向上のメカニズムであり，多角化企業が専業企業に対して持つ一般的な優位ともいえる。そうした優位を持つことは，投資家による企業の評価を高め，株価を高める要因（プレミアム要因）となる。だが，多角化企業と専業企業の株価を比較すると，平均的に多角化企業のほうが低くなる傾向があることが知られている。多角化（コングロマリット）ディスカウント（diversification/conglomerate discount）と呼ばれるこの現象は，事業の多角化が企業価値の向上ではなく，低下をもたらす可能性を示唆している。

Column 7-❼　**多角化（コングロマリット）ディスカウント**

　企業価値は企業が生み出すであろう利益の現在価値であり，株価には投資家によるその予想が反映されている。ゆえに，上場企業の企業価値は株価に基づき計測できる。

多角化は上場企業の企業価値にどのように影響しているだろうか。この問いに答えることは，じつは容易ではない。多角化によって付け加えられた価値を知るためには，多角化企業の実際の企業価値と，その事業がそれぞれに独立した企業だったときに実現するであろう価値を，比較しなければならない。だが，後者は事実とは異なる仮想的な状態（反実仮想）であるから，何らかの仮定を置いて推計するほかない。

$$
\begin{array}{ccccc}
& \text{売上高} & & \text{マルチプル} & & \text{単体価値} \\
\text{セグメント A} & S_A & \times & M_A & = & \widehat{EV}_A \\
\text{セグメント B} & S_B & \times & M_B & = & \widehat{EV}_B \\
\text{セグメント C} & S_C & \times & M_C & = & \widehat{EV}_C \\
\end{array}
$$

$$
\text{企業の分解価値}\ (\widehat{EV}) = \widehat{EV}_A + \widehat{EV}_B + \widehat{EV}_C
$$

$$
EV > \widehat{EV} \;\Rightarrow\; \text{多角化プレミアム}
$$
$$
EV < \widehat{EV} \;\Rightarrow\; \text{多角化ディスカウント}
$$

　上に，標準的な多角化ディスカウントの推計方法を示した（Berger and Ofek, 1995）。企業が3つの事業セグメントを持ち，それぞれの売上高が S_A 円，S_B 円，S_C 円であるとしよう。これらの売上高に，それぞれの事業と同じ産業で活動する専業企業の平均的なマルチプル（M_A, M_B, M_C）を乗じると，それぞれが独立した企業であったときの企業価値の推計値（$\widehat{EV}_A$, $\widehat{EV}_B$, $\widehat{EV}_C$）が得られる。マルチプルとは，企業価値を売上高で除したもので，企業の売上高1円が投資家によっていくらに評価されているかを示す。これらの合計（$\widehat{EV}$）を実際の企業価値（EV）が上回るのであれば，多角化が価値を生み出している（プレミアムが実現している）と見ることができる。反対に，前者を後者が下回れば，ディスカウントが生じていることになる。
　この方法に基づく推計によると，アメリカの多角化企業には広くディスカウント（$EV < \widehat{EV}$）が生じていることが見出されている。すなわち，多角化した上場企業の価値は，同じ産業の専業企業のポートフォリオに比べて，平均的に低い。日本企業を対象としても，上場した多角化企業には，平均的に5〜10％程度のディスカウントがあることが見出されている（Ushijima, 2016）。これが，多角化（コングロマリット）ディスカウントと呼ばれる現象である。ディスカウントは，多角化が企業価値の低下を招いていることを直ちに証明するものではないが，多角化を企業価値の向上に結びつける難しさの警鐘の1つとして認識されるべきであろう。

　多角化が企業価値の低下を引き起こすメカニズムの1つとして考えられるのは，マイナスの財務シナジーである。プラスの財務シナジーが生じるためには，利益

図 7-4 ■ 企業社会主義のメカニズム

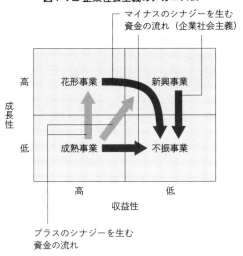

を増やす余地の乏しい事業の余剰資金が，高い利益成長が期待される事業へと移動しなければならない。すなわち，資金の配分が後者の事業に対しては厚く，前者の事業では薄くなければならない。マイナスの財務シナジーは，資金配分がこうしたパターンから逸脱し，投下される資金に比べて生まれる利益の小さな（大きな）事業に，相対的に多くの（少ない）資金が配分されることで生じる。一時的な配分の歪みは，どのような企業でも起きる。新しい事業は不確実性が大きいため，期待ほど成長せずに資金過多となったり，予想外の成長で資金不足になったりする事態が生じやすい。だが，配分が合理的に行われていれば，事業の将来性が正確に把握されるにつれて，歪みは修正される。

　対するに，企業が次のような症状を示していると，歪みが持続しやすい。第1は，内部資本市場の分断である。事業の生み出す資金が事業の中で自己完結的に用いられる傾向が強いと，成熟事業に過剰な資金が投じられ続ける一方で，成長事業は慢性的な資金不足に陥りやすくなる。第2は，合理性に乏しい事業支援である。とりわけ深刻な症状は，自立する力のない不振事業を維持するために，他事業の資金を補充し続けることである。そうした支援が常態化すると，キャッシュカウ（第III象限）のみならず花形事業（第I象限）や新興事業（第II象限）の資金までもが支援に投じられることがある。その場合，事業間の資金の流れは，本来あるべき姿とまったく異なった非効率なものになる（**図 7-4**）。

こうした資金配分の歪みにより，内部資本市場の機能が低下することを，企業社会主義（corporate socialism）という。[6]旧ソビエト連邦や東欧などの社会主義経済は，高生産性部門の負担で低生産性部門を維持しようとしたために，経済全体の力が低下し，衰退していった。同様に，社会主義的な傾向を持つ企業では，資金を投ずることで生み出される価値が相対的に小さな（大きな）事業が資金配分で優遇（冷遇）されるため，希少な資金の利用が非効率になり，利益を生み出す力の低下が生じる。このように，財務シナジーは，多角化した企業が広く活用できる価値創造のメカニズムである一方で，多角化企業であるがゆえに陥る可能性のある罠（価値破壊のメカニズム）ともなる。

COLUMN 7-❽　カネボウの発展と破綻

　企業社会主義の弊害は，企業価値の低下にとどまらない。ソビエト連邦が経済の停滞によって行き詰まり，国家として存続できなかったのと同じように，内部資本市場の非効率性が長く続くと，企業が崩壊へと至ることがある。**図7-4**に描かれているように，成長余地が小さく，自立する力も弱い不振事業に，他事業の資金が投じられているとしよう。こうした資金移動が定着すると，本来は優先的に資金を投じるべき成長事業などでの投資が過少になり，それら事業の競争力と稼ぐ力の低下が進む。成長事業の収益性の低下は，将来のキャッシュカウがなくなることを意味するため，企業全体の資金創出力が中長期的に低下していく。そうした中で不振に陥る事業が増えると，どの事業の力をもってしても全体を支えることは不可能になり，1つのまとまりとして企業が存続することができなくなるのである。

　こうしたプロセスが進行し，実際に崩壊へと至った企業の例として，カネボウがあげられる。1887（明治20）年に綿紡績業の企業として創業された同社は，繊維産業を主軸とする日本の産業化とともに飛躍的な発展を遂げ，日本最大の企業へと成長した。開明的な経営者のもとで企業と従業員の一体性を重視した経営に取り組み，「日本的経営」の先駆けともなった。だが，戦後に入り繊維事業の衰退が進むと，多角化が経営の中心課題となる。かつて分離された化粧品事業が買い戻され，有力ブランドとしての地位が確立された。また，食品や医薬品，住宅事業への参入も進められた。だが，化粧品の成功が他事業の競争力の底上げにつながることはなく，一部の事業が不振事業を支え，それが事業の撤退や再建を遅らせるという，社会主義的な構造ができ上がった。上述のように，そうした構造は永続性を欠く。このため，2001年には債務超過に陥り，粉飾決算によってその事実を隠蔽した。それでも企業としての

---

[6]　企業社会主義という言葉は，Scharfstein and Stein（2000）による内部資本市場の分析で用いられたものである。

生存力の低下は隠しようがなく，2006 年には産業再生機構へと支援を要請した。そうした中で会計不正が明るみに出たこともあり，カネボウは急速に解体へと追い込まれ，2007 年に会社解散という形で長い歴史に幕を下ろした。そこに至る経緯については，日本経済新聞社（2004）に詳しい。

　このように，カネボウという企業は消えてしまったが，同社の事業の多くは現在でも存続している。化粧品事業（カネボウ化粧品）はカネボウのブランドを引き継ぎつつ花王の子会社となり，同社の化粧品事業の中核を担っている。食品・医療品・日用品の 3 事業も，ブランド名をクラシエに改め，クラシエホールディングス傘下の子会社として活動している。繊維事業ですら，その一部は他社に引き継がれている。Column 2-❶で指摘したように，企業が利益を生み出す力は事業に宿っており，企業そのものは事業を収める箱である。ある箱が壊れたとしても，事業に深刻な破損がないならば，別の箱へと移し替えてやることで活動を続け，大きく伸びていくこともできるのである。

6　歪みをもたらす要因

　内部資本市場の働きに歪みをもたらし，企業価値の低下を招く，おもな要因としては，以下のようなものが考えられる。これらの要因はしばしば複合的に作用し，歪みの修正を難しくする。

（1）　予算の硬直化

　予算は，企業が資金の利用を計画し，使っていく上で，不可欠な仕組みである。予算の変更なしに，資金配分を大きく変えることはできない。予算の策定のためには，さまざまな部門の現状と展望に関する情報が集められ，経営陣や本社部門によって分析・評価される。多角化企業のように多くの部門を持つ企業の予算の策定プロセスは，大がかりで複雑なものになるため，策定のルールと手続きを定め，プログラム化することが一般的である。プログラム化は，策定の円滑化と迅速化というメリットを持つものの，情報の収集や利用に偏りを生み，予算の硬直化をもたらしやすい。また，策定時に予算をゼロから見直す煩雑さを避けるため，前年度など過去の値を出発点とし，必要な修正を加える策定方法が一般的である。この方法は策定を容易にするものの，過去の資金配分に大幅な修正を加えることを難しくする。

(2) 事業のサイロ化

多角化企業の組織の基本は，個々の事業を別々の部門にまとめる事業部制組織である。第**8**章で見るように，この構造には，多くのメリットがあるとともに，デメリットもある。1つのデメリットは，事業部門のサイロ化（第**3**章）が進み，マネージャーや従業員の関心が，自分たちの事業内部に集中しがちになることである。サイロ化が起きると，事業は外部からの干渉を避けるため，経営陣や本社部門などと情報を共有することに消極的になる。情報不足から，経営者にとって事業が「ブラックボックス」になると，事業の将来を見通しづらくなるため，資金配分を大胆に変えることは難しくなる。また，潤沢な資金を持つキャッシュカウ事業では，自らの資金を自部門の中に囲い込もうとする傾向が強くなり，企業内で資金が動きにくくなる。

(3) インフルエンス活動

事業は自らの「領土」に立てこもる（サイロ化する）だけではなく，資金配分を自らに有利なように誘導するために，経営陣や本社部門に積極的な働きかけをすることもある。政治におけるロビー活動に似た，こうした活動は，トップマネジメントの認識や印象を操作し，意思決定に影響を及ぼそうとするものであるため，インフルエンス活動（influence activities）と呼ばれる[7]。事業は自らの資金獲得に有利に働く情報を強調し，不利な情報は隠そうとするため，インフルエンス活動が活発になると，経営陣や本社部門にもたらされる情報の歪みが大きくなり，効率的な資金配分への妨げとなる。また，資金配分が事業の利害をすり合わせる政治的な性格を帯びやすくなるため，既得権益を奪うような大幅な配分の変更は難しくなる。

(4) レガシー事業

事業が企業内で及ぼしうる影響力は，一様ではない。企業の設立時から存在する祖業や「本流」事業などのように，企業の発展に重要な役割を果たしてきた事業を，レガシー事業（legacy business）という。レガシー事業は歴代のトップマネジメントを輩出し，その事業の考え方や価値観が，ドミナントロジック（Column 6-❼）として企業に定着しやすい。このため，企業価値への貢献に比して大きな影響力を社内的に持ち，そこに振り向けられる資金は「聖域」となりやすい。また，業績不振や衰退段階に入っても，企業を象徴する事業として維持されやすい。

●7　インフルエンス活動については，Meyer *et al.*（1992）を参照のこと。

(5)　撤退の忌避

過去に有望と判断した事業から撤退することは，判断の誤りを認めることである。自らの失敗を認めることは，負効用（心理的な苦痛）を生む。このため，企業の経営陣には，撤退を避けようとする心理的な傾向が生まれがちになる。負効用を避けるために不振事業を継続すれば，他事業による支援が必要となり，資金配分に歪みが生まれる。負効用がとくに大きくなるのは，経営者の肝煎りでつくられた「戦略事業」のように，トップマネジメントが強くコミットしてきた事業からの撤退である。そうした事業が不振に陥った場合には，経営者のプライドやメンツを守るため，「一発逆転」の可能性に賭けて，投下する資金と資源をむしろ増やしていくような選択もされやすくなる。こうした行動は，内部資本市場の歪みをさらに大きくする。

(6)　摩擦の回避

経営者が避けようとするのは，撤退が企業内外で引き起こす摩擦であることもある。たとえば，ある事業を始めたのが経営者の先輩であり，その人物が現在も企業とのかかわりを持っているならば，人間関係への配慮から撤退は打ち出しにくいかもしれない。とりわけ摩擦が大きくなりやすいのは，閉鎖により撤退する場合である（第**12**章）。ある事業が閉鎖されると，それが生み出していた雇用は失われる。このため，その活動を担ってきた従業員をどうするのかという問題が生じる。事業が雇用や所得の源泉として地域経済で大きな役割を果たしていると，摩擦は企業の外でも生じる。撤退によりさまざまなステークホルダーとの間に軋轢が起きることを避けるために事業が維持されれば，その代償として資金配分に歪みが生じ，続くことになる。

7　組織の二面性と市場との競争

これら配分の歪みをもたらす要因に共通する背景は，内部資本市場が組織に埋め込まれたメカニズムであるということである。外部資本市場において不特定多数の投資家と企業との間で働く「見えざる手」とは異なり，内部資本市場の「見

- 8　これは心理学において，コミットメントのエスカレーションとして知られる傾向の一例である（Column 12-❶）。
- 9　多くの日本の大企業では，退任した経営者が，顧問や相談役といった肩書で企業との関係を維持する慣行がある。

える手」は，顔の見える組織メンバー間の固定的な関係性の中で機能する。この
ことが，経営者に情報優位をもたらし，外部資本市場よりも大きな価値を生み出
す源泉になるとともに，市場原理では考えにくい非効率な資金配分が行われる原
因ともなる。すなわち，組織はプラスとマイナス，双方のシナジーを生み出す土
壌となる側面を併せ持っている。こうした二面性があるために，多角化が企業パ
フォーマンスに及ぼす影響は，組織によって大きく変わる。そこで，続く第**8**章
と第**9**章では，多角化企業の組織について考察する。

　ところで，財務シナジーがプラスに働くか（$V_{AB} > V_A + V_B$），マイナスに作用
するか（$V_{AB} < V_A + V_B$）は，資金の配分に組織（内部資本市場）を用いることで生
まれる価値（V_{AB}）だけでなく，市場（外部資本市場）を用いることで生まれる価
値（$V_A + V_B$）にも依存する。したがって，前者の価値が同じであったとしても，
外部資本市場の働きが向上し，後者の価値が大きくなるならば，従来はプラスで
あったシナジーがマイナスに転じることもある。組織が価値を生み出せるか否か
は，組織の外（市場）で何ができるのかにも依存するということであり，多角化
企業（内部資本市場）は外部資本市場と資金活用の効率性を競っているともいえ
る。経済発展のプロセスにおけるコングロマリット型企業の盛衰には，このこと
が象徴的に表れる。

　投資家と企業の情報の非対称性が軽減されるためには，会計や情報開示，企業
統治などの諸制度が整備されることが必要である。経済発展の初期には，こうし
た制度が十分に整っておらず，外部資本市場が機能しにくい。このため，発展途
上の経済では，希少な資本を活用するメカニズムとして組織に優位が生まれやす
く，幅広い事業を傘下に持つコングロマリット型の企業や企業グループが大きな
経済的影響力を持つようになる[10]。だが，経済発展が進むにつれて，そうした諸制
度は徐々に整備されていく。また，富（資本）の蓄積が進むことで，高い情報取
集と分析能力を持った金融機関や機関投資家など，外部資本市場を活動の場とす
る専門企業の成長が促される。これらの変化は企業と投資家の情報の非対称性を
軽減させるため，市場に対する組織の優位性は小さくなっていく[11]。このため，発

---

[10]　インドのタタグループや，タイのチャロン・ポカパン（CP）グループ，フィリピンのアヤラ
　　グループなどの財閥は，アジアにおける代表的な例である。日本でも戦前においては，三井や住
　　友，三菱などの財閥が，大きな経済的影響力を持っていた。経済発展と企業グループの関係につ
　　いては，Khanna and Yafeh（2007）を参照のこと。

[11]　Bhide（1990）は，アメリカの資本市場で生じたこうした変化の多角化企業への影響を論じ
　　ている。

達した外部資本市場を持つ経済では，コングロマリット型の企業や企業グループは見られにくくなる。別言すると，多角化の合理性を財務シナジーだけに求めることは，外部資本市場が発達するほど難しくなる。

COLUMN 7-**❾**　GE のパズル

　世界で最も発達した外部資本市場を持つアメリカは，コングロマリットにとって過酷な生存環境といえる。アメリカでも，1950, 60 年代においては，第二次世界大戦後の好景気で高まった資金力を背景に，多くの企業が非関連事業の M&A を繰り返し，大きなコングロマリットがいくつも誕生したことがあった。だが，資本市場の発展に伴って，これら企業を見る投資家の目は厳しくなり，コングロマリットの解体を目的とする敵対的買収（burst-up takeovers）が，さかんに行われるようになった（Shleifer and Vishny, 1991）。買収ターゲットとなることを免れた企業も，ノンコア（非中核）事業の売却や切り離しを進めたため，1980 年代には，コングロマリットと呼びうる企業はほぼ姿を消した。ただし，ある顕著な例外があった。トマス・エジソン（Thomas Edison）を創始者とするゼネラル・エレクトリック（General Electric：GE）である。

　エジソンが発明した電球の事業化のためにつくられた GE は，家電製品や医療機器，発電機器，鉄道車両，石油，金融，放送などの多様な産業分野に多角化することで，アメリカを代表する企業へと成長した。1981 年に同社 CEO となったジャック・ウェルチ（Jack Welch）は，コングロマリットとして事業の多様性を維持する方針を明確にする一方で，厳しい経済環境下での経営強化のため，産業で 1 位か 2 位になれない事業からは撤退するという厳しい事業選別を進めた。また，すべての事業間で共用できる資源としてマネジメント人材を重視し，CEO 自らが関与しながら，育成を進めた（Bartlett and Wozny, 1999）。20 年に及ぶウェルチの在任期間中，GE の株価は「コングロマリットプレミアム」とも呼べる目覚ましい上昇を見せた。

　だが，ウェルチの退任後，プレミアムは大幅なディスカウントへと転じていく。後任のジェフ・イメルト（Jeff Immelt）は，産業のデジタル化を主軸とする事業ポートフォリオ再編を目指したものの，業績面で大きな成果を出すには至らなかった。その後任のジョン・フラナリー（John Flannery）も，低迷する株価を浮上させることはできず，短期間での退任を余儀なくされた。2018 年 6 月には，時価総額の縮小が続いたために，GE は 1 世紀以上にわたり一角を占めてきたダウ平均株価の構成銘柄を外れた。これは GE のみならず，アメリカ経済全体の変化を象徴する出来事であった。そして 2021 年 11 月に，現 CEO であるラリー・カルプ（Larry Culp）は，3 社への会社分割（スピンオフ）を実施し，GE のコングロマリットとしての歴史に終止符を打つことを発表した。

　他のコングロマリットがたどってきた道を踏まえるならば，GE が陥った苦境は不思議ではないともいえる。だが，多くの疑問（パズル）が残る。なぜ，同社はウェルチのもとで長い繁栄を謳歌できたのだろうか。また，それはなぜ終わってしまったのだろうか。企業（GE）としての価値を体現するマネージャーの育成など，徹底した人材重視が，わずかなシナジーを大きく実らせ，プレミアムをもたらしたという見方がある。だが，後任のイメルトは人材重視を改めたわけではまったくない。そもそも，ウェルチ時代の高株価は，企業戦略（多角化）の成果だったのだろうか。事業のすべてが産業のトッププレイヤーであるならば，それらの集合（ポートフォリオ）としての企業の価値は当然に高くなる。だが，それは事業間にシナジーが働いており，企業がポートフォリオに何らかの価値を付け加えていることを意味するものではない。これらのパズルは，GE という 1 つの企業の問題にとどまらず，優れた企業戦略とは何かという問いを広く投げかけている。

図　GE の株式時価総額と歴代 CEO

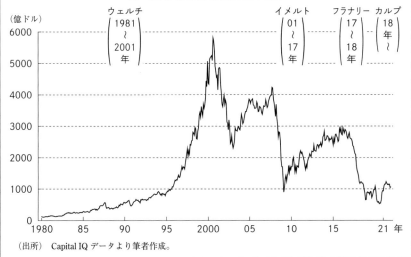

（出所）　Capital IQ データより筆者作成。

事業部制組織の基礎

1 職能別組織と事業部制組織 ─────────────────

　本章と第**9**章では，多角化企業の組織デザインを取り上げる。第**3**章で見たように，専業企業の組織の基本は，機能部門の組み合わせである職能別組織である。対するに，複数の事業を持つ多角化企業の組織の標準形は，事業部門の組み合わせとして企業をつくる事業部制組織である。そこで，多角化を進める企業にとっての事業部制組織の意義を，職能別組織との比較で考えることから始めよう。

　多角化企業の組織には，次のような共通の課題がある。第1は，個々の事業における活動の連携である。すなわち，それぞれの事業が営利活動としての力を大きく発揮できるよう，バリューチェーンを形づくっている活動間で，情報の交換や方向のすり合わせなどの連携を進めることである。第2は，事業間の協力である。すなわち，シナジーを生み出すために，事業間での資源の共用や活動の調整を進めることである。第3は，さまざまな事業の現状と展望を把握し，限られた資金や資源を配分することである。最初の課題が事業レベルのマネジメントの課題であるのに対し，第2と第3の課題は，事業の集合としての企業レベルの課題である。

　いま，企業が事業1と2という2つの事業を持ち，それぞれの事業のバリューチェーンが製品の開発（D）・生産（P）・販売（S）という3つの機能からなるものとしよう。すなわち，この企業は，D1, P1, S1, D2, P2, S2 という6つの活動からなる分業システムである（ここで，D1は事業1の開発を表す）。このシステムを事業部制組織としてつくるならば，**図8-1(a)**のような組織構造になる。この構

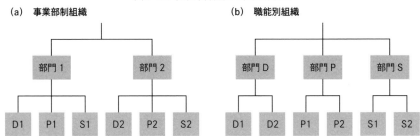

図 8-1 ■ 事業部制組織と職能別組織

造では，事業のバリューチェーンである（D1, P1, S1）と（D2, P2, S2）が同じ事業部門の中に配置されているため，事業と企業のマネジメントを分離できる。すなわち，上記の第 1 の課題（事業内の活動の連携）を事業部門のマネージャーである事業部門長に委ね，トップマネジメントは企業全体にかかわる第 2，第 3 の課題（事業間の協力と資源配分）に集中できる。

　一方，この企業を職能別組織により組織化すると，**図 8-1(b)** のような形になる。機能ごとに活動が部門化されるこの構造では，事業のバリューチェーンが複数の部門に分割されるため，事業全体を統括するマネージャーは，部門レベルでは存在しない。このため，3 つの課題のすべてを，トップマネジメントが担うことになる。[1]

　このように，事業部制組織と職能別組織の間には，水平的構造の違いの結果として，組織階層間の垂直的な分業にも違いが生まれる。職能別組織が事業と企業のマネジメントが未分離な集権的な構造であるのに対し，事業部制組織は両者が分離しやすい分権的な構造である。職能別組織の枠組みで多角化が進み，事業の数が増えていくと，構造の集権制ゆえにトップマネジメントの負荷が増大し，企業活動の円滑な遂行に支障をきたすようになる。このため，事業の多角化が進むにつれて企業は事業部制組織へと一般に移行し，マネジメントの分業が図られるのである。

　だが，チャンドラーが記録したデュポンの例（第**1**章）が示すように，この移行はすぐに起きるとは限らない。多角化の初期においては，過渡的な形態として

●1　**図 8-1** の **(a) (b)** が，この企業の組織構造として考えられるすべてではない。たとえば，すべての活動をトップマネジメントのもとに直接配置する，フラットな構造も考えられる。この構造においても，事業のバリューチェーン全体に指揮権を持つマネージャーは部門レベルにはいないため，**(b)** と同様に上記 3 つの課題のすべてをトップマネジメントが担うことになる。

職能別組織の枠組みが維持されることは珍しくない。また，職能別組織による多角化には，固有なメリットもある。**図 8-1(a)** の組織において，D1 の技術を D2 でも活用しようとするならば，異なる指揮系統に属する部門間の協力が必要になる。対するに，職能別組織である**図 8-1(b)** の構造では，両ユニットが同じ部門（指揮系統）に属しているために，連携を進めやすい。こうしたメリットを重視するならば，事業部制組織の企業においても，職能別組織の要素を取り入れることが選択肢になる。すなわち，多角化企業の組織デザインは，職能別組織や事業部制組織といったひな型の選択で終わるものではなく，戦略に合わせた型の修正が，程度の差はあれ必要になる。そこで，本章で事業部制組織の一般的な特徴とバリエーションを概観した上で，次の第 **9** 章では戦略と構造の対応関係を詳しく考察する。

Column 8-**❶**　**Apple の組織**

　今日の Apple は，祖業であるパソコンだけでなく，携帯音楽プレイヤー，スマートホンなどのハードウェアに加え，音楽や映像などのデジタルコンテンツや各種アプリケーションの配信事業，クラウドサービスなど，多様な事業を手がける多角化企業である。こうした事業の広がりを反映して，同社は 2007 年に，Apple Computer から "Computer" を除いた Apple Inc. へと，社名変更している。Apple は組織構造を公開していないため，これらの事業がどのように組織されているかを外部から正確に知ることはできない。だが，同社経営陣の顔ぶれと，それらマネージャーの管掌領域は公開されている。経営陣が企業のさまざまな活動をどのような分業により指揮しているかは，分業システムとしての企業の成り立ちを反映する（Column 3-**❷**）。ゆえに，個々の経営陣メンバーの担当を見ることで，Apple が持つ組織の姿を推察することができる。

　2020 年 12 月現在，Apple の経営陣は，最高経営責任者（CEO）であるティム・クック（Tim Cook），最高執行責任者（COO）のジェフ・ウィリアムズ（Jeff Williams）に加え，10 名の上級副社長（Senior Vice President）からなる。これら副社長の管掌領域は，①法務，②財務，③インターネットソフトウェアサービス，④ソフトウェア開発，⑤機械学習・人工知能，⑥マーケティング，⑦オペレーションズ，⑧小売・人事，⑨ハードウェア開発，⑩ハードウェア技術という構成になっている。

●2　多角化初期の企業によく見られる組織は，職能別組織に新事業のための部門を「接ぎ木」した構造である。既存事業の機能部門と新事業のための部門が並ぶこの構造は，職能別組織と事業部制組織の混成型ともいえるが，多角化の初期においては新事業の規模を既存事業が大きく上回るため，組織は職能別組織としての性格が強くなる。

③が配信をはじめとするサービス事業との対応が強いことを除くと，これらマネージャーの担当は基本的に職能により分かれている。パソコンやスマートホンといった個別の製品事業にかかわるバリューチェーン全体を1人で指揮するマネージャーは，トップのもとにいない。これはすなわち，Apple の組織が職能別組織の性格を色濃く持つことを示している。

　多角化企業である Apple がこうした組織を持つ理由はいくつか考えられる。第1は，同社の事業ポートフォリオの高い凝集性である。ハードウェア事業における OS 技術や優れた製品デザイン能力，洗練されたブランドイメージなど，Apple の事業間には強い資源の共用関係がある。また，顧客への提供価値として，個々の製品・サービスの魅力だけでなく，それらの間の連動性と親和性の高さが追求されている。こうした事業・製品間の一体性を重視する戦略ゆえに，事業の間に組織的な壁をつくらず，機能内の調整と連携がしやすい構造をつくっている可能性がある。第2は，Apple を経営危機（Column 5-❸）から救い出し，繁栄の基礎を築いたスティーブ・ジョブズの影響である。よく知られているように，ジョブズは製品や活動の細部までを自らコントロールすることを好んだ。集権的な職能別組織は，トップによる事業への関与が構造的に必要とされるため，そうした経営スタイルとの適合性が高いのである。

2　事業部制組織のメリット

　複数の事業を運営するための組織的な枠組みとして，事業部制組織には多くのメリットがある。すでに触れているものもあるが，改めて整理しておこう。第1のメリットは，企業経営の円滑化である。前節で指摘したように，企業全体と個々の事業にかかわる権限がトップに集中する職能別組織においては，事業の多角化が進むにつれて，経営陣にかかる意思決定と組織運営の負荷が大きくなる。このため，多角化が進むにつれて，重要な判断や調整における遅れあるいは質の低下といった問題が生じやすくなる。事業部制組織では，事業への権限委譲により，トップマネジメントが企業レベルの課題に集中できるようになるため，こうした問題が起きにくい。

　第2のメリットは，部門のマネージャー（事業部門長）が事業全体への指揮権を持つため，事業内部の活動の連携を進めやすいことである。1つの指揮系統に事業の主要活動が所属することで，バリューチェーン全体が迅速かつ円滑に機能しやすくなる。これにより，事業が目指す競争優位をより効果的に生み出せるよ

うになるだけでなく，外部環境への適応も進めやすくなる。すなわち，事業が自らの力を発揮しやすくなる。自分たちの活動を自律的に進められることは，事業を担うマネージャーや従業員の意欲（モチベーション）の向上にもつながる。

第3は，事業の生み出す利益の把握と部門間の比較・評価が行いやすいことである。職能別組織は，コストセンターとレベニューセンターからのみつくられているため，事業が生み出す利益は，複数の部門の収入と費用の組み合わせによってしか把握されない。これらの計数の背景にある活動や外部環境にかかわる情報も，複数の部門に分散している。対するに，事業部制組織の事業部門は，事業の主要機能をすべて備えたプロフィットセンターであるため，事業の利益やその背景情報を部門単位で容易に把握できる。また，企業にとって最も本質的な活動成果である利益に基づき部門を比較・評価することができるため，資金や資源の配分を行いやすい。

第4は，活動や組織の管理を事業間で差異化しやすいことである。活動をどのように行い，組織をどう管理すべきかは事業によって同じではない。事業がそれぞれの必要性に応じて活動と組織をつくるためには，事業のバリューチェーンが分断される職能別組織よりも，事業を単位とした組織づくりがなされる事業部制組織のほうが適している。自律的に活動する事業部門は独自な文化を持ちやすいため，別の企業のように個性の違う部門同士が，同じ企業の中に同居することも可能である。

第5は，事業ポートフォリオの組み換えが行いやすいことである。事業部制組織では，個々の事業の活動が1つの部門の中で完結するため，企業が新たな事業へと参入し，新しい活動が組織に加えられたとしても，既存の事業に影響が生じにくい。同様に，ある事業から企業が撤退し，事業部門の数が1つ減ったとしても，残りの事業の活動と組織への影響は限られる。[3]このため，事業部制組織では，事業の追加と削減を通じた事業ポートフォリオの修正が行いやすい。

第6は，ゼネラルマネージャーが育ちやすいことである。事業部門長は，担当する事業が生み出す利益に責任を負うとともに，事業の活動全般への指揮権を付与されている，ゼネラルマネージャーである。したがって，事業部制によって組

---

[3] このように，新しい部門を加えたり，既存の部門を取り除いたりしても，組織の他の部分に影響が生じにくい特性を，モデュラリティ（modularity）と呼ぶ（Helfat and Eisenhardt, 2004）。事業部制組織は，個々の事業が自己完結的に1つの部門に組織されるため，高いモディラリティを持つ。

織された企業は，企業全体への責任を負うトップマネジメントと，事業への責任を負う事業部門長という，2 種類のゼネラルマネージャーを持つ。後者の職責を果たすことは，より広い見地から企業の方向づけを行う前者になるための，準備となる。トップマネジメントのみが利益責任を持つ職能別組織においては，部門レベルのゼネラルマネージャーがいないため，部門長が昇進によりトップマネジメントになると，そこではじめてゼネラルマネージャーとしての仕事を体験することになる。

3　事業部制組織のデメリット

　以上のメリットは，事業部制組織が分権的で，事業の自律性が高い構造であることに起因する。だが，事業部制組織には，それゆえのデメリットもある。第 1 のデメリットは，企業と事業のマネジメントが分離されるため，事業の詳しい状況が経営者に伝わりにくくなることである。それゆえに生まれる企業内の情報の非対称性が大きくなると，内部資本市場で経営者が持つ情報優位が損なわれる。情報不足から事業が「ブラックボックス」化してしまうと，事業に何らかの問題が生じたとしても，経営者がその活動や意思決定に介入することが難しくなる。
　第 2 は，事業の活動に全体最適（企業にとっての最適）との乖離が生まれやすいことである。この問題の一例は，事業間での資源や活動の重複である。個々の事業が必要とする資源にそれぞれの判断で投資し，それを用いた活動をつくっていくと，企業内の多くの場所で同じような資源が重複して蓄積され，本来は統合可能な活動がバラバラに行われるといった非効率が生じやすくなる。第 **6** 章で見たように，事業が自らの資源を他の事業と共用することは，事業にとっての負担（費用）を生む。事業単独の視点（部分最適）で見れば，そうした負担は避けるべきものであるために，企業全体としては望ましい協力が行われにくくもなる。
　第 3 は，事業のサイロ化を招きやすいことである。サイロ化は，他の部門との連携や協力が活動の前提である部門では生じにくい。逆にいうと，事業部制組織の事業部門は，活動が自己完結的で自律性が高いために，サイロとなりやすい。サイロ化した事業は，自らの利益のために情報を秘匿したり，他部門との協力を拒んだりするようになる。このため，企業内での情報の非対称性や，活動の全体最適からの乖離などといった問題は，サイロ化により，さらに深刻になる。

COLUMN 8-❷　**企業内（事業間）競争**

　事業による部分最適が企業にとっての全体最適と乖離することで生まれる問題の例として，同じ企業の事業同士が市場で競争することがあげられる。そうした競争は，常に避けられるべきものではない。同じ企業の事業間に競争が生じる理由は，大きく3つ考えられる。第1は，企業が代替財へと多角化していることである（COLUMN 6-❹）。バターを生産・販売する企業がジャムへと多角化すれば，両事業はおのずと競合する。だが，そもそもこの多角化の合理性は，バターとジャムが代替財であるがゆえに，消費者のブランド認知や流通チャネルなど資源の共通性が高いことにある。競争は全体最適の結果として生まれてくるのであり，部分最適の弊害ではない。

　第2は，2つの事業が同じ財を異なるバリューチェーンで顧客へと提供している場合である。たとえば，店舗での小売事業を行っている企業がEコマースの競合に対抗するために，同じ商材をインターネットで販売する新しい部門をつくるならば，企業内で従来型の店舗販売とインターネット販売の競争が起きる。こうした多角化では，新事業の成長が旧事業の販売を侵食する「共食い」（cannibalization）が生じがちになる。だが，競争は企業が事業の転換を図っているからこそ生じるのであり，それを避けるためには転換をやめなければならない。競争は部分最適の結果ではなく，全体最適を長い目で実現するための必要悪である。

　第3は，複数の事業部門が，それぞれに成長を追求した結果として同じ市場に参入し，競争するようになる場合である。パナソニック（旧・松下電器産業）では，事業の自律性を重んじる経営の結果として，部門やグループ会社間で製品の重複が多く生じていたことが知られている（兒玉，2007）。ソニーでも，世界初の携帯デジタル音楽プレイヤーを発売するに際し，オーディオ事業とコンピュータ事業が独立に開発を進めた結果，互換性のない2つの製品が同時期に投入されたことがあった（Tett, 2015）。このように生まれる企業内競争は，事業部門の自律性と活力の表れともいえるが，同じ資源への重複投資や事業同士の足の引っ張り合いなど，企業レベルでは大きな非効率を生む。ソニーは，大きなシェアを有するアナログ製品との共食いが懸念されたこともあり，デジタルプレイヤーでは新規参入のAppleに大きく先行されることになった。事業部門の自律性は，部分（事業）が力を発揮する要因になるとともに，全体（企業）の力を損なう要因にもなりうるのである。

　以上の考察から，企業の多角化と，事業部制組織の関係には，逆説的な一面のあることがわかるであろう。事業部制組織は多角化企業の組織の基本となる形である。だが，そのデメリットとは，事業を部門の壁で囲ってしまうがゆえに，多角化の合理性であるシナジーへの障害となりやすいということなのである。にもかかわらず，多角化により事業部制組織への移行が一般に進むのは，職能別組織

図 8-2 ■ 事業部制組織における事業部門と本社部門

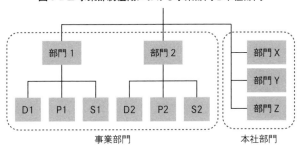

の枠組みで事業が増えていくと，事業の指揮系統が複雑化することの弊害が大きくなり，事業が利益を生み出す力に深刻な影響が生じるからである。前節で見た事業部制組織のさまざまなメリットは，個々の事業が本来持つ力を損なうことなく企業が多角化を進めるための組織的枠組みとして，この構造が優れた特性を持つことを示している。

　だが，個々の事業の力が維持されたとしても，それらの間にシナジーを生み出すことができないのであれば，企業が事業の集合として存在する合理性はない。この本質的な問題に対処するため，事業部制組織には事業部門以外にも不可欠な要素がある。それが本社部門である（**図8-2**）。全社的な重要性のある活動を企業として集約して行う本社部門は，特定の事業に属することなく全社最適の見地から活動することで，事業部制組織のデメリットを抑制し，事業間のシナジーの実現を後押しする働きをする。多角化企業が部分（事業）の単純和以上の存在となるためには，部分を担う事業部門と，事業をまとめて全体の力を高める本社部門の役割が，ともに重要である。そこで，これら2つのタイプの部門について，より詳しく見てみよう。

4　事業部門のタイプ

　一言で事業部門といっても，その形や性格は多様であり，同じ企業の中でも一様ではない。事業部門を特徴づける要素としては，以下のようなものがある。

（1）責任と権限
事業部門はプロフィットセンターであるから，事業部門長は自部門の活動への

利益責任を負うとともに，自らの判断で方向性を定め，事業を運営する権限を持つ。だが，責任と権限の範囲は，トップからの権限委譲の程度に応じて変わる。狭義のプロフィットセンターである事業部門は，事業に投じられる資源を所与とし，その利用にかかわる権限と責任を持つ。だが，新しい資源の獲得が必要になる場合，部門長はそのための投資を自分だけの判断で行うことはできない。すなわち，投資の意思決定権限は，トップから部門長に委譲されていない。

対するに，インベストメントセンター（investment center）と呼ばれる部門は，投資の意思決定権限も持つ。投資を決められるということは，活動に投下される資金の規模も自らコントロールできるということである。したがって，インベストメントセンターの部門長は，企業のトップと同じように，活動の成果である利益だけではなく，そのために投じられる資金の利用効率についても責任を負う[4]。ゆえに，インベストメントセンターは，企業そのものに近い性格を持つ事業部門である。

もっとも，インベストセンターといえども，すべての投資を自由に行えるわけでは普通ない。投資の結果は企業全体の業績と財務に影響するため，とくに大型の投資は企業トップによる承認が必要である。したがって，プロフィットセンターとインベストメントセンターの区分は，事業の意向が尊重される意思決定の範囲と度合いの違いといえる。インベストメントセンターとしての性格が強い部門ほど，組織的な自律性が高くなる。また，そうした部門の集まりとしてつくられている企業ほど，事業間の関係は緩やかになり，組織全体としての凝集性が低くなる。

（2）部門ドメイン

事業部門の基本形は，1つの事業だけをドメインとし，その事業のバリューチェーンに応じた内部構造を持つ部門である。だが，多くの事業を持つ企業が，すべての事業をこのように組織すると，トップのもとに多数の部門が並ぶことになり，経営陣の意思決定や調整の負荷が過大になりやすい。そこで，大規模な多角化企業では資源や市場が類似しており，戦略的なつながりがある事業をグループ化し，戦略的事業単位（strategic business unit：SBU）と呼ばれる上位部門のもと

---

[4] 狭義のプロフィットセンターが，事業の「損益計算書」にかかわる責任と権限のみを持つのに対し，インベストメントセンターは，事業への「貸借対照表」にも責任を負うともいえる。したがって，部門の生み出す利益が大きいとしても，資本利益率が低い（投下された資金に対して利益が小さい）のであれば，責任を十分に果たしているとはいえない。

にまとめることが多い。この構造では，同じSBUに属する事業間の調整はSBUのマネージャー（SBU長）によって担われることになるため，トップマネジメントは，SBU間の資源配分など全社的な課題に集中する。SBUの呼称は，カンパニー，グループ，本部など，企業によってさまざまである。

　SBUは，通常インベストメントセンターであり，トップから多くの権限を委譲されている。ドメイン全体の方向づけと傘下事業間の調整のために，独自の本部機能を備えることも珍しくない。このため，SBUは，それ自体が1つの多角化企業のような内部構造を持つ。また，SBUの集まりとしてつくられる多角化企業は，小型の多角化企業を組み合わせたような，重層的で複雑な構造になる。[5]

　(3)　法人格の有無

　事業部門は，子会社としてつくることもできる。第**4**章で見たように，活動に独自の法人格を持たせることは，権限委譲を進め，活動の自律性を高めることにつながる。親会社とは異なる給与体系や人事制度を採用するなど，組織の管理の差異化も行いやすい。子会社はそれ自体としての財務諸表を持つため，活動の透明性を高め，経済的な自立を促す効果もある。ゆえに，望ましい運営や管理のあり方が大きく異なる事業は，他の事業と同じ会社の中に内部部門として組織するのではなく，別法人化することで，事業の力を高めることができる。

　個々の事業ではなくSBUを別法人化すれば，複数の事業を持つ子会社ができる。さらに，そのSBUが事業を子会社（親会社から見ると孫会社）に分離すると，グループ構造による重層的な事業部制組織ができる。法人格を持つSBUがすべての事業を別法人に分離し，自身では事業を行わないならば，中間持株会社（intermediate holding company）と呼ばれる存在になる。ソニーの金融事業を統括するソニーフィナンシャルホールディングスは，中間持株会社の例である。

COLUMN 8-❸　カンパニー制度

　1990年代より日本の多角化企業に広まった組織形態として，事業やSBUを，カンパニーと呼ばれる内部部門に組織する構造がある。ここでのカンパニーとは，語源である英語のcompany本来の意味とは異なり，それ自体としての法人格は持たないものの，真の「カンパニー」（会社）とほぼ同等な権限と責任を社内で与えられている部門のことである。企業の外から見ると内部部門であるが，企業の中ではあたかも

----

[5]　SBUを複数組み合わせることで，より大きなSBUをつくることもできる。1970年代におけるGEの組織は，事業部をまとめた事業本部，事業本部をまとめたSBU，SBUをまとめたセクターからなる，重層的な構造を持っていた（Bartlett and Wozny, 1999）。

1つの会社のように位置づけられるため，社内カンパニーとも呼ばれる。

　一般に，カンパニーは2つの意味で疑似的な会社である。第1に，カンパニーはインベストメントセンターとして投資を計画・実行できるとともに，従業員の採用などを独自に決めることができる。こうした強い権限の裏返しとして，「プレジデント」と呼ばれることもあるカンパニー長は，事業の利益だけでなく，それを得るために投じられている資金の活用についても責任を負う。第2に，カンパニーは傘下事業に関係するグループ会社を統括する。この「親会社」としての役割ゆえに，カンパニーはすべての事業を直接に手がけるとは限らない。たとえば，みずほフィナンシャルグループは5つのカンパニーを持つが，持株会社である同社は直接にこれら事業を行ってはいない。各カンパニーは持株会社に所在するものの，それぞれの事業活動の実体は，みずほ銀行・みずほ信託銀行・みずほ証券といった子会社によって担われている。

　実際のところ，従業員を雇用したり，子会社株式を所有したりする能力は，カンパニーが所在する会社のものであり，内部部門であるカンパニーには，それらにかかわる権限がトップから委譲されているに過ぎない。カンパニーが分社化により真の会社（company）になれば，その部門はこれらの能力を実際に持つことができる。にもかかわらず，カンパニーという形が選ばれてきた1つの背景には，日本企業の事業部門が一般に自律性が低く，事業の利益責任が不明瞭になりがちであることがある。カンパニー制度は，事業部門の権限と責任を高めることで，事業の自立を促すために採用されてきた経緯がある（第12章）。いま1つの重要な理由は，企業の多角化が進展し，事業ポートフォリオの複雑性が増したために，複数の事業を統括するSBUの役割が大きくなったことである。組織ヒエラルキーにおける上位部門は，下位部門よりも大きな権限を必ず持つ。SBUが傘下の事業を効果的に導くことができるためには，従来の事業部門よりも強い権限と責任が付与されることが必要なのである。

　ところで，企業が部門をどのような名称で呼ぶか，部門にいかなる権限と責任を与えるかにはルールがない。したがって，「カンパニー」という名称を持つ部門であっても，上のような意味でのカンパニーではないことがある。逆に，カンパニーとは呼ばれていない部門であっても，カンパニーの役割を果たしていることもある。部門の性格を，名称のみから判断することには注意が必要である。

5　本社部門の役割

　本社部門は，特定の事業に属することなく，企業全体のために活動するスタッフ部門である。本社部門は自ら直接に利益を生み出すことはなく，その運営には

費用がかかる（**Column** 8-**❹**）。だが，企業全体を俯瞰する立場から活動する本社
部門は，事業部制組織のデメリットを軽減し，事業の集合としての企業の価値を
高める上で，重要な働きをする。本社部門が一般に果たす役割は，大きく5つに
分類できる。[6]

(1) 基礎的サービスの提供

本社部門の最も基本的な役割は，人事や経理・財務といった企業活動の基盤と
なる機能を担い，事業の円滑な活動を下支えすることである。本社部門は，これ
らの機能領域で企業を代表するとともに，社内の他部門が必要とする活動サービ
スを提供する。たとえば，人事部門は，社内の人材ニーズを把握し，企業の窓口
として採用活動を行う。また，事業で働く多くの従業員の勤務状況や給与厚生を
管理するほか，人事考課や教育訓練など人的資源の活用と育成にかかわる諸制度
を運営する。財務部門は，企業と外部資本市場の接点として資金調達を行い，事
業の活動や投資を資金面で支える。こうした基盤的な活動は，すべての事業が必
要とするため，個々の事業がバラバラに行うよりも，企業として本社部門に集約
して行うことが，効率性の向上につながる。

(2) 経営陣の補佐

本社部門には，トップマネジメントが経営の方針を定め，それに従って企業を
動かすことを補佐する機能がある。事業ポートフォリオを構成する事業間に，資
金や資源をどのように配分していくか決めるためには，個々の事業の現状と展望
が客観的に把握されなければならない。また，それぞれの事業の課題が明確化さ
れなければならない。経営企画や財務といった機能を担う本社部門は，こうした
情報が収集・分析される組織的な仕組みをつくり，運営することで，トップが意
思決定するためのインプットを提供する。経営計画や予算の策定の中心となり，
戦略に従って企業が動いていくための道筋を示すことも，これら部門の重要な役
割である。

本社部門は，計画をつくるだけでなく，その実現のために主導的な役割を果た
すこともある。新事業への参入や既存の事業からの撤退は，全体を俯瞰する立場
から決められ，実行される必要があるため，本社部門の役割がとくに大きくなる。

---

[6] 以下の区分は，Chandler（1991），Collis and Montgomery（1998a），加護野ほか（2006），
Campbell *et al.*（2014），Menz *et al.*（2015），Ambos and Mueller-Stewens（2016），上野
（2011）などを参照している。

本社部門は，これらの意思決定をトップが行うことを支援するとともに，組織的な調整を担うことで実現のための先導役となる。

COLUMN 8-❹　スリムな本社部門は望ましいか

　企業組織の望ましい姿として，しばしば，本社部門がスリムである（小さい）ことがあげられる。コストセンターである本社部門は，規模が大きくなるほど人件費などの費用を大きく発生させ，利益を押し下げる要因となる。本社部門が大きくなることで組織の意思決定や管理のプロセスが複雑化し，活動の迅速さや柔軟性を損なう可能性もある。だが，本節で見るように，本社部門には事業部門には果たせない固有の役割がある。多角化企業を扇にたとえるならば，事業は扇の骨であり，本社部門は全体を束ねる要である。個々の骨（事業）の強さを決めるのが競争優位であり，その実現を事業部門の役割とすれば，本社部門の役割は，全体を1つに束ねることで部分の単純和以上の力（価値）を生み出す企業優位を実現することである。この役割を果たすためには，スリムな本社部門が望ましいとは常にはいえない。

　日本企業の組織の重要な特徴は，本社部門が大きいことである。下表は，Collis *et al.*（2007）が行った国際比較研究に基づき，日米欧の大企業で本社部門が組織全体に占めるウェイトを比較したものである。従業員1000人当たりの本社部門スタッフ数の平均は，38.9人と日本企業で最も多くなっており，最少のイギリス企業の4倍近い。だが，これは日本企業の本社部門が同じ仕事をこなすのに，イギリス企業の4倍の人員を要することを意味しているわけではない。日本企業の本社部門のもう1つの重要な特徴は，多機能であることだからである。表が示しているように，日本企業の本社部門には，総務や経理といった基本的な機能だけでなく，研究開発やマーケティングといった，他国では一般に事業部門にだけ置かれる機能も配置されていることが多い。こうした多機能性は，日本企業の組織が，第**9**章で見る協力的組織としての性格を持つ傾向があることの反映である。

表　日米欧企業の本社部門の規模と機能の比較

		日 本	アメリカ	イギリス	フランス	ドイツ
本社部門従業員数/1000 人（平均）		38.9 人	15.9 人	9.8 人	10.0 人	17.6 人
本社機能 （企業割合）	全社マネジメント	99 %	95 %	93 %	100 %	90 %
	法 務	95 %	100 %	100 %	89 %	88 %
	経 理	100 %	100 %	97 %	87 %	87 %
	人 事	100 %	86 %	81 %	87 %	79 %
	購 買	71 %	73 %	32 %	45 %	52 %
	研究開発	68 %	40 %	27 %	39 %	33 %
	マーケティング・販売	67 %	58 %	32 %	45 %	37 %

（出所）　Collis *et al.*（2007）より筆者作成。

　不必要な肥大化は望ましくないという意味で，本社部門がスリムであるべきことはいうまでもない。だが，本社部門の適正規模は，企業が戦略として何を目指しているのか，それを実現するために組織全体はいかにあるべきかで大きく変わる。部門の規模だけを取り出して良し悪しを論じることに意味はない。

(3)　資源の守護者

　本社部門には，事業間で共用され，シナジーの基礎となる資源を見定め，全社的な見地からの活用と蓄積を促すとともに，資源の価値を保全する守護者（ガーディアン）としての役割がある。事業部門は，ある事業に集中して活動しているために，自らの資源の活用機会を他の事業に見出したり，自部門における他部門の資源の活用可能性に気づいたりする力は限られる。そうした発見がなされても，共用の仕組みを事業部門間だけでつくり，運営していくことは難しい。本社部門は，社内のさまざまな事業に存在する資源を把握し，企業全体を俯瞰する立場から，それらの活用機会を探るとともに，共用のための組織的な仕組みをつくり，必要な調整を行う役割を担う。

　企業のコアコンピタンスといえる資源では，本社部門のこうした役割が，とりわけ重要になる。本社部門は，そうした中核的な資源が何であり，企業内のどこに存在しているのかを把握するとともに，その蓄積と活用が全社的に最適な形でなされるよう，事業へと働きかける。本社部門自らが，資源の開発と蓄積を進める場であるコンピタンスセンター（competence center）となることもある。製造業企業でしばしば見られる，中央研究所や本社研究所といった拠点は，コンピタンスセンターの一例である。特定の事業には属しないこれらの拠点は，多くの事業での活用が期待される基盤的な技術の開発を，おもな役割とすることが多い（COLUMN 8-**❺**）。

　資源が事業の競争優位に寄与するためには，競合による模倣で希少性が失われてはならない（第**2**章）。特許や意匠権などの知的財産保護の仕組みは，そうした事態を防ぐ重要な手段となる。本社部門は，これら制度にかかわる知識や経験を蓄積し，事業による利用をサポートする。特許権の侵害など他企業との問題が生じた場合には，企業を代表して問題の解決にあたる。クロスライセンス契約などにより，企業が他社と資源の相互利用を行う場合にも，窓口として交渉と枠組み整備の役割を担う。こうした知的財産の保護と活用にかかわる本社部門の機能は，近年重要性が増しているため，専門部署として組織する企業が多くある。[7]

COLUMN 8-❺ **持株会社の研究開発部門**

　事業会社の株式を保有することでその活動をコントロールする，持株会社の組織は，企業（グループ）全体に比べて非常に小さなものになりやすい（COLUMN 4-❸）。持株会社の組織は，企業全体の方向づけと管理のための本社部門のみからなり，事業を直接に担う部門を持たないためである。セブン＆アイ・ホールディングスの例で見ると，同社の連結従業員数は 6 万人近く，臨時従業員も含めれば 13 万人を超えるのに対し，持株会社の従業員数は 800 人程度に過ぎない（2021 年 2 月現在）。だが，中には比較的多くの従業員を抱える持株会社もある。

　そうした大きな持株会社ができる 1 つの理由は，持株会社の中に研究開発部門が設置され，従業員の多くを研究開発スタッフが占めている場合があるからである。下図は，固定電話サービスを手がける東西 NTT や，携帯電話事業の NTT ドコモ，データ通信事業の NTT データなど，多くの子会社を束ねる持株会社である NTT（日本電信電話株式会社）の組織を見たものである。経営企画や財務などの標準的な本社機能

図　NTT（持株会社）の組織構造

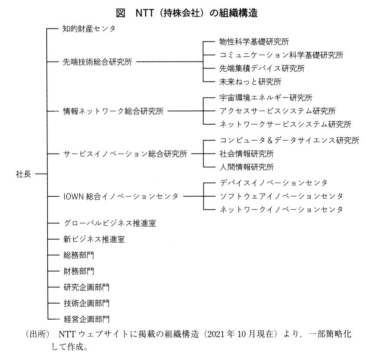

（出所）　NTT ウェブサイトに掲載の組織構造（2021 年 10 月現在）より，一部簡略化して作成。

● 7　キヤノンの知的財産法務本部は，よく知られた例である。同社での経験を踏まえた，知的財産戦略の詳しい解説としては，丸島（2011）を参照のこと。

に加えて，多くの研究所が持株会社内部に設置されていることがわかるであろう。

　事業を自ら手がけない持株会社が，このように研究開発機能を持つ理由は，全社的に活用される技術を生み出すコンピタンスセンターは事業会社の中には配置しにくいためである。そうした部門を特定の事業に帰属させた場合，いくつかの問題が生じる。第1に，事業は他の事業の技術ニーズについて限られた情報しか持たないため，研究開発が偏ったものになる懸念がある。第2に，研究開発の便益は多くの事業によって享受されるにもかかわらず，費用の負担は当該事業に集中するため，技術への投資が全社的な見地からは過少になる可能性がある。第3に，基礎的な技術の開発は長期でのリスクを伴うため，短期の利益への責任を負う部門では負担しにくい。これらの問題を回避するためには，全社的に活用できる技術への投資は，事業部門ではなく本社部門が担うことが，1つの解となる。持株会社を中核とする企業グループの場合，それは持株会社の中に研究開発部門を設置するという構造を意味するのである。

(4)　事業のガバナンス

　本社部門には，事業部門の活動を監視（モニター）し，統制（コントロール）する役割もある。事業が活動していく上では，企業の一部として従うべき社内的ルールと，すべての企業が従うべき社会的ルールがある。前者は，社内における活動の状況を正確・迅速に把握しコントロールするための管理会計や，外部との契約や取引の実行にかかわる諸規則，従業員の処遇や管理など組織運営上のルールなどである。後者は，法律や規制，社会が企業に期待する行動規範などである。事業部制組織は分権性の高い構造であるために，事業部門でこれらルールからの逸脱が生じたとしても，部門外からは把握しにくい。また，そうであるがゆえに逸脱が生じやすくなる。内部統制や監査といわれる本社機能は，部門やグループ会社の活動をモニターすることで逸脱を防止するとともに，問題を早期に発見し，修正する役割を果たす。

Column 8-❻　現場の本社部門

　事業部門が本社部門にしばしば抱く不満に，「現場（事業）のことも知らないのに，あれこれ口出しする」というものがある。本社部門から見ると，これには不合理な面がある。本社部門が現場について持つ知識が限られるのは，企業全体を俯瞰できるように，特定の事業からは距離を置いてつくられているためである。特定の事業にべったりであれば，本社部門はその役割を果たせない。だが，本社部門の活動のすべてが，事業から離れたところで行われるわけではない。活動のある部分は，事業の現場において，事業部門とともに行われることがある。とくに経理や人事など，すべての事業

が必要とする基盤的な機能では，事業を効果的にサポートできるように本社部門の人員が事業部門に配置され，そこで働いていることは珍しくない。

　そうした「現場の本社部門社員」は，事業と本社部門の接点として，企業運営で重要な役割を担うことがある。よく知られた例としては，パナソニック（旧・松下電器）の経理社員制度がある（下谷，1998）。この制度では，事業が円滑に活動できるようサポートするために，経理部門の人員が事業部門に配置され，事業の経理業務をその現場で遂行する。だが，組織的に見れば，この社員はあくまで経理部門の人員であり，事業部門長は自部門に配置された経理社員への指揮権を持たない。これは，経理社員が事業を補佐する助っ人であるとともに，全社的な見地から事業の活動が適切になされているか見守り，必要であれば介入するお目付け役でもあるためである。経理社員が事業の指揮系統に属してしまえば，上司である事業部門長に物申すことは難しくなる。仕事の机がどこにあるかに関係なく，本社部門のスタッフが事業と同じ視点でのみ働くならば，本社部門の役割は果たせないということである。

(5)　全社的活動の運営・支援

　本社部門には，事業横断的な活動を企画・運営する「マネージャー」と，その活動を支える「スポンサー」の役割もある。たとえば，いくつかの事業に分散している資源の組み合わせから新しい事業をつくろうとするならば，それら部門の人員が参加するプロジェクトチームが必要になる。本社部門は，各部門からの参加メンバーを指名するか，選定を委託するなどして，チームを組成する。チームの活動においても，本社部門は，メンバー間の情報共有や活動の調整を助けたり，司令塔として活動を直接に方向づけたりすることで，プロジェクトを進行させる。

　本社部門には，特定の事業に属さないプロジェクトの後ろ盾として活動に必要な資金を提供し，財務的に支援する役割もある。たとえば，多くの企業が新事業の創出のために用いている社内ベンチャー（internal corporate ventures）制度においては，本社部門がプロジェクトへの資金提供者となるとともに，「投資家」としてプロジェクトの成果を評価し，活動の継続と事業化の是非を判断する役割を担う。

　多角化企業の本社部門が一般に果たす，これらの役割の相対的な重要性は，企業がいかなる事業ポートフォリオを持ち，事業間にどのようなシナジーを生み出そうとしているのかによって変わる。すなわち，本社部門の役割には，企業戦略が色濃く反映される。この点については，第**9**章でより詳しく検討する。

6　事業部制組織の類型

　このように，事業部制組織の構成要素である事業部門と本社部門の形や役割には多様性があるため，それらの組み合わせである組織の成り立ちにも大きなバリエーションが生じる。**図 8-3** は，事業部制組織の代表的な形を，簡略にまとめたものである。最もシンプルな構造は，すべての事業を同じ会社の内部部門として組織する，(a)の組織である。この構造では，すべての事業の指揮系統が経営者に直接つながっているため，トップマネジメントによる事業への介入や事業間の調整が行いやすい。また，事業間に法人格の違いによる壁がないために，資源の移動や共用が行いやすい。一方で，すべての事業が同じ会社の一部であるため，事業間で管理や組織を差異化できる程度には限りがある。これらの特徴ゆえに，この構造は比較的少数の関連性の高い事業からなり，凝集性の高い事業ポートフォリオを持つ企業に向いている。

　第**6**章で取り上げた大気社は，こうした組織を持つ企業の例である（**図 8-4**）。同社の主要事業は，ビルや産業施設の空調システムと，自動車工場をおもな顧客とする塗装システムに大別されるが，前者事業が環境システム事業部，後者が塗装システム事業部として，会社内部に配置され，それぞれの事業部の内部は職能別の組織として，つくられている。大気社は海外拠点など多くの子会社も持つが，事業の中心を担うのは，これら親会社内部の事業部門である。

　図 8-3(b)は，親会社が１つの事業（通常はコア事業）に集中し，他の事業は子会社として組織される構造を示している。この場合，親会社のみを見れば専業企業であり，その内部は職能別組織である。だが，グループ全体として見れば，事業を単位とする分業がグループ会社間でなされる事業部制組織といえる。また，親会社の本社部門には，親会社が直接に手がける事業だけではなく，グループ全体を統括するグループ本部としての役割が付け加えられる。[8]この構造の重要な特徴は，指揮系統の連続性が，事業により異なることである。すなわち，親会社の事業の指揮系統がグループトップに直接つながるのに対し，子会社事業のそれはつながっていない。後者の事業へのトップの関与は，子会社マネジメントを介し

---

[8]　事業部制組織をグループ構造によりつくる場合の本社部門と事業部門（子会社）の役割については，山田・上杉（2016）が実務的な見地から詳しく議論している。

図 8-3 ■ 事業部制組織のバリエーション

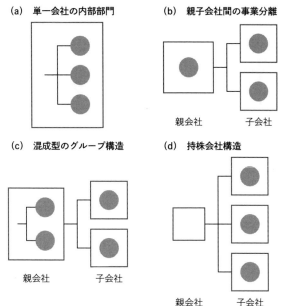

(a) 単一会社の内部部門

(b) 親子会社間の事業分離

親会社　　　子会社

(c) 混成型のグループ構造

(d) 持株会社構造

親会社　　　子会社

親会社　　　子会社

図 8-4 ■ 大気社の組織構造

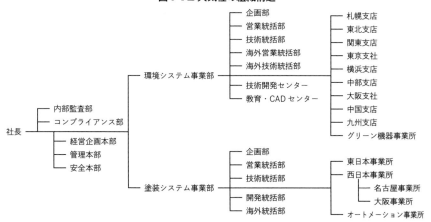

（出所）　大気社ウェブサイトに掲載の組織構造（2021 年 10 月現在）より，一部簡略化して作成。

た間接的なものになる。ゆえに，この構造は活動へのコントロールや権限委譲の
程度を事業間で差異化することに適している。[9]

図 8-5 ■ JR 東日本の組織構造

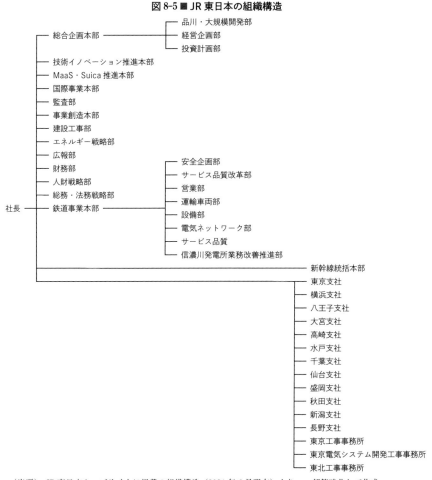

（出所）　JR 東日本ウェブサイトに掲載の組織構造（2021 年 6 月現在）より，一部簡略化して作成。

　JR 東日本（東日本旅客鉄道株式会社）は，こうしたグループ構造により事業の多角化を行っている企業の例である。同社は主力事業である鉄道に加えて，ショッピングセンター，オフィス，ホテルなど，多くの事業に多角化している。だが，

●9　たとえば，企業が従来の事業で蓄積されてきた資源を活用しつつ，新事業のための資源の探索を進めなければならない場合，前者の活動は親会社内部で集権的に管理するとともに，後者は活動の自由度を高めるために子会社に組織し，分権的に管理することが考えられる（第**2**章脚注7）。

図8-6 ■ 日立製作所のグループ構造

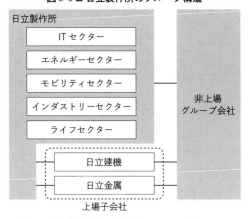

(注) 日立製作所本体の内部構造は，図8-7を参照。
(出所) 日立製作所有価証券報告書（2021年3月期）より作成。

これら事業の多くは子会社に組織されており，親会社であるJR東日本は鉄道事業に集中している。このため，同社本体の組織は，鉄道事業のための機能部門にグループとしての本社機能が加えられた，**図8-5**のような構造になっている。

図8-3(a)のような構造で多角化を進めていても，事業の数が増えるにつれて，一部の事業が子会社化されることは珍しくない。反対に，子会社としてつくられていた事業が，テコ入れや他事業との連携を強めるために親会社に吸収され，内部部門に改編されることもある。このため，事業の多角化が進むにつれて，企業の組織は，内部部門である事業と子会社の事業が混在する，**図8-3(c)**のような構造になることが多い。とりわけ，事業領域が多岐にわたるためSBUにより組織を多層化している企業では，SBUと個々の事業の双方のレベルで組織形態が変わりうるため，構造が複雑になりやすい。

日立製作所は，そうした組織を持つ企業である。同社の組織構造は，大規模な多角化企業の組織の好例であるので，少し詳しく見てみよう。事業セグメントで見ると，日立の事業ポートフォリオは大きく8つの領域に分けられる（2021年3月現在）。そのうちの2領域は，**第4章**で取り上げた日立建機の建設機械事業など，上場子会社が統括している事業であり，6つは日立製作所本体が統括する事業である。後者のうち「その他」を除く5セグメントは，セクターと呼ばれる5つの部門にそれぞれ対応している。**図8-6**は，日立のグループとしての全体構造

図 8-7 ■ 日立製作所の組織構造

（出所）　日立製作所ウェブサイトに掲載の組織構造（2021 年 10 月現在）より，一部簡略化して作成。

図 8-8 ■ 日清紡ホールディングスのグループ構造

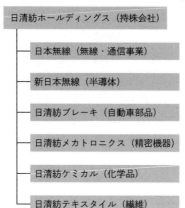

（注）　2020 年 12 月現在の事業ごとの主要
子会社のみを示してある。
（出所）　日清紡ホールディングス統合報
告書（2020 年 12 月期）より作成。

を図示したものである。

　日立製作所本体の内部は，**図 8-7** のような部門構造で組織されている。左側に
「グループ・コーポレート」として描かれている多くの部門は，グループ全体を
支える本社部門である。事業組織であるセクターは右側に描かれている。セクタ
ーは，傘下に複数の事業を持つ SBU である。セクター内部の部門として組織
されている事業は，ビジネスユニットと呼ばれ，図にも描かれている。セクターの
傘下には子会社化された事業を含むが，それらは図には表れない。たとえば，ラ
イフセクターはビジネスユニットを持たないが，傘下には子会社の日立グローバ
ルライフソリューションズが手がける家電製品事業と，同じく子会社である日立
ハイテクが手がける計測分析システム事業および半導体製造・検査装置事業があ
る。ビジネスユニットや事業子会社が複数の事業へと展開していることも珍しく
ない。たとえば，日立グローバルライフソリューションズの主要製品は，冷蔵
庫・洗濯機などの白物家電，美容家電，エアコン，照明器具などであり，それ自
体が総合家電企業ともいえる事業の広がりを持つ。

　日立の例が示すように，事業が増えるにつれて，多角化企業の組織は部門と子
会社が重層的に組み合わさった複雑な構造になりやすい。複雑さを軽減する 1 つ
の方法は，すべての事業を子会社化し，親会社は持株会社として企業（グループ）

全体の運営に徹することである（図 8-3(d)）。この構造では，すべての事業の指揮系統が子会社内部で完結し，親会社とは直接につながらない。このため，持株会社によるグループ構造は，事業部制組織のバリエーションの中でも最も分権度が高く，事業が自律的に活動しやすい構造となる。他方で，この構造では事業の間に法人格の違いによる会社の壁ができるため，事業間の連携が図りにくくなる。

　こうした構造を持つ多角化企業の例として，日清紡があげられる。同社は，カネボウ（Column 7-❽）と同様に，綿紡績業を祖業とする事業会社であったが，繊維産業の成熟化に対応して早くから事業の多角化を進め，現在は自動車ブレーキ（摩擦材）事業や無線・通信機事業などを主要事業としている。2009 年にはすべての事業を分社化し，持株会社へと移行した。現在のグループ構造は図 8-8 のようになっており，主要事業のすべてが独自な法人格を持つ別々の事業会社として，持株会社である日清紡ホールディングスの傘下で活動している。

　このように，一言で事業部制組織といっても，その成り立ちには大きなバリエーションがある。多角化した企業の組織デザインは，おびただしい可能性の中からどのような形を 1 つだけ選び取るかという難しい選択になる。そこで，次の第**9**章では，この選択について検討することにする。

多角化企業の組織デザイン

1 事業ポートフォリオと組織構造

　組織は，企業が戦略を実行する（戦略に従って活動する）ための手段である。ゆえに，多角化企業の組織デザインの出発点は，企業がいかなる事業ポートフォリオを持ち，事業間にどのようなシナジーを生み出そうとしているのかという，企業戦略である。これらの方針があることで，望ましい組織の姿が決まってくる。第**6**章で見たように，事業ポートフォリオには，事業の数や比重（ウェイト）といった量的な性格と，凝集性（事業同士のつながり）という質的な性格があり，双方が組織構造に影響する。

　たとえば，企業が持つ事業の数が増えるほど，部門やグループ会社が階層的に組み合わさった構造が必要になりやすい。とくに，複雑な調整ニーズを持つ事業が多く存在すると，それらがフラットに並ぶ構造ではトップマネジメントに過大な調整負荷が生じるため，SBU により事業をグループ化し，グループ内の調整は SBU 長に委ねることが企業全体の円滑な運営につながる。事業間の規模の違いも，望ましい構造を変化させる要因となる。すべての事業が似たようなウェイトであれば，トップがそれらを等距離で俯瞰できるよう，事業の組織的な位置づけも類似した構造が採用されやすい。対するに，ウェイトが事業間で大きく異なる場合には，企業全体の業績に強く影響する事業を親会社の内部に配置し，他の事業は子会社にするなど，事業の組織的な位置づけを差異化した構造が用いられることも多くなる（Column 9-❶）。

　こうした量的な性格にもまして，事業ポートフォリオの質的な性格は，多角化

企業の組織デザインに重要な意味を持つ。企業がどのようなシナジーを生み出すことができるかは，事業ポートフォリオの凝集性に依存する。凝集性の低いコングロマリット型の企業であれば，多角化の合理性は財務シナジーを生み出す力にのみ依存している。したがって，その組織構造は，内部資本市場を効率的に機能させるものでなければならない。反対に，凝集性の高いポートフォリオを持つ企業では，事業シナジーを生み出す力をいかに高めるかが課題となる。これら2つのシナジーはまったく異なるメカニズムで生まれるため，必要とされる組織も同じではない。そこで以下では，事業シナジーと財務シナジーのそれぞれに適した組織について考えてみよう。

COLUMN 9-❶　経営者の事業への関与

　事業部制組織の企業の経営者は，事業にかかわる権限を事業部門長に委ねることができる。だが，その裏返しとして事業部門長が負う責任はあくまで内部的なものであり，株主など社外のステークホルダーに対して事業成果への責任を最終的に負っているのは経営者である。この責任を果たすため，経営者は必要に応じて自らが事業に介入しやすい構造を望むかもしれない。だが，多くの事業を持つ企業では，すべての事業に経営者が同じように関与することは難しい。事業間にメリハリをつけ，関与の必要性が高い事業を指揮系統上で経営者の近くに配置することが，現実的な選択となる。事業を親会社と子会社で分ける構造は，その一例である。

　そうした構造において，経営者の近くに置かれるべきは，企業にとっての重要性の高い事業である。だが，重要性の捉え方次第で企業の選択は変わる。この点で，JR東日本と東急には興味深い違いがある。この2社は同じ「鉄道会社」として，鉄道事業を中心としながらも，不動産や流通などの分野に多角化してきた企業である。第**8**章で紹介したように，JR東日本では，鉄道事業がグループの中核である東日本旅客鉄道株式会社の中に配置されており，他の事業はおもに子会社によって担われている。これは，鉄道会社では一般的な構造であり，東急もかつては同様の構造を持っていた。だが，同社は2019年に鉄道事業を分社し，本体である東急株式会社（東京急行電鉄株式会社から社名変更）には不動産事業が配置される構造へと移行した。

　鉄道会社で，鉄道事業の指揮系統が経営者に直接つながる構造がつくられることが多いのは，この事業が収益の基盤であるだけでなく，社会インフラとしての責任を負っていることが，おもな理由であろう。一方，鉄道は成長性という点では成熟事業であり，鉄道会社の事業ポートフォリオにおいてはキャッシュカウに位置づけられる存在である。企業としての成長を重視するのであれば，鉄道の生み出す資金を投じる先である事業を経営者の近くに配置し，強化していくべきという考え方も成り立つ。東

急は，本社が所在する渋谷駅周辺の大規模開発など不動産事業を強化しているため，安定性の高い鉄道事業は子会社に委ね，本体は戦略事業である不動産の強化に取り組むという選択がなされたものと考えられる。「構造は戦略に従う」のである。

図　JR 東日本と東急のグループ構造の違い

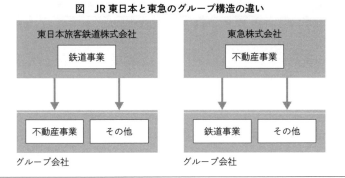

2　事業シナジーのための組織

　事業シナジーは，資源を共用する事業間の協力により生まれる。ゆえに，事業シナジーを強く生み出すためには，事業間で協力を行いやすい構造をつくる必要がある。ここでの「協力」とは，事業同士の自主的な取り組みだけではなく，トップや本社部門の指示で進められる協働も含む。こうした協力を進めやすい組織を，協力的組織（cooperative organization）と呼ぶ[1]。事業部制組織は，事業を部門に分けるがゆえに，事業の間に部門の壁（グループ構造では会社の壁）ができる。この壁は協力への障害となる。ゆえに，事業シナジーを生み出すための組織デザインの課題は，異なる指揮系統（「タテ糸」）に属する事業同士が協力しやすいように，「ヨコ糸」となる仕組みをつくることである。そうした仕組みには，組織構造には影響せず，その働きを補完するものと，構造の一部として埋め込まれ，組織の成り立ちに変容をもたらすものがある。

<small>COLUMN 9-❷　ワン○○○</small>
　大型コンピュータの標準として大きな市場シェアを誇ったアメリカの IBM は，パソコンの登場によるコンピュータの小型化やネットワーク化の波にうまく適応できず，

●1　以下に検討する協力的組織と競争的組織の概念は，Hill *et al.*（1992）によって提起されたものである。

1990年にアメリカ企業として最大規模の赤字に陥った。当時のコンピュータ産業では，半導体のインテルやソフトウェアのマイクロソフトに代表されるように，事業領域が狭く専門性の高い企業が隆盛を極めており，IBMのように多くの事業に多角化した「巨象」が，高い俊敏性を持つそうした企業に対抗することは難しいと考えられていた。このため，同社の再建にはある程度の解体が不可避であるとの見方が一般的であった。

　だが，危機への対応のためIBMのCEOとしてはじめて外部から登用されたルイス・ガースナーは，異なる考えを抱くようになる。顧客が求めているのは，同社の解体により多くの領域で専業企業が1社増えることではなく，さまざまなハードウェアやソフトウェア，サービスを統合し，顧客の課題を効果的に解決していく総合力を持つ企業である。そうした存在こそIBMが目指すべき姿であると考えたガースナーは，多くの事業の協働から価値を創造する「ワン（one）IBM」実現のため，分断され，硬直化していた組織に大ナタを振るい，劇的な再建へと導いていった。この経緯については，ガースナーの回顧録である『巨象も踊る』に詳しい（Gerstner, 2002）。

　多角化した企業が，バラバラな事業の寄せ集めではなく，企業として一体的に価値を生み出そうとするとき，IBMのように「ワン〇〇〇」というスローガンを掲げることは多い。1つの企業であるという自明の事実があえて強調されなければならないのは，企業が協力可能な事業を持つことと，それら事業間で協力が行われることは，まったく別の問題であるからである。IBMの経験が示すように，協力が可能であるためには，そのための構造と仕組みを意識的につくることが必要になる。

2.1　構造を補完する仕組み

　組織構造は組織の骨格として，その働きを強く規定する。だが，組織の働きは構造だけで決まるわけではない（第**3**章）。事業部制組織に構造的に備わっている協力への障害（事業間の組織的な壁）の影響を軽減する1つの方法は，非構造的な手段によって事業間の協力を進めやすくすることである。

（1）人材の交流と異動

　多くの資源は，知識や技能として人に体化されている。そうした資源を事業間で共用するためには，事業をまたぐ従業員の交流や異動が必要である。だが，貴重な人材を他部門と共用したり，手放すことは，事業にとっては費用になる（第**6**章）。このため，事業は人材を内部に囲い込むインセンティブを持つ。その結果として，人材と資源が事業に固定され，共用されないことを避けるためには，

本社部門が企業内の人材を把握するとともに，その配置と活用への影響力や決定権を持つ必要がある。

　ヒトを介した資源の共用は，人材の再配置に出向や転籍の手続きが必要な別法人格の事業間で，とくに難しくなりやすい。従業員の採用と管理がグループ会社ごとにバラバラに行われると，企業内の人材を本社部門が把握することも難しくなる。このため，グループ構造の企業では，全社的な人材活用のための仕組みづくりが，とりわけ重要になる。たとえば，日立製作所では，国内外のグループ各社の従業員の経験と専門性をデータベース化し，グループ全体の本社（コーポレート）部門である人財統括本部（**図8-7**）で管理する体制がつくられている。

(2) 横断的組織

　資源の共用が事業間での活動の調整を必要とするならば，それを円滑化させるための仕組みがあることが望ましい。最も緩やかな仕組みは，複数事業のメンバーからなる委員会やチームで情報の共有や意見交換を行うことで，それぞれの事業が他の事業の状況や全社的な課題を理解し，自らの活動に反映できるようにすることである。すなわち，横断的組織の活用である。たとえば，事業間でマーケティング活動の方向性を揃える必要があるならば，**図9-1**の①「マーケティング委員会」のように，各事業の代表者からなる横断的組織を設置することで，調整が進めやすくなる。

　部門からは独立につくられる横断的組織のメリットは，部門の組み合わせとしての組織の骨格に影響しないため，必要に応じた柔軟な設置ができることである。常設の委員会としてつくることもできれば，一時的なニーズに対応するためのアドホックなチームとすることもできる。デメリットは，調整力に限りがあることである。トップマネジメントが主催する委員会や，トップからの権限委譲がチームリーダーに明確になされている場合を除き，横断的組織は異なる指揮系統に属するメンバーの対等な関係を基本とする。したがって，ある部門が調整に応じることを拒んだとしても，それを罰し，強制する力は，横断的組織には備わっていない。

2.2 構造の修正

　組織の構造ゆえに協力を進めにくいのであれば，構造自体を修正し，ヨコ糸となる要素を組織に埋め込むことで，協力を促進できる。この修正には，事業部制組織の骨格は変えずに付加的な要素を加える軽微なものから，骨格のつくり替え

図 9-1 ■ 横断的組織と本社調整部門の例

ともいえる大がかりなものまで，幅広いバリエーションがある。

（1）本社調整部門

　ある機能領域で事業間の協力の必要性が恒常的に存在するならば，調整や情報の共有を促すための専門部署を，本社部門として設置することが選択肢になる。**図 9-1** の②は，そうした本社調整部門である「営業本部」が，販売（営業）活動の領域で置かれている例を示している。複数の事業が同じ顧客を共有しているならば，ある事業の営業機能が持つ顧客情報は，他の事業にとっても有用である。そうした情報を蓄積し，必要とする事業にタイムリーに提供しようとするならば，その役割は，全社的な見地から活動する本社部門が担うことが望ましい。顧客への共同提案など事業が協働するための調整役としても，こうした中立的な部門が適している。

　横断的組織とは異なり，本社調整部門は，組織構造に明確に位置づけられた部門である。特定の事業に属することなく全体を俯瞰する立場の専門スタッフがいることで，本社調整部門の調整力は横断的組織よりも一般に強くなる。もっとも，こうした部門が設置されたとしても，事業の活動全般への責任と権限を事業部門が持つことに変わりはない。本社調整部門の役割はあくまでも事業の補助であり，活動の指針を示し，助言することはできても，指揮することはできない。横断的組織と同様に本社調整部門が持つのは協力を促す力であり，強制する力ではない。

（2）マトリックス組織

　図 9-1 では，事業のすべての活動に実線でつながる（指揮権を持つ）のは事業

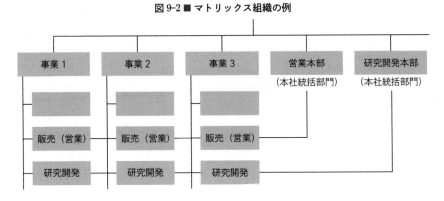

図 9-2 ■ マトリックス組織の例

部門長であり，本社調整部門のマネージャーは破線ベースのつながりを持つ（間接的に関与する）に過ぎない[2]。ここで，事業部門長の権限はそのままに，本社部門長に事業横断的な統括権限を与えたとしよう（**図 9-2**）。この場合，担当する機能領域におけるある事業の活動が，企業全体にとって望ましい形になっていないと考えるならば，本社部門長はその事業に介入し，活動の修正を命じることができる。ゆえに，本社部門の調整力は大幅に強くなる。こうした構造は，タテ（事業部門）とヨコ（本社部門）という 2 つ指揮系統の上に 1 つの活動が同時に位置づけられるため，マトリックス組織（matrix organization）と呼ばれる[3]。マトリックス構造は，事業のすべての機能についても，**図 9-2** のように，一部の機能（販売と研究開発）についてのみつくることもできる。

　一般的な組織構造では，1 つの活動は 1 つの指揮系統にのみ属している。2 人のマネージャーが同じ活動への指揮権を持つマトリックス組織は，この点で特殊な構造である。この特徴ゆえに，マトリックス組織は，事業部門による自律的な事業運営と，本社部門の調整が生むシナジーを，バランスよく実現できる可能性がある。だが，固有の問題もある。事業の従業員が事業部門長と本社部門長から矛盾する指示を受けたとすると，従業員は板挟みとなり，どちらの指示に従って

●2　組織チャートで 2 つの部門を結ぶ実線は，指揮系統（レポートライン）を一般に表しており，それら部門のマネージャー間に上司・部下の関係があることを示す。対するに，部門同士が破線によって結ばれている際には，一方から他方への情報提供やアドバイスが公式な役割とされているものの，指揮・報告関係にはないことを示す場合が多い。

●3　マトリックス組織は，事業と機能だけでなく，事業と市場（地域）など他の基準の組み合わせでもつくることができる。また，事業・市場・機能など 3 つ以上の基準を組み合わせた，さらに複雑な構造をつくることもできる（Galbraith, 2012）。

動くこともできなくなる。そうした事態が多発すると，企業の活動は停滞し，事業にとっての最適も企業にとっての最適も実現できなくなる。こうした「共倒れ」を避けるためには，指揮系統間で意思の疎通が十分に図られるとともに，意思決定や活動の領域に応じた分業（どのような問題で，どちらの指揮系統が優先されるかの明確化），衝突が生じた際の解決ルールの制定など，運用のための工夫を十分にこらすことが必要となる。

　花王は，マトリックス構造を取り入れた組織を持つ企業の例である。同社はビジネスユニット（事業）と機能ユニット（企業）という2つの指揮系統の交差により研究開発活動を組織しており，ある事業で生まれた技術を，速やかに他の事業と共用し，活用できるようにしている。また，製品に直結する応用的な「商品開発研究」は事業が主導し，全社的な広がりを持つ「基盤技術研究」については研究開発部門（本社部門）が主導するなどの，役割分担を行っている。

COLUMN 9-❸　協力的組織の非構造的側面

　組織構造は，分業と調整のシステムとしての企業組織の骨格である。だが，第**3**章で見たように，構造だけが組織の働きを規定するわけではない。協力的組織がシナジーを効果的に生み出すことができるためには，事業活動を担うマネージャーや従業員が部門の壁を越えた協力への意欲を持つとともに，事業間のコミュニケーションが円滑にできなければならない。これらの条件が満たされなければ，どれほど精緻な構造をつくったとしても，事業間の協働はうまくなしえない。協力的組織の働きは，組織の非構造的な要因が事業間の協力を促すものになっているかにも依存する。

　個人の活動への意欲（モチベーション）は，その人の内部から生じてくる内発的欲求（intrinsic motivation）と，外部から与えられる外発的欲求（extrinsic motivation）からなる。自らが帰属すると考える集団に貢献する欲求は，前者の例である。したがって，協力への意欲を高めるためには，事業部門のメンバーが，自らの事業だけでなく，企業全体への帰属意識を持つことが望ましい。そうした意識を育てるためには，企業が重視する価値観の共有や，事業をまたぐ教育・研修プログラムの実施，従業員のローテーションなどの施策が有効になる。これらの取り組みには，マネージャーや従業員の人的なつながりである非公式組織を部門の壁を越えて成長させ，事業間のコミュニケーションを円滑にする働きもある。

　給与や賞与などの金銭的報酬や昇進によって高められる意欲は，外発的欲求の例である。事業と企業にとっての最適に違いがある場合，全体最適のために他事業と協力することは，事業に犠牲を強いる。報酬の決定や人事考課における事業部門長の評価が，事業単体での成果だけに基づくならば，部門長はそうした犠牲を受け入れない。

したがって，協力的組織における事業の評価は，他の事業や企業全体への貢献を考慮する必要がある。協力はすぐに目に見える成果として表れるとは限らないため，協力の行動自体を評価の対象とする必要もある。ただし，報酬が自部門の業績に依存する度合いが低ければ，事業部門長は業績向上のための努力を怠る可能性がある。また，行動の評価には，恣意性や曖昧性の問題が生じやすい。したがって，協力のための事業の動機づけは，モラルハザードの防止や客観性の確保とのバランスでなされる必要がある。

(3) 部分事業部制

マトリックス組織の複雑さを避けつつも，本社部門による調整を強力に進めようとするならば，対象となる活動を事業の指揮系統から外し，企業として集約することが選択肢になる。すなわち，事業のバリューチェーンを，事業部門内の機能と部門外に配置された機能の組み合わせとしてつくり，後者の活動は専門の機能部門（本社機能部門）が担うことで，全体最適を実現するのである。このように，本社部門が事業活動の当事者としての役割を担う場合，その程度によって組織の姿は大きく変わる。

ある機能領域で，全社的な重要性を持つ一部の活動だけを企業として集約する場合を考えてみよう。すでに見たように，研究開発では，そうした集約が珍しくない。多くの事業で用いられる技術は本社部門のコンピタンスセンターが担い，事業に固有な技術の研究は事業部門の拠点で行うという分業である。購買もまた，本社部門での集約が行いやすい機能である。パナソニックは，多くの事業が共通して使用する部材の調達を，本社部門であるグローバル調達社に集約している。

こうした部分的な集約は，事業部門の姿を大きく変えることはない。だが，ある機能を丸ごと事業部門の外に配置するならば，変化は大きなものになる。**図9-3** は，化学分野を中心に多くの事業を持つ，東レの組織構造を示したものである。同社の事業部門は，SBU である事業本部のもとに設置されているが，購買（「購買・物流部門」）や研究開発（「研究本部」）だけでなく，製造業の中心的な機能である生産も，多くの事業で事業本部の外にある「生産本部」にまとめられている。すなわち，同社の事業部門には，販売などのフロントエンド機能に特化しているものが多くある。バックエンドの活動は事業部門の外で機能部門にまとめられているため，組織全体は職能別組織と事業部制組織を組み合わせたような成り立ちをしている。こうした部分事業部制ともいえる構造は，日本の製造業企業で

図9-3 ■ 東レの組織構造

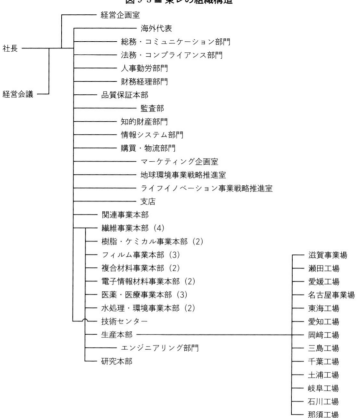

(注) 事業本部の末尾に付されている ( ) 内の数値は,含まれる事業部門数。
(出所) 東レの統合報告書およびウェブサイトに公開されている情報に基づき,2021年
　　　　7月現在の構造を簡略化して筆者作成。

しばしば見られる組織形態である。[4]

　部分事業部制は職能別組織と事業部制組織の混成的な形態であるがゆえに,**第8章**で触れた多角化企業にとっての職能別組織のメリットが引き継がれている。すなわち,事業部門の外に組織された機能では,資源の共用や活動の調整が行いやすい。一方,事業のバリューチェーンが1つの部門では完結せず,主要機能が

---

　[4] ここで部分事業部制と呼んでいる構造は,日本の多角化企業の組織によく見られる特徴として,早くから注目されてきた(加護野ほか,1983)。今西(1991)はこの構造を「不完全事業部制組織」,加護野(1993)は「職能別事業部制」と呼んでいる。

図 9-4 ■ フロントバック組織の例

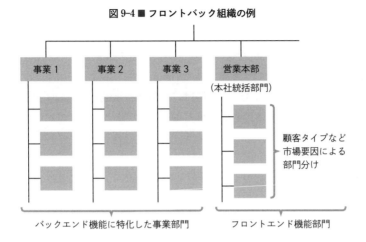

異なる指揮系統に分散するため，事業の自律性は低くなる。

(4) フロントバック組織

事業部門と機能部門の組み合わせとして組織をつくる場合，機能部門の内部をどのように分けるかが問題になる。フロントバック組織（front-back organization）と呼ばれる構造では，バックエンドの活動を事業別に，販売やサービスなどのフロントエンドを機能別に組織した上で，機能部門の内部を顧客のタイプや地域などの市場要因によって分割する（図 9-4)[5]。この構造が適しているのは，事業間で市場（顧客）や市場へのアクセス（販売チャネル）が共通する場合である。たとえば，顧客が複数事業の製品・サービスを組み合わせて「システム」として一体的に使用しているならば，これら事業の窓口（フロントエンド）が 1 つに統合されることで，顧客はワンストップショッピングの便益を享受しやすくなり，企業は事業間の情報共有や活動の調整を通じて，より効果的に顧客ニーズに対応できるようになる。

3 財務シナジーのための組織

次に，財務シナジーを生み出すための組織について考えよう。事業シナジーの

---

[5] フロントバック組織の概念と事例については，Galbraith（2000）が詳しい。類似した概念として，今西（1988）の「中央集権型営業所組織」がある。

ための協力的組織に対して，財務シナジーに適した組織は，競争的組織（competitive organization）といわれる。ここでの「競争的」とは，独占などの歪みがない市場（競争的な市場）が希少な資源の効率的な配分を経済にもたらすように，企業の限られた資金が，その事業間に効率的に配分されることを可能にするという意味である。競争的組織の大きな特徴は，事業部制組織としての「純度が高い」ことである。これは，競争的組織が備えるべき以下のような性格による。

(1) 事業業績の明瞭性

　内部資本市場がうまく機能するためには，事業ポートフォリオを構成する個々の事業の業績が明瞭であり，比較可能な形で把握できなければならない。事業の業績が不明瞭であれば，その現状と将来性を評価し，そこにどれだけの資金を投じるべきか決めることは難しい。業績が明瞭であったとしても，それが他の事業と比較できないならば，資金を事業間に配分していくための基準とはなりにくい。あらゆる事業に共通する成果指標は利益である。ゆえに，内部資本市場が効率的に機能するためには，個々の事業の生み出す利益が正確に把握されることが不可欠である。

　一方，予算などを通じて企業内のさまざまな活動に資金を配分していく上で，配分の基本単位となるのは部門である。したがって，利益パフォーマンスに基づく資金配分を最も進めやすい構造は，個々の事業がそれぞれにプロフィットセンターである1つの部門として組織されており，部門の業績がそのまま事業のパフォーマンスを示す構造である。このためには，事業の主要な機能がフルセットで部門の中に配置されており，事業部門が高い自己完結性を持つ必要がある。

COLUMN 9-❹　事業損益と資本コスト

　限りある資金の配分から生まれる財務シナジーには，個々の事業の力と将来性の見極めが非常に重要である。営利活動としての事業の実力を示すのは，いうまでもなく，その利益である。利益を生み出していない事業が将来性も低いとは限らないが，事業の利益パフォーマンスを正しく把握することは，その課題を分析し，将来性を占うためにも重要である。事業損益には，さまざまな測り方がある。資金の投下先として事業を評価するためには，どのような尺度が望ましいだろうか。

　多角化企業が開示する事業セグメント情報では，セグメントごとの営業利益が一般に報告されている。営業利益は，赤字よりも黒字であることが望ましい。だが，仮に営業黒字であったとしても，資金を活用する場所として事業が十分に大きな利益を生

み出しているとは限らない。営業利益は資金を投じることの費用である資本コストを考慮していないためである。資本コストの一般的な指標としては，加重平均資本コスト（weighted average capital cost：WACC）がある。事業に投じられている株主資本を E，株主資本コストを r_E，有利子負債を D，負債コストを r_D，法人税率を τ とすれば，加重平均資本コストは次のように定義される。

$$WACC = \frac{E}{E+D} \times r_E + \frac{D}{E+D} \times (1-\tau) \times r_D$$

資本コストを考慮した利益指標としては，スターン・スチュワート社が提唱した経済的付加価値（economic value added：EVA）がよく知られている。経済的付加価値は，税引後営業利益から，事業のために企業が負担している資本コストを引いたものであり，後者は，投下資本（＝株主資本＋有利子負債）に加重平均資本コストを乗じたものである。すなわち，税引前営業利益を π とするならば，$EVA = (1-\tau) \times \pi - WACC \times (E+D)$ である。関連する指標に，税引後営業利益（$(1-\tau) \times \pi$）を投下資本（$E+D$）で除した，投下資本利益率（return on invested capital：ROIC）がある。営業利益がプラスであっても，経済的付加価値がマイナスである（$ROIC < WACC$）ならば，事業は資金を投じることの費用に見合った成果を生み出せていない。そうした事業は，追加的な資金投入のみならず，継続の合理性が問われることになる。このため，資本コストを考慮して事業の業績を評価することは，事業経営の規律を高める効果がある。経済的付加価値や投下資本利益率についてのわかりやすい解説としては，岩村（2013）などを参照のこと。

(2) 事業の自律性

事業部門の業績が明瞭であったとしても，それが企業内の他の場所でなされる意思決定や活動の影響を強く受けるのであれば，事業の実力を真に反映しているとはいえない。ゆえに，資金配分の効率性のためには，事業部門が外からの干渉を受けることなく，自らの判断で活動できることが望ましい。ゆえに，競争的組織が持つべき，いま1つの重要な特徴は，事業部門の高い自律性である。

(3) 限定的な本社機能

協力的組織では，事業間の協力を実現するために本社部門がさまざまな役割を果たす。だが，本社部門による事業活動への介入は，事業本来の力の客観的な把握を難しくする。ゆえに，競争的組織における本社部門の役割は限定的であり，規模は小さなものになる。小規模な本社部門と高い自己完結性と自律性を持った事業部門の組み合わせは，概念としての事業部制組織の本来の姿である。この意

味で，競争的組織は「純度の高い」事業部制組織なのである。[6]

　本社部門の役割が限定的であるということは，その重要性が低いことを意味するものではない。事業部門への基礎的サービスの提供に加え，競争的組織の本社部門には，3つの大きな役割がある。第1は，企業内の各事業の現状と展望を評価分析することで，トップによる資金配分をサポートすることである。第2は，予算の策定や実施など，資金配分の組織的プロセスを運営することである。第3は，事業部門の高い自律性が，サイロ化やインフルエンス活動，社内外のルールからの逸脱などの問題を引き起こすことがないように，監視・統制することである。本社部門がこれらの役割を果たさなければ，企業はバラバラの事業を形式的に束ねただけの存在になってしまう。ゆえに，競争的組織を持つ企業が1つの企業としての存在意義を持つためには，本社部門がこれらの役割を適切に果たすことが必要である。

(4)　円滑な資金移動

　企業が財務シナジーを効果的に生み出すためには，事業間で資金を動かしやすいことも必要である。この条件は，事業間に会社の壁があるよりも，事業同士が同じ会社の内部部門であるほうが満たしやすい。会社を資金が出入りする「財布」とするならば，同じ会社の部門である事業間の資金移動は，同じ財布の中でのお金の移動であり，そのプロセスは純粋に組織的なものである。対するに，別々の法人としてつくられている事業間での資金移動は，1つの財布のお金を別の財布にしまうように，より多くのプロセスを必要とする。たとえば，キャッシュカウである子会社が余剰資金を親会社に配当として支払い，親会社はその資金を別の子会社の増資に用いるといった具合である。ゆえに，グループ構造は資金配分の固定性を高めがちである。[7]

　ジョイントベンチャーや上場子会社になっている事業では，資金の固定性が，とくに高くなりやすい。これら事業が生み出す資金の使途は，他の株主の意向を無視して決めることはできない。自社にとっては配当をなるべく大きくし，別の事業へと投資することが望ましいとしても，他の株主はその事業の中での再投資

●6　Williamson（1975）は，事業部制組織の意義は「ミニチュア資本市場」としての内部資本市場の働きに依存しているとし，事業部門の自律性や自己完結性が低く，効率的な資金配分への妨げとなる構造を，「壊れたM型組織」（corrupted M-form）と呼んだ。ここでM型組織とは，事業部制組織のことである。

●7　グループ構造が内部資本市場の働きに持つ意味については，Bethel and Liebeskind（1998），Triantis（2004）などを参照のこと。

を望むかもしれない。もっとも，すべての事業が内部部門であっても，事業が資金を囲い込んだり，本社部門による予算編成が硬直的であったりするならば，財務シナジーは生まれにくくなる。したがって，効率的な資金配分のためには，非構造面における組織づくりも重要となる。

(5) ポートフォリオ再編の容易さ

財務シナジーを持続的に生み出していくためには，新事業への参入や既存事業からの撤退により，事業ポートフォリオを変化させていくことが必要である。この点においても，事業部制組織としての純度が高い構造が適している。事業が自己完結的に組織されていると，企業の持つ事業の組み合わせが変化しても，個々の事業に影響が生じにくいためである（逆に，事業の機能が複数の部門に分かれて配置されているなど，事業部門の自己完結性が低いと，影響が大きくなりやすい）。事業の組み合わせを最も変更しやすいのは，事業がそれぞれに1つの会社としてつくられており，株式の譲受と譲渡のみで事業の取得と切り離しが行える場合である。したがって，グループ構造は，事業ポートフォリオの再編を進めやすくする。

COLUMN 9-❺　多角化企業の組織コントロール

　組織の上位者（上司）が下位者（部下）の活動を導くことを，組織コントロール（organizational control）という。組織コントロールには，成果コントロール（outcome control）と行動コントロール（behavioral control）という2つの方法がある。成果コントロールは，活動成果の指標や目標とする成果の水準を事前に定め，達成の状況に応じて下位者を報奨する。どのように目標を達成するかは下位者に委ね，そのための主体的な工夫と努力を促すことで，活動をよりよい方向に導こうとするものである。一方の行動コントロールは，上位者が活動の中身や方法を助言したり，指示したりすることで，下位者の活動を直接に導く。

　これら方法の相対的な重要性は，組織の性格によって変わる。事業部門の自律性が高く，部門の活動成果（利益）が明瞭な競争的組織では，成果コントロールが有効に働く。達成すべき目標が明示され，達成度に応じた報奨がなされることで，個々の事業がそれぞれの力を最大限に発揮しようと努力するとともに，経営者は希少な資金を振り向けるべき事業をよりよく識別できるようになるからである。反面，事業の自律性を低めることになる行動コントロールの役割は，競争的組織においては限られる。

　一方で，協力的組織のコントロールは，より多元的である。協力的組織の事業部門は1つのプロフィットセンターであるとともに，資源共用のネットワークの一部である。後者の立場での企業への貢献は，部門自体の利益として現れるとは限らない。このため，成果コントロールでは，部門の活動成果を部門利益に限定せず，より広く

捉えることが望ましくなる（Column 9-❸）。また，事業同士では難しい協力を実現するために，経営者や本社部門が事業に活動の指針を示したり，指示したりすることが必要となるため，行動コントロールの役割が相対的に大きくなる。多角化企業の組織コントロールについての考察は，Collis and Montgomery（1998a）と Hitt *et al.*（2015）などを参照するとよい。

4 組織構造の選択

　協力的組織も競争的組織も，多角化企業が全体最適を実現するための仕組みである。だが，ここまでの考察より，これら2つの組織タイプが大きく異なる性格を持つことが明らかであろう。競争的組織では，事業間の組織的な境界が明確であり，個々の事業が高い自律性と自己完結性を持つため，営利活動としての事業単体の力を評価しやすい。この特徴ゆえに，企業が限られた資金を優先的に振り向けるべき事業が明確になり，資金配分が行いやすくなる。対するに，協力的組織は，企業をバラバラの点（事業）の集まりではなく，資源の共用という線によって結ばれた一体的な存在にするための組織である。事業間に組織的な橋をかけたり，部門の壁を部分的に壊したりすることで，事業の組織的境界は曖昧になり，活動の自律性も低められる。Column 9-❸, 9-❺で見たように，協力的組織と競争的組織は，非構造的な側面においても性格を異にしている。**表**9-1は，両者の特徴を単純化して対比させたものである。

4.1 トレードオフ

　こうした違いゆえに，これらの組織タイプは，一方のシナジーには適しているものの，他方のシナジーには妨げとなりやすい。競争的組織を持つ企業が事業間で資源を共用しようとするならば，事業の高い自律性と自己完結性が協力を阻む壁となる。逆に協力的組織では，事業間の協力を進めるためのヨコ糸である仕組みと構造が，事業単独での力を見えにくくする。事業の機能が複数の部門に分散して配置されると，事業全体に対する権限と責任の所在が曖昧になり，規律も失われやすくなる。ゆえに，協力的組織は財務シナジーへの妨げになりやすい。したがって，協力的組織と競争的組織は，シナジーの実現という点で対照的な強みと弱みを持つ。

表 9-1 ■ 競争的組織と協力的組織の比較

	競争的組織	協力的組織
事業部門の自己完結性	高 い	低 い
	事業の資源と主要機能が部門内にフルセットで存在	事業の活動が部門外の資源や活動に構造的に依存
事業部門の自律性	高 い	低 い
	事業が良好な成果を生んでいる限り，その運営は事業部門長の裁量	事業間の協力を進めるために，トップや本社部門が事業に介入
事業部門間の関連性	弱 い	強 い
	同じ企業の一部である以外，事業間につながりはない	事業同士が資源共用と活動の依存関係で結びついている
本社部門の機能	限定的	多機能
	内部資本市場を効率的に機能させるための限定的な役割	協力の促進，資源蓄積や事業活動への直接関与など多面的な役割
組織構造	シンプル	複 雑
	純粋な事業部制組織	職能別組織との混成や指揮系統の複線化など
組織コントロール	シンプル	複 雑
	明確な業績尺度に基づく成果コントロール	多元的な成果と行動の組み合わせによるコントロール
事業業績の評価	事業単体の利益パフォーマンスの重視	事業の利益に加え，企業全体への貢献を考慮

　理想的には，事業シナジーと財務シナジーの双方を，高いレベルで実現できることが望ましい。だが，企業は，それぞれに適した2つの構造を同時に持つことはできない。このため，企業がシナジーを生み出す力には，構造を通じたトレードオフが生まれる。協力的組織を持つ企業では，事業シナジーを生み出す力の代償として，財務シナジーを生む力が弱くなり，競争的組織の企業では，逆が成り立つ。実際には，組織の協力性と競争性は程度の問題であり，トレードオフは，組織の協力（競争）性を強めて事業（財務）シナジーを生む力を高めれば，組織の競争（協力）性は弱くなって財務（事業）シナジーを生む力は低くなるという形で働く。したがって，多角化企業の組織デザインにおける本質的な課題は，高度に協力的な組織と高度に競争的な組織を両極とするバリエーションの中から，1つの構造を選び取ることである（図9-5）。

　いうまでもなく，この選択で企業が依拠すべきは戦略である。すなわち，どのような事業ポートフォリオを持ち，事業間にいかなるシナジーを生み出すのかと

図 9-5 ■ 組織構造のスペクトラム

いう企業の方針である。企業がコングロマリット型の多角化を行っているならば，強い事業シナジーを生み出す力は事業ポートフォリオにそもそも備わっていないため，その戦略の是非は財務シナジーをどれだけ強く生み出せるかに依存する。したがって，企業が選ぶべきは競争性の高い組織構造である。反対に，コアコンピタンスの活かしやすい事業にのみ多角化し，凝集性の高い事業ポートフォリオをつくっている企業であれば，協力性の高い組織を持つことで，事業シナジーを生み出す力を高める必要がある。

Column 9-❻　トレードオフと構造の選択

　　事業シナジーと財務シナジーの双方を同時に最大限に高められるならば，それが企業にとって最も望ましいことはいうまでもない。だが，これらシナジーに適した組織は性格を異にしている上に，企業は同時に 2 つの構造を持つことはできない。このため，企業が生み出すことができる事業シナジーと財務シナジーの強さには，構造を通じたトレードオフが生じる。Hill *et al.*（1992）は，この関係を，多角化の基礎的トレードオフ（fundamental tradeoff）と呼んだ。同様な議論は，Collis and Montgomery（1998a）によっても，次善最適性の原則（principle of organizational suboptimality）の見地からなされている。一般に組織は複数の課題を持つが，最適な構造は課題によって異なる。このため，組織デザインにおいては，何らかの課題が優先されるがゆえに，最善の対処ができない別の課題が生じてしまう。いかなる構造も，すべての課題に完璧に対応するわけではないという意味で次善最適であり，組織デザインは，次善最適の中で最も望ましい構造は何かという選択になる。基礎的トレードオフは，この原則の 1 つの表れである。

　　トレードオフを図示すると，戦略と組織選択との関係がわかりやすくなる。いま，ある企業が生み出しうる，事業シナジーによる企業価値の増分（ΔV_0）と財務シナジーによる価値の増分（ΔV_F）の組み合わせが，下図**(a)**のように描けるとしよう。このカーブ上のそれぞれの点は，異なる組織構造に対応している。たとえば，強い財務シナジーと弱い事業シナジーの組み合わせである点 A に対応するのは，きわめて競争性の高い構造であり，強い事業シナジーと弱い財務シナジーの組み合わせである点 B は，高度に協力的な組織に対応する。構造を変えることで，企業はカーブ上のいか

なる点でも実現できるが，企業価値を最も高めるのは，シナジーによる価値の増分の和（$\Delta V_{\mathrm{O}} + \Delta V_{\mathrm{F}}$）が最大になる点である。それは，45度でマイナスの傾きを持つ直線とカーブの接する点Cである。ゆえに，この企業にとって最も望ましいのは，中程度の競争性と協力性を併せ持つ構造である。

戦略が異なれば，望ましい構造も変わる。事業間の関連性が低いコングロマリット型の企業を考えよう。事業ポートフォリオの凝集性が低いため，この企業が生み出すことができるシナジーの組み合わせは，下図(b)のように，財務シナジーに比べて事業シナジーが弱いものになる。この場合，企業価値の最大化は点Dで実現され，望ましい組織構造は，財務シナジーを生み出しやすい競争的な組織となる。反対に，コアコンピタンスに基づいて凝集性の高い事業ポートフォリオをつくっている企業には，財務シナジーよりも事業シナジーによる価値の向上が相対的に大きい，下図(c)のようなトレードオフ関係がある。ゆえに，この企業の価値を最大にするのは，事業シナジーを追求する点Eであり，望ましい構造は，協力性の高い組織となる。

図 多角化企業のトレードオフと構造の選択

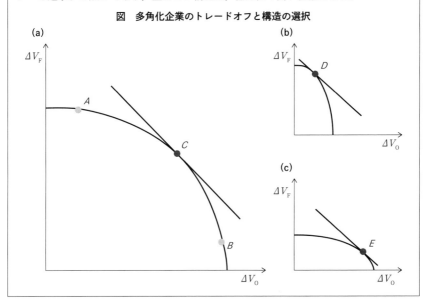

トレードオフは，企業が一方のシナジーだけを重視し，他方には配慮しなくてもよいことを意味するものではない。多角化を通じて企業価値を最大限に高めるためには，構造ゆえに生み出しにくくなるシナジーがあるとしても，その制約の中で双方のシナジーをできるだけ強く実現することが必要である。とくに，事業シナジーのために協力的組織を持つ企業にとって，財務シナジーへの配慮には大

きな意味がある。第**7**章で見たように，財務シナジーはいかなる多角化企業でも
働き，大幅なマイナスにもなる。協力的組織の特徴ゆえに資金配分が非効率化す
ると，事業シナジーを上回る規模でマイナスの財務シナジーが発生し，企業価値
の低下が引き起こされる可能性がある。そうした事態を避けるためには，財務規
律の強化や事業の選別ルールの明確化など，企業が社会主義的な状況に陥ること
を避けるための取り組みが必要となる。第2節で紹介したように，花王は，マト
リックス的な性格を持つ高度に協力的な組織構造をつくっているが，同時に経済
的付加価値（EVA，Column 9-❹）を事業評価の尺度として用いることで，事業の
財務規律を高めている。

4.2 中間的な構造

ところで，**図9-5**のスペクトラムの中間に位置する組織は，どのような姿を持
つのであろうか。こうした中間的な構造は，企業全体がほどほどの競争性と協力
性で均一につくられているわけでは必ずしもなく，競争的につくられた全体の中
に，協力的な構造が部分として存在する形が一般的である。そうした構造が適し
ているのは，事業間の関連性が事業の組み合わせによって一定ではない場合であ
る。多くの事業を持つ企業では，事業ポートフォリオのどこを見るかで，事業間
のつながりの強さや性格が変わることが珍しくない。そうした場合，関連性の強
い事業間には事業シナジーを生み出しやすい協力的な構造があるとともに，非関
連の事業を含む企業全体では財務シナジーを生み出しやすい競争的な構造になっ
ていることが望ましい。

このように全体と部分で性格が異なる構造をつくることは，ヒエラルキーの階
層性やグループ構造を利用することで可能になる。たとえば，**図6-6(d)**のよう
に，事業ポートフォリオが関連性に応じていくつかのブロックに分割されるので
あれば，SBUを利用した差異化ができる。すなわち，トップと個々の事業との
間の中間部門としてSBUを設置し，強い関連性のある事業同士は，同じSBUの
中に配置するのである（**図9-6**）。こうした重層的な構造では，事業間の協力を促
すための仕組みは，おもにSBU内につくられるため，SBU間の横のつながりは
弱くなり，企業全体としては競争的な資金配分が行いやすくなる。したがって，
トップマネジメントは，SBU間の資金配分を通じた財務シナジーの創出をおも
に担い，事業シナジーの実現は，おもにSBU長の役割となる。

事業シナジーのための協力が必要な事業は，同じ会社の内部部門として組織す

図 9-6 ■ SBU を用いた組織階層間の構造の差異化

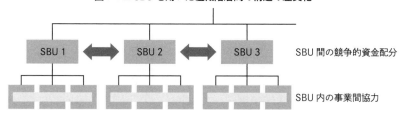

ることで事業間の垣根を低くし，関連性が低い事業は別会社にすることも考えられる。もし，親会社が持株会社であれば，前者の事業はセットで同じ事業子会社の中に配置されるため，それら事業間のシナジーの促進はその子会社の役割となり，持株会社は子会社間の資金配分を通じた財務シナジーをおもに担うことになる。親会社が事業会社であり，関連性を持つ事業群を内部に持つ場合には，親会社はそれら事業間の事業シナジーとグループ全体での財務シナジー双方の促進を担う。

5　組織構造のダイナミクス

　企業の組織構造は変化する。変化は**図 9-5** のスペクトラムを，一方向に向かってだけ進むとは限らない。ある方向へと変化を遂げてきた組織が，逆方向へと構造を大きくつくり替えていくことは珍しくない。そうした企業の例として，富士電機の組織の歴史的な変化を見てみよう。発電設備や産業用電機・デバイス，自動販売機などの分野で活動する富士電機の組織構造は，多角化とともに変化してきた。同社が長く基本としてきたのは，事業を内部部門として組織する構造である。1980 年代末，富士電機の内部組織は，5 つの事業本部と本社部門から構成されていた（**図 9-7(a)**）[8]。1992 年には，こうした構造のもとで同社は最高益を記録した。

　だが，バブル経済の崩壊後，多くの日本企業と同様に，富士電機の業績は長い停滞期に入る。事業採算の持続的な悪化に対応して，同社はより分権的で競争的な組織への移行を進めた。とくに営業赤字に陥った 1999 年には，事業本部を 4

●8　ただし，エネルギー事業とシステム事業の営業機能は，それぞれの事業本部の外に営業本部としてまとめられていた。

つのカンパニーへと改組する新たな構造へと移行した（**図**9-7**(b)**）。この改編の狙いは，より大きな権限を付与することで，事業の意思決定の迅速化と変革を図るとともに，責任強化により，それぞれの事業の自立を促すことであった。この•9ため，経済的付加価値が事業評価に導入され，財務規律が強化された。

　さらに2003年には，事業の自己責任と自律性を徹底するとともに，成長性と収益性のバランスがとれた事業ポートフォリオをつくることを目的として，富士電機はすべてのカンパニーを分社し，持株会社（富士電機ホールディングス）となった（**図**9-7**(c)**）。第**8**章で見たように，持株会社によるグループ構造は，事業•10部制組織のバリエーションの中でも最も分権的な構造である。したがって，**図**9-7の(a)から(c)へと至る富士電機の組織の変化は，分権化により事業の自律性を高めるとともに，トップが事業ポートフォリオ全体のマネジメントに集中しやすい形に構造をつくり替えていくことで，**図**9-5のスペクトラムを左から右に進む動きと捉えられる。

　だが，2011年に，富士電機の組織は逆方向への変化を始める。リーマンショックの影響が残る同年に，富士電機ホールディングスは，富士電機システムズなどの事業子会社3社を吸収合併することで事業会社へと転換し，社名も富士電機株式会社へと戻した（これら子会社と同時に分社された富士電機機器制御は，他社とのジョイントベンチャーになっていたため，別法人格が維持された）。この合併により，これら子会社の事業は，再び富士電機の内部に事業本部として組織された（**図**9-7**(d)**）。これは，従来の変化とは逆に，組織の協力性を高める動きである。実際，子会社合併の目的として，富士電機ホールディングスは，重点分野への資源の集中と，全体最適の見地からシナジーを追求できる体制の構築をあげている。•11この構造は現在も維持されており，富士電機のおもな事業は，親会社の内部部門として活動している。

　このように，協力性と競争性のスペクトラムをある方向に動いてきた企業の組織が，一転して逆方向へと向かうことは珍しくない。COLUMN 9-**❼**ではパナソニックの例を紹介しているが，パナソニックと多くの事業で競い合ってきたソニーの組織構造にも，同様な動きが見られる。いうまでもなく，こうした変化が起き•12

図 9-7 ■ 富士電機の組織構造の推移

(a) 事業本部制の構造（〜1999 年）

- エネルギー事業本部
- システム事業本部
- 電子事業本部
- 機器事業本部
- 自販機・特機事業本部

(b) カンパニー構造（1999〜2003 年）

- 電機システムカンパニー
- 機器・制御カンパニー
- 電子カンパニー
- 民生機器カンパニー

(c) 持株会社構造（2003〜2011 年）

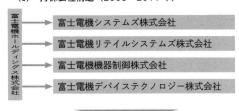

富士電機ホールディングス株式会社

- 富士電機システムズ株式会社
- 富士電機リテイルシステムズ株式会社
- 富士電機機器制御株式会社
- 富士電機デバイステクノロジー株式会社

(d) 事業本部制＋事業子会社（現在まで）

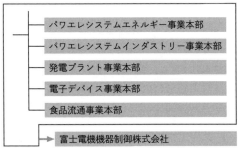

- パワエレシステムエネルギー事業本部
- パワエレシステムインダストリー事業本部
- 発電プラント事業本部
- 電子デバイス事業本部
- 食品流通事業本部

- 富士電機機器制御株式会社

（注）　実際の組織，グループ構造を，大幅に簡略化している。
（出所）　富士電機株式会社社史などより筆者作成。

る１つの背景は，戦略の転換である。今まで事業シナジーを重視して組織の協力性を高めてきた企業が，財務シナジーを重視するようになるならば，組織も競争的に変化しなければならない。だが，戦略の転換がなかったとしても，構造の反転は生じうる。企業が同じ戦略を維持していても，優先して対処されるべき課題が，企業内外の状況により変わることがあるからである。[13]

　事業シナジーのために協力的な組織をつくってきた企業において，構造の弊害への配慮が不十分になり，負の財務シナジーが大きく発生したとしよう。その結果として業績が危機的に低下するならば，最優先に取り組まれるべき課題は，事業の規律を強化し，自立する力を高めることで，破綻を回避することになる。この課題に適した組織は，従来の協力的な構造ではないために，組織は競争性を高める方向に変化する。だが，そうした取り組みにより危機が克服されれば，事業シナジーの創出が再び重要な課題となるため，協力性の高い構造への回帰が行われるのである。[14]

COLUMN 9-❼　パナソニックの組織の変遷

　日本で最初に事業部制組織を採用した企業は，パナソニック（旧・松下電器産業）であるといわれる。松下幸之助が 1918 年に創業した同社が，事業ごとの「自主責任経営」を強調し，事業部制を導入したのは 1933 年である。1935 年には事業の子会社化も行われ，グループ構造による多角化に踏み出した。以来，事業が高い自律性を持つ分権的な構造への指向は，同社の組織デザインにおける DNA となり，現在まで引き継がれている。だが，歴史を振り返ると，パナソニックの組織は分権性を単調に強めてきたわけではない。「同社の事業部制の歴史とは，一方で，自律的事業単位たる事業部ごとの徹底した分権化を追求しながらも，他方では，それらを全社的な視点から統合・管轄しようとする別の試みが繰り返され，両者の間を揺れ動いてきた」（下谷，1998）ものであるからである。パナソニックの組織もまた，競争性と協力性のスペクトラムの上を振り子のように行き来しながら変わってきた。

　パナソニックの組織が，とくに協力性を高めたのは，「ドメイン会社制」が導入された 2003 年以降である。同社のドメイン会社とは，複数の関連事業を傘下に持つカンパニーないしは子会社である。ドメイン会社をつくる際には，既存の事業ユニッ

●13　不確実性も反転をもたらす要因となる。多くの事業を持つ企業の組織は，おのずと複雑であり，戦略に対応した最適な構造が常に自明なわけではない。ある構造の持つ問題点が，その構造によって企業が実際に活動することで，はじめて明らかになることもある。意図せざる結果が生じた場合には，逆方向への修正がされることになる。

●14　こうした振り子のような構造の変化は，COLUMN 3-❻で紹介した，組織のゆらぎの一種として捉えることもできる。

トを単純にまとめるのではなく，活動領域の重複（Column 8-❷）を解消するため，ユニット間で大がかりな事業移管が行われた（兒玉，2007）。そうした再編を容易にするために，上場子会社 4 社の完全子会社化も行われた。また，同社のコアである家電事業では，国内営業機能が事業部より切り離され，本社機能部門であるマーケティング本部へと集約された（福地，2007）。「事業部制の解体」ともいわれた，これらの改編が行われたのは，企業としての力をより効果的に発揮するため，バラバラになりがちな事業間に，協力というヨコ糸を通す必要性が強く意識されていたからにほかならない。

　だが，大規模投資の失敗などの要因により，パナソニックは 2011 年度に空前の赤字を記録することになる。同社がもはや「普通の会社ではない」という危機感を持って着任した津賀一宏社長は，事業の自律性を高める組織改編である「事業部制の復活」に踏み切る。同氏が「部分最適で会社を立て直す」と述べているように，その狙いは，個々の事業がそれぞれに自立する力を持つことを求めるとともに，企業として持つべき事業ポートフォリオの姿を見極めることであった。[15] 2022 年に実施された持株会社への移行も，こうした方向性の延長として捉えられる。だが，パナソニックの組織の振り子は競争的な方向へと完全に振り切れたわけではない。「事業部制の復活」後も，カンパニーなど，関連する事業を束ね，ヨコ糸を通すための仕組みは残っている。持株会社化のための分社も，カンパニーを単位として行われることになる。多角化企業が組織の競争性と協力性のバランスを探り，修正していく取り組みに，終わりはないのである。

　組織構造の変化は，企業の事業ポートフォリオが同じであったとしても起きる。事業ポートフォリオが変わるならば，構造は当然に変化する。新たな事業が加わる場合には，現在の構造にその事業をどのように組み入れるかが課題となる。とくに，他の企業で組織としての前歴を持つ事業を取り込んだり，他社との提携で新しい事業をつくったりする場合には，その事業を組織的にどう位置づけるかが課題になりやすい。そこで，続く第 **10** 章と第 **11** 章では，M&A とアライアンスを取り上げる。事業の削減（撤退）を含むポートフォリオ全体の変化と組織の改編については，最後の第 **12** 章で検討する。

---

[15] 『週刊エコノミスト』2013 年 8 月 20 日号。

第**10**章

企業合併と買収（M&A）

1 M&A の特徴 ─────────────────────────

　既存の事業の中であれ，新しい事業への多角化であれ，企業が成長するために
は資源の取得が必要である。第**6**章で見たように，成長のために企業が資源を得
る方法（成長モード）は 1 つではなく，それぞれの方法に課題がある。企業の外
にある資源を用いる外部成長では，組織にかかわる問題が生じやすい。本章と次
の第**11**章では，M&A とアライアンスを順に取り上げ，それぞれの課題について
考察する。

　他の成長モードと比べた M&A の固有な特徴は，外部の資源を取り込むために
2 つの組織を統合することである[1]。企業の外から資源を取り込むことは，内部成
長においても行われる。設備投資によって新しい工場をつくるのであれば，土地
や建屋が購入され，機械メーカーやエンジニアリング企業から調達された設備が
設置される。だが，これら資源の取得のために，別の企業の組織が自社の中に入
ってくることはない。M&A ではそれが起きるため，資源取得後の組織統合（post-
merger integration：PMI）が，資源を活用するための重要な課題になる。

　M&A には，投資としても重要な特徴がある。内部成長やアライアンスでは，
投資を一度に行う必要はない[2]。最初は小さく始め，少しずつ規模を大きくしてい

───
● 1　M&A は 3 社以上の企業間で行われることもあるが，本章では簡単化のため，2 社間に限定し
　　て話を進める。
● 2　ただし，最小効率規模（MES）が大きい場合には，内部投資であっても一度に大規模な投資
　　を行うことが必要になる。

図 10-1 ■ 日本における M&A 件数の推移

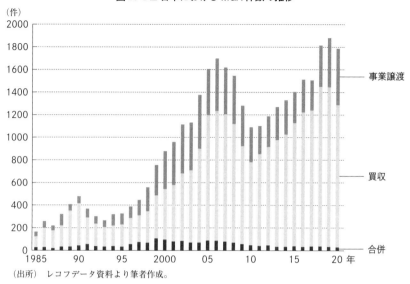

（出所）　レコフデータ資料より筆者作成。

くことができる。対するに，M&A は対象となる資源を一度にセットで取得する
ため，投資が大きくなりやすい。また，自社の意向だけでタイミングを選べるわ
けではなく，突然現れた機会に対応して，短期間で投資の判断しなければならな
いような状況が生まれやすい。こうした柔軟性の低さは，投資の意思決定を難し
くする。

　これらの特徴ゆえに，M&A は企業に不連続な変化をもたらす。大きく不連続
な変化は，事前の意思決定（投資の判断）と事後のマネジメント（組織統合）の双
方を難しくする。[3]だが，不連続性は，自社の力だけでは得ることの難しい資源を
スピーディに獲得できるというメリットをもたらすものでもある。このメリット
ゆえに，稼ぐ力の立て直しが多くの企業で課題となった 1990 年代末から，日本
企業による M&A は大きく増加してきた（図 10-1）。[4]M&A は，資源を取得する企
業（買い手）と手放す企業（売り手）の双方がいることで成立する。したがって，
こうした M&A の増加は，日本企業が外部にある資源の獲得だけでなく，内部資
源の売却にも積極的になったことの反映である。本章では成長の手段としての

●3　日本企業は伝統的にこうした難しさを避け，連続性の高い内部成長を指向する傾向が強かっ
　　た。たとえば，Odagiri（1992）による論考を参照。
●4　日本で M&A が増加してきた背景の体系的な分析としては，蟻川・宮島（2007）がある。

M&A に注目し，売り手としての関与は第**12**章で取り上げる。

COLUMN 10-❶　M&A 市場の参加者

　M&A には，必ず買い手と売り手がいる。だが，M&A 市場の参加者は，これら取引の当事者だけではない。M&A は，ある企業が持つ資源をセットで，資源が投じられている活動とともに移動させる，複雑な取引である。単一の財を市場で売買するのとは異なり，何が適切な価格かを見出すことは容易ではない。売り手と買い手の間に見解の相違や利害の不一致があると，取引は成立しにくくなる。こうした摩擦を低減させ，取引を円滑に進めるために，M&A にはアドバイザーと呼ばれる第 3 の参加者がいる。アドバイザーは，当事者である企業に専門的サービスを提供することで，取引を支援する。

　アドバイザーには 2 つのタイプがある。第 1 のタイプは，財務アドバイザーと呼ばれる金融機関である。財務アドバイザーは，顧客企業への取引の紹介から完遂まで，おもに財務的な見地からの助言やサービスを提供する。とりわけ重要な役割は，取引対象である活動の価値を算定し相手との交渉を支援すること，支払い方法など取引の詳細を詰めること，実施のために必要な資金調達を支援することなどである。これらサービスの提供には専門知識を持つ人材を要するため，財務アドバイザーの役割は，証券会社や銀行などの大手金融機関が担うことが一般的である。

　第 2 のタイプは，法務アドバイザーである。M&A は複雑な取引であるがゆえに，そのための契約を交渉により確定させ，履行していくことも簡単ではない（M&A 契約の典型的な内容については，藤田，2018 を参照）。法務アドバイザーは，法律面から顧客企業に助言し，取引の遂行をサポートする。法務アドバイザーの役割を一般に果たすのは，大手弁護士事務所の専門チームである。利益相反の問題を避けるため，同じ弁護士事務所が売り手と買い手のアドバイザーを兼ねることはない。これは，財務アドバイザーについても同様である。

　アドバイザーは，専門的知見に基づく助言とサービスを提供することで M&A の成立を助ける役割を，とくに大型の統合で果たしている。一方で，アドバイザーの報酬は取引の成立と規模に依存する部分が大きいため，M&A 自体が自己目的化する傾向を助長するとの指摘もある。

2　M&A の種類

　M&A には多くのタイプがある。成功のための課題も，タイプにより同じではない。そこで最初に，M&A のおもな種類を整理しておこう。[5]

2.1 方法による区分

最も基本的な区分は，組織を結合する方法の違いによるものである。合併 (merger) は2つの会社を1つの会社にすることで，両社の資源を同じ経営陣のもとにまとめる (図10-2(a))。したがって，合併では少なくとも1つの会社が，法人としては存在しなくなる。一般的な形は，一方の会社が解散し，他方の会社の一部となる吸収合併であるが，両社がともに新設された会社に吸収される方式 (新設合併) もある。資源をまとめるために資源を持つ会社自体を1つにすることは，合併に固有な特徴であり，この意味で，合併は統合度が高い資源結合の方法である。日本の鉄鋼産業では有力企業間の統合が多く行われてきたが，2012年の新日鐵住金 (現・日本製鉄) の誕生は，新日本製鐵と住友金属工業の合併によりもたらされたものである。

買収 (acquisition) は，相手会社の株式を取得し子会社化することで，その資源を自社が用いられるようにする方法である。したがって，株式を取得される会社 (被買収会社) は，取得する会社 (買収会社) のグループの一部になる (図10-2(b))。2つの会社が1つになる合併では，売り手と買い手という区分が曖昧になることがあるのに対し，買収においては，この区分が明瞭である[6]。買収後においても，親会社と子会社というグループ内での立場の違いが明確にできる。一方で，被買収会社が買収会社とは別の法人であることは買収後も変わりなく，あえて手を加えることがなければ，両者の内部組織が変化することはない。日本製鉄は，有力ステンレス鋼メーカーである日新製鋼を2017年に買収し，完全子会社にしている。

「M&A」は，合併と買収の英語の頭文字を組み合わせたものである。だが，広い意味でのM&Aは，これらの方法に限られない。合併の代替としてしばしば用いられる方法は，持株会社方式による統合である。すなわち，統合する2社が共同で持株会社をつくり，その子会社になることで，両社の資源を同じ企業グループ内で利用できるようにすることである (図10-2(c))。この方法は，統合される企業間に親子関係が生まれないという点で合併に似ているが，統合後も両社が別

---

[5] ここで紹介する区分以外にも，現金や株式など対価の支払い手段による分類，資金調達の手段による分類もある。これら財務的視点からの区分については，井上・加藤 (2006) を参照。

[6] 規模の似た企業同士の合併などでは，企業間に立場の違いがないということを強調するために，対等合併という表現がしばしば用いられる。合併の対等性に厳密な定義があるわけではないため，この表現は，統合の形というよりは，統合される企業同士のスタンスを表すものといえる。

図 10-2 ■ M&A の方法別類型

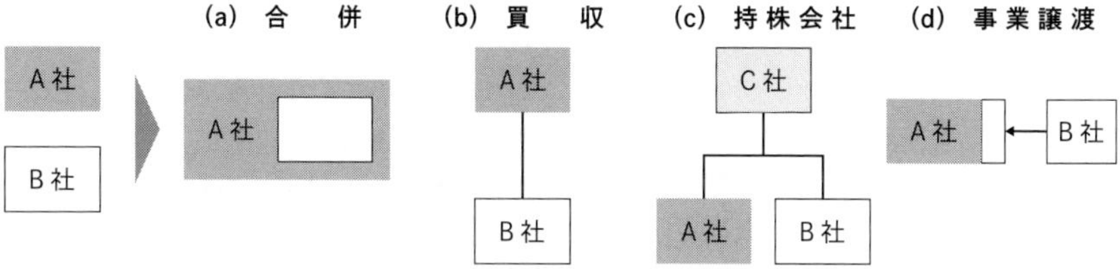

(注)　(a)の合併は吸収合併のケース，(c)の C 社は新たにつくられる持株会社。

個の法人であるという点では買収に似ている。日本製鉄の国内最大のライバルである JFE スチールは，2002 年に日本鋼管（NKK）と川崎製鉄が持株会社方式により統合され JFE ホールディングスが生まれた際に，川崎製鉄が社名変更し，鉄鋼分野の事業子会社とされたものである。

　以上の方法に共通する特徴は，株式の発行主体である会社を単位として行われることである。この特徴ゆえに，これらの方法では部門や事業所など会社の一部分だけを取り出して，他社と統合することはできない。そうした統合のためには，事業譲渡と呼ばれる方法が用いられる（図 10-2(d)）[7]。会社組織の一部分である部門や事業所は，それ自身の株式を持たないため，事業譲渡においては対象となる資源が直接に取引される。このため，売り手と買い手は取引後も別個の企業であり続けるが，資源が企業をまたいで移動することで，両社の組織は変化する。

Column 10-❷　買収（株式譲渡）と事業譲渡 ─

　ある企業が別の企業の事業を取得するときに，その事業が売り手企業の子会社としてつくられているならば買収であり，内部部門であれば事業譲渡である。どちらの形でも事業の取引であることに変わりはないが，手続きには大きな違いがある。買収では，株式の譲渡によって，その発行会社に帰属するすべての資源が買い手企業へと移転される。株主である親会社が変わっても，事業の主体であり雇用契約の当事者である会社は変わらないため，従業員も売り手から買い手企業へと自動的に移動する。顧客や取引業者などとの契約関係も，買い手企業に引き継がれる。

　対するに，事業譲渡は，会社の持つ一部の資源だけを取引する。このため，取引の対象となる資源の範囲を交渉により確定させ，契約に定めなければならない。また，従業員を移動させるためには，雇用契約の当事者である会社を変更しなければならない。この変更は，従業員の同意なしには行えない。同様な変更は，売り手企業が対象

──────────

[7] 事業譲渡は，資源を売却する企業の立場から取引を表現したものである。買い手の立場からは，事業譲受といわれる。

事業で契約関係を有する，すべての取引相手となされる必要がある。

　こうした違いがあるために，取引の手続きは，買収よりも事業譲渡のほうが，一般に煩雑になる。このため，会社の内部部門としてつくられている事業であっても，取引に先立って別会社化し，株式譲渡のみで取引を完了できるようにすることがしばしばある。後述する東芝によるキヤノンへの医療機器事業の売却も，内部部門であった事業が子会社化された後に行われた。だが，事業譲渡にもメリットがある。買収は会社の資源を丸ごと移動させるために，買い手企業が必要としない資源までも取得してしまったり，売り手企業が自社内に残したい資源まで手放すことを余儀なくされるといった事態が生じやすい。対象とする資源を交渉により決める事業譲渡は，こうした問題を回避しやすい。株式譲渡と事業譲渡の実際の詳しい解説としては，関口ほか（2018）が参考になる。

2.2　範囲による区分

　第2の区分は，統合の範囲による区分である。いま，2つの企業グループの中核会社同士が合併し，1つになるとしよう。親会社が1つになることで，両社のすべての子会社は同じ企業グループに属する兄弟会社となる。すなわち，合併は2つの会社間で行われるものの，それにより1つの企業にまとめられる資源の範囲は，それぞれの企業グループ全体に及ぶ。親会社同士が買収や持株会社による統合を行う場合も，それぞれの子会社がすべて同じ企業グループの一員になる。上に紹介した鉄鋼産業における3つの統合事例は，すべて，こうした全体型である。

　一方，事業譲渡は，ある企業の資源の一部だけを別の企業に移転するという意味で，部分型の統合になる。部分型の統合は，他の方法でも可能である。たとえば，ある企業が別の企業の子会社を買収すれば，その子会社は買い手企業の傘下に入るが，売り手企業の他の資源がグループを越えて動くことはない。M&Aという言葉で一般にイメージされるのは，大がかりな全体型の統合であるが，数の上で多くを占めているのは，こうした部分型の統合である。部分型であっても，対象が大企業の有力事業である場合には，大規模な取引になる。たとえば，キヤノンが医療機器事業の強化のために2016年に行った東芝メディカルシステムズ（現キヤノンメディカルシステムズ）の買収は，子会社を対象とした部分型の統合であるが，買収額が6000億円を上回る大型買収であった。

2.3 事業の関係性による区分

　M&A は，統合対象である組織が行う活動の関係性によっても区分される。対象である組織が，同じ産業に属する企業同士である場合は水平型，同じ産業価値システムの異なる段階に属する場合は垂直型と呼ばれる。また，異なる価値システムに属する異業種の企業間の統合は，多角化（コングロマリット）型と呼ばれる。たとえば，自動車メーカー同士の合併は水平型であり，自動車メーカーが自動車部品メーカーや自動車ディーラー（販売会社）を買収すれば垂直型，自動車メーカーが住宅の施工・販売会社を買収するならば多角化型の統合に，それぞれなる。

2.4 国籍による区分

　M&A は同じ国の企業間で行われるとは限らない。異なる国籍の企業間で国境をまたいで行われる統合は，クロスボーダー M&A と呼ばれる。日本企業による大規模なクロスボーダー M&A のよく知られた事例としては，ソニーが映画事業への多角化のために行ったコロンビアピクチャーズ（アメリカ）の買収，ブリヂストンによるファイアストンタイヤ（アメリカ）の買収，武田薬品工業による同業のシャイアー（アイルランド）の買収などがある。反対に，外国企業が日本企業を対象に実施した買収としては，世界最大の小売企業であるウォルマート（アメリカ）による西友の買収，EMS 大手の鴻海科技集団（台湾）によるシャープの買収などがある。

2.5 相手の意向による区分

　自社が実施しようとしている統合に対する相手企業の同意の有無は，M&A の性格を決める本質的な要因である。自社の意向に相手の経営陣が賛同しているならば，統合は進めやすい。そうした統合は友好的と呼ばれる。多くの統合は，相手の同意（友好性）が実施の前提条件となる。相手企業の事業部門や子会社を取得する部分型の統合を，その企業の経営陣の同意なく行うことはできない。

　一方で，相手企業が上場会社であれば，相手の経営陣が反対していたとしても，市場で株式を取得することで買収を進められる。相手の経営陣の反対にもかかわらず行われる買収を，敵対的買収という。敵対的買収が成功すると，被買収会社の経営陣は解任されることが多い。このため，敵対的買収のターゲットとなる可能性があることは，企業経営の規律を高め，改善を促す効果がある（Column 10-❸）。伝統的に日本の M&A 市場は，敵対的買収が少ない（行いにくい）ことが特

徴であった。だが，M&A が一般化するにつれて，この傾向にも変化が見られる。近年における成功した敵対的買収の例としては，牛角などのブランドでレストランチェーンを運営するコロワイドによる，大戸屋ホールディングスの買収（2020年）がある。

Column 10-❸　会社支配権市場

　株主は，企業が生み出す利益を配当などの形で受け取る利益請求権と，株主総会で経営の重要事項に賛否を投じる議決権という，2 種類の権利を持つ。これらの権利に基づく株主の力は，所有する株式数に比例して強くなる（種類株式と呼ばれる特殊な株式は除く）。発行済み株式の 50 ％以上を持つ株主は，所有シェアに応じた利益の還元を受けられるだけでなく，支配（マジョリティ）株主として経営陣の選任や解任を決め，企業の経営に自らの意向を反映させることができる。したがって，株式が取引される株式市場には，議決権を通じて企業をコントロール（支配）する権利が売買される，会社支配権市場（market for corporate control）としての一面がある。

　株式市場のこの一面ゆえに，上場企業は非上場企業よりも，敵対的買収のターゲットとなりやすい。これは，経営者が気の抜けた経営を行い，業績が低迷した状態に甘んじていると，市場で株式を買い集めた敵対的な買収者によって解任されるリスクがあることを意味している。このリスクを現実的なものと考える経営者は，2 種類の対応をとりうる。第 1 は，自社が敵対的買収のターゲットとなることを避けるため，経営の改善を図ることである。これが，敵対的買収は，その脅威（可能性）が存在するだけでも，経営の規律を高める効果を持つといわれるゆえんである。

　第 2 は，敵対的買収への防衛策を講じることである。たとえば，企業間で株式を持ち合うことにより，潜在的な買収者が市場で取得できる株式数を減らすことは，多くの日本企業によって行われてきた。あるいは，敵対的買収が企てられたときに，既存の株主が割安に新株を購入できる権利（新株予約権）を発行しておき，買収者が大きな持株比率を得ることを難しくするポイズンピル（poison pill）と呼ばれる防衛策もある。こうした防衛策が講じられていると，株式市場の会社支配権市場としての機能は低下し，経営者を規律づける効果も弱くなる。会社支配権市場の働きについての基本的な論文としては，Manne（1965），Scharfstein（1988）などがある。

●8　こうした意味での日本の M&A 市場の特徴については，新井・日本経済研究センター（2007）で考察されている。

2.6 企業の境界による区分

ここまで，M&A は別々の企業間で行われるものと想定してきた。だが，M&A の実施主体は会社であるから，同じ企業グループ内であったとしても，異なる法人格を持つ会社間では行うことができる。たとえば，同じ企業の子会社同士が合併することで事業組織を大きくしたり，親会社の事業を子会社に譲渡することで分権化を進めたりといった形である。こうした同じ企業のグループ会社間における統合は，グループ内 M&A と呼ばれる。グループ内 M&A は，企業が持つ資源を増やすことはないため，成長の手段とはならない。だが，企業内における資源や活動の組織的な配置を変えることで，資源が生み出す価値に影響する。このため，後述する段階的な組織統合やリストラクチャリング（第12章）のための重要な手段となる。

3 M&A の便益

M&A により外部の資源を取り込むと，企業は大きくなる。だが，企業が物理的に大きくなることが，企業価値の向上をもたらすとは限らない。別の企業の組織を自社と統合することで，資源を取り込み，活用するためには，費用がかかる。費用を上回る便益が生まれなければ，企業価値はむしろ低下する。M&A がもたらす，おもな便益としては，以下のようなものがある。

(1) 規模の経済性

水平的な M&A により，同じ事業の企業同士が組み合わさると，統合後の事業規模は当然に大きくなる。ゆえに，M&A は，規模の経済性を高めるための手段となる。たとえば，生産活動に規模の経済性が働くようであれば，類似した製品の生産を同じ拠点に集約するなどして生産規模を大きくし，コスト効率を高めることができる。販売においても，競合関係にあった製品・サービスを共通のチャネルに乗せるなどして顧客へのアクセスを向上させ，販売力を強化できる。先に紹介した鉄鋼メーカー間の統合は，規模の拡大による競争力の向上が強く意識されたものである。

(2) 市場支配力の強化

事業が大きくなれば，その事業の市場占有率（マーケットシェア）も大きくなる。大きなシェアは，企業が競合企業を牽制し，競争を抑制する力である，市場支配

力を高める。強い市場支配力を持つ企業は，顧客への販売価格を高く維持したり，取引業者からの購入価格を低く抑えたりすることができる。ゆえに，市場支配力の向上は，水平的 M&A が企業の利益を高めるメカニズムとなる。JX（現 ENEOS）ホールディングス傘下の JX エナジーと東燃ゼネラル石油の合併（2017年）や，出光興産による昭和シェル石油の買収（2019年）により，企業数が 3 社に集約された石油精製産業では，統合後に各社がガソリンなどの製品価格を維持する力が強まったといわれる。

　ただし，市場支配力に由来する利益は，顧客など取引相手の犠牲によってもたらされる面がある。このため，過度な市場支配力につながる懸念がある M&A は，独占禁止法に基づく規制対象となる。

Column 10-❹　M&A と公共政策

　市場経済では，売り手と買い手の意思による自由な取引が行われる。M&A も例外ではないが，取引が重要な社会的・経済的影響を及ぼすことが懸念される場合には，政府による制限が課されることがある。たとえば，軍事産業や社会インフラにかかわる企業については，国家安全保障の見地から，外国企業による買収が禁止あるいは制限されていることが珍しくない。日本企業がかつて関係した例としては，富士通によるアメリカの半導体企業であるフェアチャイルドの買収の試みがある。この買収は，先端技術の国外流出による軍事的優位の低下を懸念したアメリカ政府によって阻止された。近年においては，アメリカと中国の間の政治的・経済的な摩擦が高まったことで，中国企業によるアメリカ企業の買収が阻まれる例が多く生じている。

　より多くの産業で問題になるのは，同業企業間の統合で競争が制限されることで，顧客や取引先企業に悪影響が生じる可能性である。このため，市場支配力を過度に高める懸念がある M&A は，政府当局（日本では公正取引委員会）によって許可されなかったり，競争への影響を緩和する措置を義務づけられたりすることがある。近年の例としては，長崎県の地方銀行である親和銀行を傘下に持つふくおかフィナンシャルグループと，同じく長崎県を地盤とする十八銀行の統合がある。この統合は，県内の融資シェアが 7 割を超える銀行を生み出すことになるため，公正取引委員会による審査が長期に及び，最終的に貸し出し債権の一部を他行に譲渡することを条件に許可された。

　グローバルに活動する企業間で M&A が行われる場合には，その影響は 1 つの国にとどまらない。このため，事業が行われる多くの国で審査が行われる。重要市場で許可が得られなければ，統合は断念せざるをえない。日本企業が関係する事例としては，半導体製造装置の大手である東京エレクトロンと同業のアプライドマテリアルズ（ア

メリカ）の間で 2013 年に合意された統合がある。この統合は，重要産業で世界最大の企業を生み出すことになるために，各国での審査が長期化した。最終的には，アメリカ司法省による許可が得られなかったために，2015 年に統合は断念された。企業活動のグローバル化によって世界的な影響の大きな M&A が増えるにつれ，多くの国における審査の必要性から，実現に長い時間を要したり，統合が中止されたりするケースが増えている。

(3)　余剰能力の削減

　M&A は，資源を獲得するための手段であるが，余剰な資源の削減を促す効果も持つ。いま，ある産業の供給能力が需要を構造的に超過しているとしよう。こうした状況では，稼働率の低い工場を閉じるなどして需給ギャップを解消しない限り，そこで活動する企業が利益を得ることは難しい。しかしながら，産業で多数の企業が活動していると，1 つの企業の能力削減が市場全体の需給バランスを改善する効果は限られる。また，その効果は多くの企業に拡散してしまうため，実施した企業は削減の便益よりも痛みを感じやすい。だが，企業数が少なくなれば，実施した企業自身が削減の効果を利益の増加という形で享受しやすくなる[9]。ゆえに，M&A で産業内の企業数が減ることは，残る企業の合理化への意欲を高め，能力の削減を進めやすくする。

　石油精製産業で上述のような統合が進んだ 1 つの背景は，ガソリンなど石油製品の需要の減少から，需給バランスが構造的に悪化していたことがある。このため，統合後の各社では，生産性の低い製油所の閉鎖や拠点の集約などの合理化が行われた。

(4)　補完的資源の獲得

　多角化型の M&A で重要な便益は，補完的資源の獲得による事業の活動基盤と価値創造力の強化である。企業が事業シナジーを見込んで多角化したとしても，新たな事業で必要とされる資源を十分に持たなければ，既存の資源をそこで活かすことはできない。不足する資源を持つ企業との統合は，新事業の基盤を強化し，シナジーの実現を後押しする。統合相手に自社の資源を移植することで，その競

---

[9]　この効果は，産業内に企業が 1 社しかない独占の場合を考えるとわかりやすい。独占企業が需要に比べて過多な供給能力を持っているならば，その能力を削減し，需給バランスを改善させることで生じる便益は，すべて自社のものとなる。したがって，独占企業は，自社の合理化努力に競合がタダ乗りすることを心配することなく，必要な合理化に踏み切りやすい。

争力を高めることもできる。

　前述のキヤノンによる東芝子会社の買収でも，補完的資源の獲得が重要な動機になっている。キヤノンは買収前から眼科用診断機器やX線装置などの医療機器に多角化していたが，事業の規模は小さなものにとどまっていた。コンピュータ断層撮影装置（CT）で大きなシェアを持つ東芝メディカルシステムズの買収は，同事業の規模と範囲を一気に大きくし，顧客（医療機関）へのアクセス強化につながる。キヤノンの映像技術の活用による，東芝メディカル製品の競争力強化も期待できる。

　(5)　取引費用の削減

　売り手と買い手が別々の企業であるときは実現の難しい取引も，両者を1つの企業にまとめ，組織内の関係にすることで行いやすくなる（第5章）。ゆえに，垂直的な M&A においては，取引費用の削減とそれに伴う取引の円滑化が，重要な便益となる。たとえば，統合により，川上事業が供給するインプットを，川下事業のニーズにより適合したものにできるならば，後者事業の競争力と利益を高めることにつながる。

　(6)　経営の改善

　相手企業が経営力の不足から自らの資源を十分に活用できていない場合，M&A により自社の内部に取り込み，不足する力を補うことが，業績の向上につながる。友好的な統合でこの効果を実現するためには，自社のマネージャーを相手に派遣することで，経営を支援する形が一般にとられる。日本電産は，業績の振るわない同業企業を多く買収し，グループの一員として再生することで，世界最大のモーターメーカーへと成長してきた。鴻海によるシャープの買収でも，鴻海経営陣の中心メンバーがシャープにトップとして送り込まれ，経営危機からの再建を指揮してきた。[10]

　こうした友好的な買収では，経営陣の交代なしに再建が進むこともある。対するに，敵対的買収では従来の経営陣は解任され，新しい経営陣のもとでの改善が図られる。コロワイドによる大戸屋の買収でも，後者の経営陣は刷新された。

　(7)　インキュベーション

　統合相手が活動と存続の基盤が未確立な新しい企業の場合，相手を自社の内部に取り込み，必要な資金や資源を補うことで，成長を加速させることができる。

────────────────

　●10　買収後のシャープの再建プロセスについては，喬（2019）が詳しい。

このように生み出される価値は，将来有望な「卵」を自社の中に保護し育ててい
く，インキュベーション（孵化）の成果といえる。企業は，育てた事業の成長か
ら直接に利益を得られるだけでなく，独自な資源を早くから囲い込むことで，よ
り広い事業への応用を図ることができる。医薬品やエレクトロニクス，情報通信
などの技術革新が活発な産業では，こうした性格の M&A が多く見られる。[11]

4 投資の意思決定

　M&A が企業に便益をもたらしても，それを得るための費用が大きすぎれば，
企業価値の向上には寄与しない。M&A には２種類の費用がある。M&A そのも
のを実施する費用（投資費用）と，実施後に資源利用のための組織的な仕組みを
つくる費用（統合費用）である。企業は，費用を上回る便益が見込まれるときに，
M&A を実施する。だが，費用の過小評価や便益の過大評価は起きる。M&A が
発表された後の発表企業の株価には，そうした懸念が如実に表れることがある。
図 10-3 は，武田薬品工業がシャイアーの買収計画を公表した後から，買収を完
了するまでの期間における，同社と日経平均株価の推移を示したものである。こ
の期間における株式市場の軟調さを割り引いても，同社の株価が大きく低下した
ことがわかるであろう。買収費用の大きさやクロスボーダーでの統合の難しさな
どが，投資家に懸念されたためである。
　大型の M&A で見られやすい，こうした株価の低下傾向は，発表時点における
投資家の予想の反映であり，その M&A が長い目で見ても企業価値の低下を必
ずもたらすことを意味するものではない。だが，企業への重要な警鐘とはいえ
る。そこで本節では，投資としての M&A を難しくする要因について考察する。
M&A は統合相手の資源を一度にセットで取得するゆえに，以下のような難しさ
が投資の段階で生じる。

COLUMN 10-❺　イベントスタディ ─────
　　武田によるシャイアー買収の例が示すように，大規模な M&A が発表されると，発
　表した企業の株価は大きく変化することが多い。これは，株価に反映されている投資
　家の期待（予想）が，発表により修正されるためである。M&A が企業価値を高める

───────────
　[11]　もっとも，大企業によるこうした目的でのスタートアップ企業の買収が，将来の競合の芽を
　摘むことを真の目的としているとの批判もある。

図 10-3 ■ シャイアー買収発表から完了までの武田薬品工業の株価

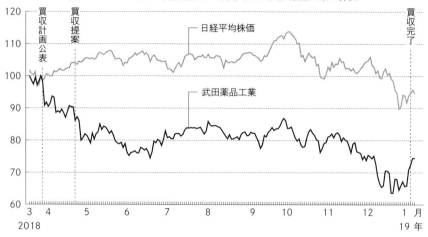

（注）　日経平均と武田薬品工業の株価を，同社による買収計画公表前日を 100 として表したもの。

と多くの投資家が予想すれば株価は上がり，逆の予想が支配的であれば株価は下がる。こうした株価の変化から，M&A などの企業活動が企業価値にもたらす影響を分析する方法として，イベントスタディ（event study）がある。

　株価は，M&A の発表など企業独自の出来事（イベント）だけでなく，経済や産業の動向など多くの要因によって変化する。イベントスタディは，これら要因の影響を除いた株価の変化を見るために，日経平均株価や TOPIX などといった市場全般の株価指標の変化を調整した変化率である，超過収益率（abnormal return：AR）に注目する。企業 i の株式の t 時点における収益率を r_{it}，株式市場全般の収益率を r_{mt} とするならば，超過収益率は，一般に次のように計算される。

$$AR_{it} = r_{it} - (\hat{\alpha} + \hat{\beta} \times r_{mt})$$

ここで，$\hat{\alpha}$ と $\hat{\beta}$ は，データから推計されたパラメーターである。分析においては，イベントが発表された当日（t）だけでなく，前後数日の超過収益率を足し合わせた，累積超過収益率（cumulative abnormal return）を用いることが多い。

　M&A のイベントスタディは数多く存在する。それら研究の主要な発見は，M&A は，買い手企業よりも売り手企業の株価にプラスに働きやすいということである。とくに大型の M&A が発表されると，買い手企業の超過収益率は大幅なマイナスになることが多い。こうした変化は発表時点における投資家の予想の反映であり，株価の低下を招いた M&A であっても，将来的に企業価値の向上に寄与していく可能性を否定するものではない。だが，企業を外部から客観的に評価し，資金を投じる立場にある

投資家が悲観的な予想を持つならば，それが企業にとって重要な警告であることは間違いない。M&A に関するイベントスタディの概観としては，Betton *et al.*（2008），日本企業を対象とする代表的な研究としては，井上・加藤（2006）などを参照するとよい。イベントスタディの方法の解説としては，久保（2021）がわかりやすい。

（1）柔軟性の低さ

M&A は，いつでも，どのような相手とでも，行えるわけではない。自社が必要とする資源を持つ理想的な相手がいるとしても，その企業が統合に応じる意思がなければ，M&A の対象とはなりえない（敵対的な買収ができる場合を除く）。別言すると，M&A の相手となりうるのは，自社が必要とする資源を持つ企業の一部に過ぎない。限られた選択肢の中から相手を選ぶという意味で，M&A は柔軟性の低い成長モードであり，取得される資源や価格などでの妥協がされやすくなる。妥協は M&A の実施を容易にするものの，過大な費用や不十分な統合便益などの問題を引き起こす要因になる。

（2）意思決定の歪み

M&A は，企業が早く大きくなることを可能にするために，「悪用」もされやすい。この問題がとくに深刻になるのは，企業を大きくすることに過度に熱心な経営者が，手っ取り早く成長を実現する手段として M&A を用いる場合である。[12] 行きすぎた成長志向は，いかなるタイプの成長モードにおいても過剰な投資を引き起こす原因となる。だが，M&A は，一度に多額の資金が投下され，企業同士が結合される「派手さ」ゆえに，意思決定の歪みがとくに生じやすくなる。

経営者が企業価値の向上を意図していても，歪みは生じうる。被買収企業やその株主は，自らが資源を利用したり，株式を保有したりすることで得られる価値を上回る対価が得られなければ，取引に応じない。ゆえに，買収企業が支払う価格には，価値の上乗せ分（プレミアム）が含まれる。[13] 企業がプレミアムを負担してまで M&A を行うのは，資源が生み出す価値を統合後により大きくできるという自信があるからである。ゆえに，自信は M&A の実現に不可欠である。だが，

---

[12]「帝国建設」（empire building）とも呼ばれる，こうした過度な成長指向は，経営者のモラルハザード（エージェンシー問題）の典型的な表れである（Stein, 2003）。

[13] 上場企業の買収では，買収企業が支払う1株当たりの価格のうち買収発表前の相手企業の株価を上乗る部分がプレミアムとなる。日本の上場企業の買収の場合，プレミアムは平均で30%程度である（鈴木, 2015）。

自信は便益の過大評価や費用の過小評価につながり，企業価値の向上のために行われた M&A が，逆の結果をもたらす原因ともなる[14]。自信過剰な経営者ほど，M&A に踏み切りやすいということでもある。

（3）　資源と活動の不透明性

　企業が M&A に投じるべき額を決めるためには，対象となる資源と活動の価値を見積もる必要がある。この見積もりのために，買い手企業が行う査定作業をデューデリジェンス（due diligence）という。資源の価値を把握する上での難しい問題は，無形資源の評価である。無形資源には市場が一般に存在せず，財務諸表にも価値が反映されにくい。とりわけ，組織そのものに体化され，暗黙知としての性格が強い資源や能力は，存在そのものが曖昧である。だが，組織同士を統合してまで取得する意味が本来最も大きいのは，こうした見えざる資源であり，その評価は適正な買収価額を知るための重要な課題となる。

　活動の評価における重要な課題は，債権・債務関係の把握である。事業活動では，顧客や取引業者などとの取引に伴う債権や債務が必ず生じる。買収企業はこれらの関係を被買収企業から引き継ぐため，回収可能性の低い債権や帳簿からは見えにくい債務が大規模に存在していると，想定外に大きな負担を統合後に背負うことになる。統合相手が複雑なグループ構造を持っていると，相手本体から物理的・組織的に離れたグループ会社の活動の実体が見えづらいため，このリスクはとくに大きくなる。

（4）　買い手企業間の競争

　自社が統合しようとしている相手に関心を持つ企業は，自社 1 社だけとは限らない。独自で優れた資源を持つ相手ほど，統合を希望する企業は増え，競争が起きやすくなる。上場企業の買収では，株式公開買い付け（take-over bid：TOB）と呼ばれる手続きが必要になる[15]。TOB では，取得しようとする株式数や価格などの条件が広く公開されるため，同じ企業に関心を持つ他社による対抗措置がとられ，競争が起きやすくなる。競争に勝つためには，大きなプレミアムなど，相手企業の株主により魅力的な条件を提示しなければならない。こうした買い手企業間の競争は，オークション（競売）のように働き，買収価格の上昇を引き起こす。無事に自社が「落札」できたとしても，当初の想定を大きく上回る費用の負担と

- 14　これは Roll（1986）によって，M&A の自信過剰（hubris）仮説と呼ばれた説明である。
- 15　TOB という表現はアメリカやイギリスにおいては一般的ではなく，テンダーオファー（tender offer）という呼ばれ方をすることが多い。

なる可能性がある。

　競争に勝ったがゆえに生じる，勝者の呪い（winner's curse）と呼ばれる問題もある。自社が競争に勝ったということは，他社は自社ほど高い価格を支払う意思がなかったということである。その理由が自社の知らない被買収企業の問題であったとすると，自社は情報不足から本来の価値以上での「高値づかみ」をしてしまったことになり，よい買い物をしたとはいえなくなる。

COLUMN 10-❻　のれんと減損処理

　M&A の費用が上昇することで引き起こされる問題の 1 つとして，買い手企業が減損損失の計上を迫られやすくなることがある。企業が買収を行うと，買収に支払われた価格と相手企業の純資産（時価）との差額が，のれんとして資産に計上される。純資産は，企業の資産のうち，株主に帰属する部分である。相手企業の株式を取得するために，これを上回る支払いがなされたということは，無形資源など貸借対照表には表れにくい資源が存在し，それゆえの稼ぐ力を相手企業が持つことを評価したためと解釈できる。買い手企業がこの力を高く評価するほど，買収価格は高くなり，買収後に計上されるのれんの額も大きくなる。

　のれんは，資源が将来生み出すと見込まれる利益に基づくものであり，見込みの前提条件が大きく変化すると，新しい条件に即して修正される。買収が期待した成果を生み出せていない場合には，のれんの下方修正が行われることになる。この修正が減損処理であり，のれんの修正額（減損損失）は特別損失になる。したがって，買収時に多くの資金が投じられ，大きなのれんが計上されているほど，買収後の状況の変化により多額の減損処理が必要になり，純利益を押し下げる要因となりやすくなる。純利益がマイナス化すると自己資本が減少するため，巨額の減損損失により企業が債務超過（自己資本がマイナス）状態に陥ることもありうる。

　こうした形で企業が危機に陥った例として，東芝によるアメリカのウェスチングハウスの買収がある。東芝は，原子力事業の強化のために，2006 年に同事業の名門であるウェスチングハウスを買収したが，他社との競合により買収費用が高騰し，多額ののれんを計上することになった（米国会計基準の利用により，のれんはウェスチングハウス側に計上された）。だが，東日本大震災により原子力事業の環境が大幅に悪化した結果，多額の減損処理の必要が生じ，東芝は 2017 年に債務超過に陥った。債務超過の回避のために医療機器事業や家電製品事業の売却をすでに進めていた東芝は，これにより中核と位置づけていた半導体メモリ事業の売却までも余儀なくされた。大規模な M&A が，当該事業だけでなく，企業全体へと大きな影響を及ぼしうることの例証である。

5　組織の統合

　M&Aの目的は，取得した資源の活用である。投資が完了しても，意図通りに資源を活用することができなければ，M&Aは失敗である。2つの企業に分かれていた資源を企業が活用するためには，そのための組織的な体制づくりである「統合」が必要になる。組織の統合には，大きく3つの形がある。[16]

(1)　吸収型統合

　第1は，相手組織を自社の中に取り込み，もともと1つの組織であったかのような一貫性と統一性をつくる，吸収型の統合である。1つの組織としての強みの実現が目的であるため，重複する活動は1つにまとめられ，拠点の統廃合や集約，人員の再配置が行われる。M&Aを通じて規模の経済性を実現するためには，2つの組織を形式的に束ねるのではなく，より大きな1つの企業としての最適化を，さまざまな活動で行う必要がある。そのために最も適しているのは，吸収型の統合である。

　吸収型という名前が示唆するように，この形の統合は，相手組織の規模が自社に比べて小さいときに行いやすい。反対に，大きな企業同士が統合する際には，さまざまな問題が起きやすい。たとえば，相手の組織を自社の組織に単純に入れ込むことができないため，複雑で多面的な調整が必要になる。組織文化やルーチン（ものごとの進め方）の違いから，軋轢も生まれやすい。ただし，これらの問題は，小さな組織との統合では吸収型を用い，大きな組織との統合では避けるべきということを意味するものではない。下に見るように，意図した便益を実現するためには，相手組織が小さくとも一体化を避けるべきときがある。逆に，便益の実現に必要であるならば，大きな企業同士の統合であったとしても一体化を成し遂げなければならない。

(2)　保存型統合

　第2の形は，保存型である。保存型の統合は，統合相手の組織を大きく手を加えることなく維持し，その活動に高い自律性を付与する。したがって，相手組織は自社の一部にはなるものの，その活動は統合前と大きく変わることなく継続さ

　●16　以下の類型化は，Haspeslagh and Jemison（1991）による。

れる。このタイプの統合が適しているのは，相手の資源と組織が強く紐づいているために，組織を大きく変化させると，自社が取得しようとした資源が損なわれる懸念が強い場合である。たとえば，大きな企業が革新的な技術を生み出そうとしているベンチャー企業と統合する際に，相手を自社の組織に吸収し，同化してしまうと，その組織が持っていた活力が失われ，イノベーションを生み出す力も損なわれてしまう可能性がある。貴重な人材が社外へと流出すれば，そもそもの統合の意味が失われる。

保存型統合の課題は，1つの企業としての資源の活用である。相手組織が，統合後も社内で閉ざされた存在であり，資源の利用がその中に限られるならば，その組織は実質的に別の企業である。学習や移転の仕組みをつくることで，資源の活用場所を企業内の他の場所に広げていくことが必要である。

(3) 共生型統合

統合の第3の形は，共生型である。共生型の統合では，保存型と同様に相手組織は自社内で大きく変更されることなく存続し，高い自律性も付与される。だが，その活動は企業内の他の部分との連携を前提としたものに修正される。したがって，統合後には企業内の活動に強い相互依存の関係が生まれる[17]。関係は資源の共用という形をとることもあれば，活動の分業という形をとることもある。

スイスの医薬品企業であるロシュは，中外製薬とそうした関係をつくっている。2002年にロシュの子会社となった中外製薬は，買収後も株式の上場を続けているほか，組織的にもロシュ本体からの自律性が与えられている。だが，活動面では，中外製薬は医薬品事業の上流である創薬（研究開発）に集中し，かつては自前で行っていた治験や販売は，おもにロシュが世界的に担当するよう改められている。これは，活動の分業であるとともに，ロシュが自社技術を補完するために中外の技術を活用し，中外は技術の事業化にロシュの世界的な活動基盤を利用する，資源の共用関係でもある。

COLUMN 10-❼ **統合の失敗と解消**

　　組織には，活動の歴史の中でつくられていく個性がある。組織メンバーが共有する価値観である組織文化は，人々が日々の活動をともにし，経験を共有することで生まれ，強められていく。組織ならではの仕事のやり方や手順である組織ルーチンも，活

•17　共生（symbiosis）という言葉の本来の意味は，植物と昆虫のように別個の種である生物が，互いの活動を通じて支え合う関係を指している。共生型の統合は，同様な関係性を企業内の自律的な組織ユニット間につくるということである。

動の中でつくられ，繰り返されることで完成されていく。大きな企業の組織は，一般に強い個性を持つ。ゆえに，そうした企業同士の統合では，個性の衝突による軋轢が深刻になる可能性がある。軋轢が解消されず，期待された統合便益を生み出すことができなければ，統合を解消し，別々の企業へと逆戻りすることもありうる。

　そうした解消が起きた著名な事例として，名門メディア企業であるタイム・ワーナーとアメリカ最大のインターネットサービスプロバイダーであった AOL の間で行われた統合がある。2000 年に実施されたこの合併は，新旧メディアの有力企業を 1 つにすることで，新時代のメディア企業像を示すはずであった。しかしながら，合併により生まれた AOL タイム・ワーナーの至るところで，旧 2 社の文化の違いから社員間の衝突が生じたといわれる（Bruner, 2005）。さらに，ブロードバンドの普及により AOL の事業が競争力を失ったことで，期待された統合便益が実現されることはなかった。2003 年には社名から AOL が外され，2009 年には同事業が独立した企業として分離されることで，「世紀の合併」と呼ばれた統合は解消された。

　AOL タイム・ワーナーの合併は，明らかな統合の失敗事例であり，大きな企業同士を統合することの難しさを象徴するものである。だが，軋轢がないことが，統合の成功を意味するものでは必ずしもない。統合便益の実現に組織の一体化が必要であるにもかかわらず，軋轢を避けるために人事系統を分離し，重要なポストを旧企業間で分け合うなど，統合後も組織が実質的に分断された状態が長く続くことは多いといわれる。軋轢は統合が試みられるからこそ生じるのであり，表面的な平穏よりは健全なマネジメントがなされている証ともいえる。AOL タイム・ワーナーなど統合の不成功の事例の詳細と分析は，Bruner（2005）を参照のこと。

6　多段階の統合

　吸収型や共生型の統合で必要な組織の一体化や連携関係の構築は，一朝一夕にできるものではない。統合される組織は，別個の企業として独自の文化やルーチンを育んできている。個性の違いによる摩擦が生じると，これらの目標は達成しにくくなる。摩擦を和らげる 1 つの方法は，統合を段階的に進めていくことである。すなわち，互いの個性と自律性を尊重する保存性の高い統合から出発し，同じ企業の一部としての認識が定着した後に，より統合度の高い形に移行していくことである。

　パナソニック（旧・松下電器産業。以下，電器）とパナソニック電工（旧・松下電工。以下，電工）の例で見てみよう（**図10-4**）。両社は，電器が電工の筆頭株主と

図 10-4 ■ パナソニックとパナソニック電工の統合の流れ

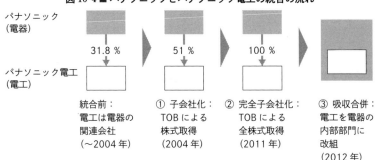

パナソニック
(電器)

31.8 %　　　　51 %　　　　100 %

パナソニック電工
(電工)

統合前：　　　① 子会社化：　　② 完全子会社化：　③ 吸収合併：
電工は電器の　TOB による　　　TOB による　　　電工を電器の
関連会社　　　株式取得　　　　全株式取得　　　内部部門に
(〜2004 年)　 (2004 年)　　　 (2011 年)　　　　改組
　　　　　　　　　　　　　　　　　　　　　　　(2012 年)

(注)　2008 年まで，両社の社名は松下電器と松下電工。

　いう関係にあったものの，別個の企業として独立性の高い経営を長く行ってきた。
だが，電器は住宅関連事業の強化のため，2004 年に同事業に強みを持つ電工へ
の TOB を実施し，出資比率を 51 ％まで高めた。買収後には，1 つの企業として
重複する活動の整理やブランドの統一がなされたものの，電器への強いライバル
心を持つといわれ，上場会社でもある電工への配慮から，グループ内での同社組
織の独立性は高く保たれた。だが，そうした緩やかな統合で進められる一体化に
は限りがある。そこで電器は，同じ企業グループの一員としての時間が経過した
2011 年に，2 度目の TOB を実施し，電工を完全子会社化した。さらにその翌年
には，電器が電工を吸収合併することで，法人格も統合した。合併後，旧・電工
の主要部分は，電器内でエコソリューションズ社（現ライフソリューションズ社）
へと再編され，その本部は旧・電工本社の所在地に置かれている。
　多段階の統合を経なければ，意図する便益がそもそも実現できない場合もある。
日本鋼管（NKK）と川崎製鉄の統合は，そうした例である（図 10-5）。前述の通り，
この統合は持株会社方式で行われ，両社は JFE ホールディングスの子会社にな
った。統合により，JFE グループの鉄鋼事業はライバルである新日本製鐵（当
時）に比肩する規模となったが，NKK と川崎製鉄が別個の事業会社として従来
の組織を維持したままでは，大きくなった規模を競争力の向上に結びつけること
はできない。そこで JFE は，NKK の鉄鋼事業を川崎製鉄（JFE スチールへと社名
変更）へ，川崎製鉄のエンジニアリング事業を NKK（JFE エンジニアリングに社名
変更）へと，それぞれ移管することで，グループ内で事業を集約した。さらに，
それぞれの事業会社内部において，生産拠点や生産品目の再編と人材の再配置を
行うことで，組織としての一体性を高め，統合便益の実現を図った。

図 10-5 ■ JFE（日本鋼管と川崎製鉄）の統合の流れ

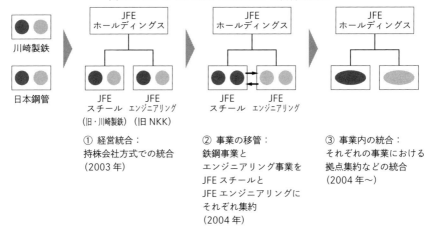

① 経営統合：
持株会社方式での統合
（2003 年）

② 事業の移管：
鉄鋼事業と
エンジニアリング事業を
JFE スチールと
JFE エンジニアリングに
それぞれ集約
（2004 年）

③ 事業内の統合：
それぞれの事業における
拠点集約などの統合
（2004 年〜）

　これらの例が示すように，M&A は，企業間で取引が行われれば終わりではなく，取引後にグループ内 M&A を含むさまざまな調整を重ねることが，目標とする便益の実現のためにしばしば必要になる[18]。調整は，もともとの組織をほぐし，つくり替えていくような大がかりなものになることもある。こうした，構造の再設計ともいえる調整の必要が生じるのは，M&A が，企業の外に組織という形でまとまって存在している資源を取り込む成長モードであるからにほかならない。

---

[18] 持株会社方式で統合した企業の段階的統合については，内山（2017）がマルハニチロの例を踏まえつつ，詳しく検討している。

第**11**章

アライアンス

1 アライアンスとは

　本章では，外部成長の第2の形であるアライアンスを取り上げる。アライアンス（提携）とは，他の企業との協力によって，自社単独では難しい活動を行うことである。企業が，ある活動を単独ではうまくできないということは，その活動に必要な資源を十分に持たないということである。アライアンスは，この不足を補うために，M&Aと同様，他社の資源を利用する。だが，相手と自社の組織を統合することはない。すなわち，アライアンスで協力相手（パートナー）となる企業は，自社とは独立に経営されている別個の企業である。アライアンスとは，外部の資源を直接に取得するのではなく，利用させてもらうための協力体制を，資源を持つ他社との間につくることである。

　アライアンスは独立した企業間の協力であるために，M&Aのように組織統合の問題が企業全体で大きく生じることはない。[1] 組織統合には，第**10**章で見たような多くの難しさがある。そうした困難を避けつつ他社の資源を利用できることは，アライアンスの大きなメリットである。必要に応じて異なる相手と協力関係をつくることができる柔軟性，活動に要するすべての資源を自社で保有しないゆえの資金の節約も，アライアンスならではのメリットといえる。

　だが，アライアンスには固有な難しさ（デメリット）もある。とりわけ大きな

●1　ただし，協力がパートナー企業の活動を統合する形で行われる場合，ジョイントベンチャーなど，協働の場となる組織における統合が課題になる。

問題は，独立した企業間の協力であるがゆえに，活動のコントロールが不完全になることである。そもそも，どのような活動を，いかなる企業と行うかは，自社の意向のみでは決まらない。ある企業と協働を始めたとしても，その活動をどのように進めていくかは，相手との合意により決めなければならない。相手企業の資源を自社が望むように利用できるとは限らず，反対に相手が自社の資源をどのように使うかも，完全にコントロールできるとは限らない。自社にとって重要な活動であったとしても，相手企業が継続の意欲を失えば，やめざるをえない。

　アライアンスを行う企業は，こうしたコントロールの不完全さゆえに生じる課題に，相手企業との意向のすり合わせ（調整）により対応する。すなわち，アライアンスのマネジメントは，1つの企業の中で完結するものではなく，企業間の関係性のマネジメントとしての性格を多分に持っている。

2　アライアンスの種類

　アライアンスには多くの種類がある。協力の枠組みと協働が行われる形に注目して，おもなタイプを概観してみよう[2]。

2.1　協力の枠組みによる区分

　アライアンスは独立した企業間の関係であるために，協力を進める上での基礎となる契約がパートナー間で結ばれる。この契約に加えて，活動への出資が協力の枠組みづくりのために行われるアライアンスをエクイティ型の提携（equity alliance），契約のみで協働が進められるアライアンスを契約（ノンエクイティ）型の提携（contractual (non-equity) alliance）と呼ぶ。エクイティ型の提携の中で最も大がかりなものは，相手企業へマイノリティ出資（出資比率が50％未満で，相手を子会社化しない出資）する，資本提携である[3]。パートナーの有力株主となることで，

---

[2]　ここであげた区分以外にも，パートナー企業の業種や国籍に基づく区分がある。M&Aと同様に，同じ産業の企業間で行われる水平型，同じ価値システム上で取引関係にある企業間の垂直型，異なる産業に属する企業間の異業種アライアンスといった区分ができる。異なる国籍の企業間の提携関係は，クロスボーダーアライアンスと呼ばれる。アライアンスの諸類型については，安田（2016）に詳しい解説がある。

[3]　日本語で資本提携という場合には，一般に相手企業へのマイノリティ出資のみを指し，ジョイントベンチャーは含まない。この用法に倣い，本書では，相手企業本体への出資を資本提携，より広く資本投入がなされる提携をエクイティ型の提携と呼ぶことにする。

企業は相手の経営や活動の状況を把握しやすくなり，自社の意向の伝達も容易になる。企業同士の利害の一致性が高まることで，広範囲な協力も進めやすくなる。

　企業間の関係が最も強固になるのは，資本提携が双方向に行われる場合である。よく知られた例としては，フランスのルノーと日本の日産自動車の関係がある。1990年代末に日産が経営危機に陥って以来，両社は大規模に株式を持ち合う（ルノーが日産の43％，日産がルノーの15％）関係にある。さらに，2016年には日産が三菱自動車工業に34％出資する筆頭株主となったため，アライアンスは三菱自工を加えた3社連合としての性格が強くなっている。

COLUMN 11-❶　コンステレーション（多企業間の提携）

　アライアンスは，3社以上の企業により行われることもある。数多くの企業からなる協力関係のネットワークを，コンステレーション（constellation）と呼ぶ（Gomes-Casseres, 2015）。コンステレーションは，2社間の提携が組み合わさることでできることもあれば，最初から多数の企業による協力としてつくられるものもある。前者の例は，企業を中心とするサプライヤーのネットワークである。たとえば，アメリカのボーイングは，ジェット旅客機の開発・生産を，三菱重工業や東レといった日本企業も含む数多くの企業との分業で行っている。これら企業間の関係性は，ボーイングを中心とする1つのシステムであるが，それはボーイングと各社との個別の関係が組み合わさることでできているものであり，システム全体が1つのアライアンスなわけではない。

　後者のよく知られた例は，航空旅客産業における「アライアンス」（航空連合）である。世界の有力航空会社は，マイレージサービスの共通化や，コードシェア便の運航，空港ラウンジの共同利用などを行うための「アライアンス」に参加していている。たとえば，アメリカのユナイテッド航空，ドイツのルフトハンザ航空，全日本空輸などがメンバーである，スターアライアンス（Star Alliance）には，20社以上の航空会社が参加している。大規模空港では，ターミナルをアライアンスによって分けていることが多い（たとえば，成田空港では，スターアライアンスは第1ターミナル南ウイング，日本航空が参加するワンワールド〔One World〕は第2ターミナルである）。これは，同じアライアンスの航空会社間で，顧客サービスの提供や運航，地上業務における協力を行いやすくするためである。

　いま1つの例は，多くの企業が活用できる可能性のある萌芽的な技術の研究を進める，研究開発コンソーシアム（共同組合）である。こうした技術の研究は不確実性が大きく，個々の企業の力では十分に行いにくい。研究が多くの企業によってバラバラに行われると，それによって得られた知見も分散するため，技術進歩が円滑に進みにくくもなる。研究開発コンソーシアムは，特定の技術領域の研究を参加企業が共同

で行うことで，そうした非効率を軽減しようとするものである。日本の航空産業には，電動航空機の研究のために宇宙航空研究開発機構（JAXA）によって組織されている，航空機電動化コンソーシアムがある。この例のように，研究開発コンソーシアムには，公的機関や大学が全体の舵とり役として参加することも珍しくない。

エクイティ型提携のもう1つの重要な形は，パートナー企業が特定の活動に共同で出資する，ジョイントベンチャー（JV）である。ジョイントベンチャーはアライアンスの最も一般的な形であるため，次節で詳しく取り上げる。

　一方の契約型の提携は，協力の対象となる活動や企業間の役割分担，成果の配分などの枠組みを，契約で規定して進める協力である。ある契約関係をアライアンスと呼びうるためには，その関係が，アームズレングスな単発の取引ではなく，継続性のある活動でなければならない。[4]また，活動の内容や進め方が，双方の企業の意向で調整できなければならない。よく知られた契約型提携の例としては，東京ディズニーリゾートがある。同所はディズニーブランドのテーマパークとして大きな成功を収めてきたが，運営主体であるオリエンタルランドは，アメリカのディズニーとは資本関係のない日本企業である。オリエンタルランドは，運営を契約で請け負うとともに，ブランドやキャラクターなどの資源を用いる対価を支払うことで，ディズニーと成果を分かち合っている。

　パートナー間で相互出資がなされるような大がかりなアライアンスでは，複数の形の協力が重層的に行われる。たとえば，ルノーと日産は，両社の関係全体の基盤として資本提携を行っているとともに，特定の活動領域で協力するための組織として多くのジョイントベンチャーをつくっている。部材の共同調達によって購買コストの削減に成果を上げてきた Renault-Nissan Purchasing Organization（RNPO，現 Alliance Purchasing Organization）は，その一例である。第三国の工場で相手ブランドの車を生産するなど，契約に基づく協力も数多く行われている。このように，資本提携により全体の枠組みをつくっていても，個別具体的な協働のためにジョイントベンチャーの設立や契約の締結が改めてなされるのは，独立した企業同士の協力であるアライアンスでは，いかなる活動も一方の企業の意向の

---

[4] アームズレングス（arm's length）とは，純粋な市場における取引当事者間の独立的な関係を表す言葉である。市場における売り手と買い手は，取引を通じてともに価値を創造する関係にあるが，意思決定主体としては完全に別個な存在であり，両者の間には，一定（「腕の長さ分」）の距離が常に保たれている。

図 11-1 ■ ルノーと日産の提携構造

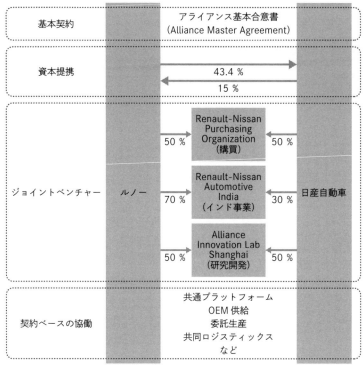

基本契約　　　　　　アライアンス基本合意書
　　　　　　　　　　(Alliance Master Agreement)

資本提携　　　　　　　　43.4 %
　　　　　　　　　　　　15 %

ジョイントベンチャー　ルノー

Renault-Nissan Purchasing Organization （購買）　50 % / 50 %

Renault-Nissan Automotive India （インド事業）　70 % / 30 %

Alliance Innovation Lab Shanghai （研究開発）　50 % / 50 %

日産自動車

契約ベースの協働　　　共通プラットフォーム
　　　　　　　　　　　OEM 供給
　　　　　　　　　　　委託生産
　　　　　　　　　　共同ロジスティックス
　　　　　　　　　　　　など

（注）　両社のアライアンス関係の一部のみを例示したもの。なお，日産による三菱自動車
　　　工業への出資により，図中の協力関係にも 3 社提携へと変化した部分がある。たとえ
　　　ば，Renault-Nissan Purchasing Organization は，Alliance Purchasing Organization と
　　　して改組されている。
（出所）　各種資料より筆者作成。

みでは行えないためである。協力の内容や方法は，活動ごとにパートナー間で検
討され，合意される必要がある。

2.2　協働の形による区分

　アライアンスは，企業が協働する形によっても区分できる。1つの形は，一方
の企業が他方の企業に活動を委ね，その成果を受け取る，委託型の協働である
（図11-2(a)）。このタイプのアライアンスの典型は，製品の開発や生産をパート
ナー企業に任せる委託製造である。たとえば，日産自動車は，自社が持たない軽
自動車の生産を，パートナーである三菱自動車工業に委託し，自社ブランドの製

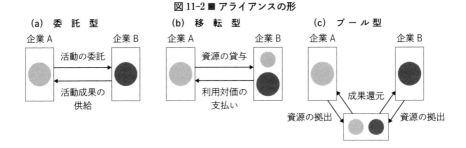

図 11-2 ■ アライアンスの形

品として販売している。ファーストリテイリングと東レは，両社が共同で企画し
た素材を東レが生産し，UNIQLO に独占的に供給する「戦略的パートナーシッ
プ」の関係にある。

　第2の形は，ディズニーとオリエンタルランドの間に見られるように，一方の
企業の資源が他方の企業へと貸与され，後者の活動に用いられる，移転型の協働
である（図 11-2(b)）。資源の移転は，一方向で行われるとは限らない。たとえば，
技術のクロスライセンスにおいては，2つの企業が契約に定められた範囲で特許
を解放し合い，それぞれの活動で用いることができるようにする。Google は，
Apple との競争をより効果的に進められるよう，同社の Android OS をスマート
ホンに採用する有力企業であるサムスン電子と，広範なクロスライセンス契約を
結んでいる。

　第3の形は，パートナー企業同士が互いの資源を持ち寄り，ともに活動を行う，
プール型である（図 11-2(c)）。この形の協働の典型は，ジョイントベンチャーで
ある。商用車（トラック，バス）のメーカーであるいすゞ自動車と日野自動車は，
バス事業における開発と生産の効率化を図るために，これらの機能を均等出資の
ジョイントベンチャーであるジェイ・バスにまとめ，共同で活動している。ジェ
イ・バスで開発・生産される製品は，パートナー2社それぞれのブランドとチャ
ネルで顧客へと販売される。ゆえに，いすゞと日野は，バリューチェーンの川上
（バックエンド）では協力し，川下（フロントエンド）では競争する関係にある。[5]

　このように，アライアンスには幅広いバリエーションがある。M&A にも多様

───────────

●5　このように，競合する企業同士が顧客と接しないバックエンドで協力するアライアンスは，ジ
　　ョイントベンチャーという形以外にもある。近年では，人手不足への対応や環境負荷の軽減のた
　　めに，競合企業同士が物流を共同化することが多くなっている。たとえば，アサヒ，キリン，サ
　　ントリー，サッポロのビール4社は，北海道での製品配送を共同で行っている。

図 11-3 ■ 中間組織としてのアライアンス

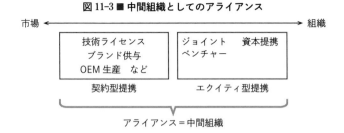

市場 ←——————————————————————→ 組織

技術ライセンス ブランド供与 OEM 生産　など	ジョイント　　資本提携 ベンチャー
契約型提携	エクイティ型提携

アライアンス＝中間組織

な形があるものの，それらは資源を１つの企業（組織）にまとめるという点では共通する。アライアンスの諸類型も，市場でも組織でもない中間的な関係（ハイブリッド）であるという点で共通する（COLUMN 5-❼）。だが，純粋な市場と組織の間には非常に大きな幅があるために，アライアンスには M&A 以上の多様性が生じるのである。

COLUMN 11-❷　退出と発言

　市場と組織は，複数の主体がそれぞれ単独では行うことが難しい活動のために協働する仕組みである。これらの仕組みがうまく機能するためには，主体間で利害の不一致による衝突が生じたときに，それを解消するための調整メカニズムが必要となる。Hirschman（1970）は，市場と組織の違いを，調整メカニズムの見地から考察した。この視点は，アライアンスへの理解を深めるためにも有用であるため，簡単に紹介しておこう。

　市場で中心となるメカニズムは，相手との関係を断つことを意味する退出（exit）である。市場では，売り手と買い手のアームズレングスな関係が基本であり，現在の取引に不満があるならば，そこから退出し，別の相手との取引を始めることで，自らの利益を高められるからである。一方，組織で中心となる調整メカニズムは，自らの希望を相手に伝える発言（voice）である。固定性の高いメンバーの集まりである組織で，自らの不満を解消するためには，その問題を他のメンバーに伝え，改善を促すことが必要だからである。もちろん，顧客が企業に不満をクレームするように，市場でも発言は行われ，従業員の離職のように，組織においても退出は起きる。だが，多数の主体間の柔軟な関係性としての市場の基礎となる調整メカニズムは退出であり，固定的なメンバーの協働としての組織の基礎にあるメカニズムは発言である。

　アライアンスでは，退出と発言の双方が，パートナー間の調整メカニズムとして重要になる。退出が重要なのは，市場と同様な独立した企業間の関係である限り，相手との関係を断ち切ることが，自らの利益を守る有力な手段だからである。発言が重要なのは，同じパートナーとの協力を継続的に進めていくためには，その過程で生じて

くる問題を対話によって解決しなければならないからである。したがって，アライアンスは，利害調整のメカニズムという点に関しても，純粋な市場（退出）と組織（発言）の間に位置づけられる，中間的な存在といえる。

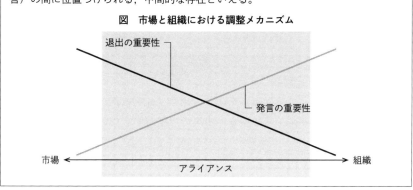

図　市場と組織における調整メカニズム

3　ジョイントベンチャー

　アライアンスが企業同士の協働であることが最も見えやすいのは，パートナー企業が共同出資でつくる会社であり，活動をともにする組織である，ジョイントベンチャー（JV）であろう。JVは，非常に広範な目的で用いられるアライアンスの形でもあるため，少し詳しく見てみよう。

3.1　JVの多様性

　JVがつくられる目的は多様である。先に紹介した，ルノーと日産のRNPO，いすゞと日野のジェイ・バスは，事業の一部機能をパートナーで共同運営するためにつくられている。事業全体を共同化するためのJVもある。総合商社の三菱商事と双日のJVであるメタルワンは，両社の鉄鋼事業を統合するためにつくられた。事業の多角化や市場参入を目的とすることもある。アメリカのゼロックスと富士フイルムのJVであった富士ゼロックス（現・富士フイルムビジネスイノベーション）は，ゼロックスにとっては新規市場（日本）への参入，富士フイルムにとっては複写機事業への多角化が目的であった。このように，同じJVであっても，設立の目的はパートナーによって変わりうる。より限定された活動のためにつくられるJVも多い。トヨタ自動車と中国の比亜迪（BYD）が2019年に設立したBYD TOYOTA EV TECHNOLOGYカンパニー（BTET）は，中国市場向けの電

気自動車の研究開発を目的としている。

　JV は 1 つの会社であるから，それ自体の組織を持つ。組織の規模においても，JV は多様である。富士ゼロックスは 1962 年の設立当初は 20 人に満たない人員であったものの，国内外で 4 万人を超える従業員を擁する組織へと成長した。ジェイ・バスの従業員数は 2000 人，BTET は 300 人程度である。

3.2　設立の方法

　JV の設立には，いくつかの方法がある。第 1 の方法は，新しい活動のために新規に会社を設立する，「グリーンフィールド」な方法である。この方法でつくられる JV は，パートナー企業の出資を元手として必要な資源を獲得し，活動をゼロから立ち上げていく。富士ゼロックスや BTET はこのようにつくられた JV である。

　第 2 の方法は，パートナー企業がそれぞれに行ってきた活動を，新しくつくられた会社を受け皿にまとめる方法である。ジェイ・バスは，日野自動車の子会社である日野車体工業と，いすゞ自動車の子会社であるいすゞバス製造という 2 つの会社を，新設会社であるジェイ・バスに吸収合併することでつくられた。メタルワンは，三菱商事と日商岩井（現・双日）の鉄鋼製品事業部門が会社分割によって切り離され，新設会社（メタルワン）に継承されることでつくられた。このようにつくられる JV は，それぞれのパートナー企業で蓄積されてきた資源を引き継ぐことで，活動の基盤が形成される。[6]

　第 3 の方法は，ある企業が子会社で行ってきた活動を共同化するために，別の企業が子会社株式の一部を取得することである。シャープと NEC（日本電気）のディスプレイ事業における JV であるシャープ NEC ディスプレイソリューションズは，NEC の完全子会社であった NEC ディスプレイソリューションズの株式の 66 ％を，シャープが取得することで合弁化されたものである。[7]

- [6]　こうした JV の設立時には，統合対象である活動をそれぞれの企業で担ってきた従業員が，JV へと合流する。ゆえに，JV に出資する企業同士は独立性を維持しているものの，協力の場である JV においては，異なる組織に属していた従業員たちをまとめるための組織統合が行われる。
- [7]　NEC ディスプレイソリューションズは，もともとは，NEC と三菱電機がディスプレイ事業の統合のためにつくった JV である NEC 三菱電機ビジュアルシステムズが，合弁関係の解消により NEC の完全子会社となったものである。したがって，シャープ NEC ディスプレイソリューションズは，本文で述べた第 2 の方法で JV として設立された後に，第 3 の方法で改めて JV 化された経緯を持つ。

図 11-4 ■ JV の基本構造

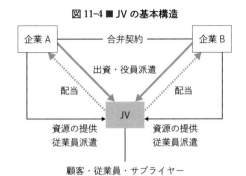

顧客・従業員・サプライヤー

3.3　JV の成り立ち

　JV は**図 11-4** のような構造を共通して持つ。JV の性格を根底で決めるのは，設立時にパートナー企業間で結ばれる合弁契約である。合弁契約では，それぞれのパートナーの出資額（比率）と出資方法，取締役など人員の派遣，JV への資源提供，活動成果の還元方法など，JV の設立と運営に関する基本事項が定められる。契約に従って資本と資源がパートナー企業から提供されることで，JV は１つの会社として成立し，活動していくことができるようになる。

　合弁契約で定められる事項のうち，JV の運営に最も強く影響するのは，出資比率である。１つの企業がマジョリティ株主として 50％超の出資比率を有すると，その企業の意向は JV の運営において優先されやすくなる。したがって，一方の企業が株式の過半数を持つ不均等出資型の JV は，パートナー間で協働を主導する企業をあらかじめ合意できる場合に適している。もっとも，JV の運営でマイノリティ出資企業の意向がまったく顧みられなければ，協力を効果的に行うことは難しい。このため，あらかじめ決められた事項についての拒否権をマイノリティ出資企業に付与しておくことで，マジョリティ出資企業による一方的な運営を防ぐことがある。

　一方，２つの企業が 50％ずつ株式を持ち合う均等出資型の構造は，活動へのパートナーの同等な貢献が見込まれる場合や，双方の企業が運営の主導権を重視している場合に採用されやすい。パートナー同士が対等の力を持つ均等出資型の JV は，協力性がとりわけ強いアライアンスであるが，運営にはそれゆえの難しさがある。出資比率が等しいということは，JV の意思決定には２つの企業の合意が不可欠であるということである。合意ができなければ，活動はデッドロック（deadlock）と呼ばれる膠着状態に陥ってしまう[8]。デッドロックを解消することが

できなければ，司法など第三者の仲介を求めるか，協働をやめるしかない。後者の選択肢については，JV を解散するか，一方の企業が JV 株式を買い取ることで完全子会社化することが，おもな方法となる。

3.4 JV の生み出す便益

JV が存続していくためには，双方のパートナーに十分な便益がもたらされることが必要である。企業が JV から得る便益には，3 つタイプがある。[9]第 1 は，株主として受け取る持分利益である。JV の活動が利益を生めば，出資企業は配当などの形で還元を受けられる。受け取る利益の大きさは出資比率（持分）に比例するため，均等出資型の JV におけるパートナー企業の持分利益は等しくなる。

第 2 の便益は，JV との取引に由来する取引利益である。一方の企業が JV に技術をライセンス供与し，他方の企業が自社製品のインプットとして JV のアウトプットを独占的に買い取っているとしよう。この場合，前者の取引利益は JV から支払われるライセンス料，後者の取引利益は独自なインプットで自社の競争力が向上することによる利益の増加である。この例のように，JV との取引関係が異なれば，パートナー間で取引利益の中身と大きさは変わる。したがって，均等出資の JV でも，取引利益はパートナー間で大きく異なりうる。

第 3 は，JV の活動が副次的にもたらす反射的利益である。このタイプの便益でとりわけ重要なのは，学習である。2 つの企業がそれぞれの技術を JV に持ち寄って活動をともにする中で，一方の企業が他方の技術について学び，自らの知識として吸収したとする。この学習が JV 活動の一環としてあらかじめ意図されていたものではないならば，学習した企業が手にした知識は反射的利益である。学習の対象は，相手企業の資源とは限らない。JV での経験を通じて，その活動の場である市場への理解を深めることも，反射的利益といえる。

協力から得られる便益が大きくなると，企業が協力を続けようとする意欲は一般に強くなる。だが，反射的利益については逆の効果も働く。学習により知識を得るということは，JV の開始前には欠けていた資源が手に入るということであ

---

[8] デッドロックは JV 活動の障害となるが，そのリスクが存在することはパートナー間の協力を促進する要因ともなる。膠着状態に陥ることを避けるために，パートナー同士が相手の意向に配慮し，対話による合意を目指そうとする態度が強められるからである（Hauswald and Hege, 2006；宍戸ほか, 2013）。

[9] 以下の区分は，宍戸ほか（2013）による分類に基づく。

る。その結果として，外部の資源に頼る必要性が低くなれば，協力を続ける意欲は低下する。反射的利益は発生や大きさをコントロールしにくいため，パートナー間で不公平感が生まれる原因ともなりやすい。相手企業がJVへの貢献に比べて不釣り合いに大きな利益を得ていると感じるならば，企業が協力を続ける意欲は低下する。相手の利益の大きな部分が自社からの学習によると考えられるならば，不満はとくに大きくなる。したがって，反射的利益はJVを不安定化させる要因ともなる。

　JVがもたらすこれらの便益は，JVが活動してく中で変化する。便益が変動することで，企業が協力を続ける意欲も変化する。双方のパートナーがJVから大きな便益を得ることで，協力への意欲が強まっていくこともあれば，便益のアンバランスさから相手への不信感が生じ，協力関係が解消へと至ることもある。[10]こうした多様な発展可能性は，JVだけでなく，アライアンス一般の特徴である。そこで次節では，アライアンスの持続と成長に影響する要因について見てみよう。

4　アライアンスの持続と成長

　十分に大きな成果を生み出せない協力を続けることに合理性はない。したがって，アライアンスの持続性と成長を決める最も基本的な要因は，成果である。[11]だが，アライアンスの成果は，パートナー企業がそれをどのように運営するかで変わる。また，大きな成果を上げているにもかかわらず，解消されるアライアンスもある。アライアンスの発展にこうした複雑さをもたらす要因としては，以下のようなものがある。

4.1　信　頼

　企業間の協力であるアライアンスでは，パートナー間の信頼が，決定的に重要な役割を果たす。[12]アライアンスは活動の継続性ゆえに不確実性があり，開始当初

● 10　パートナー間で協力を維持することの難しさから，JVは，他の会社形態に比べて解散率が高い（Park and Russo, 1996）。

● 11　ただし，ある特定の目的のためになされているアライアンスは，成果を生み出したがゆえに解消に向かうこともある。たとえば，ある技術を共同開発するためにつくられたJVが開発に成功すれば，パートナー企業同士がそれ以上協働を続ける必要性がなくなるために，解散される。

● 12　アライアンスにおける信頼の役割については，Das and Teng（1998）など多くの考察がある。

には予期されていなかった，さまざまな事態が遂行のプロセスで生じる。このため，個々のパートナーが，いつ，どのような形で貢献し，対価として何を得るのかを，あらかじめ完全に定めておくことは難しい。すなわち，アライアンスの契約は本質的に不完全であり，協働は時々の状況と必要性に応じて調整され，実施されていく。

こうした曖昧性をはらんだ協働における大きなリスクは，相手の機会主義的な行動により，自社が不利益を被る可能性である（第**5**章）。自社と相手の組織を統合するM&Aであれば，組織に備わっている権威の力によって機会主義的な行動を抑制できるが，独立した企業間の関係であるアライアンスでは，このメカニズムは働かない。アームズレングスな取引のように，相手との関係からすぐに退出することも，活動の継続性ゆえにアライアンスでは難しい。したがって，機会主義的行動の脅威は，アライアンスにおいて非常に大きなものとなる。にもかかわらず協力が可能であるためには，相手が誠実に行動するであろうという期待を，パートナー同士が持っていることが必要である[13]。すなわち，企業間に信頼がなければならない。

信頼に基づいてなされた協力が満足すべき成果を生めば，パートナー間の信頼は強められ，協力がさらに行いやすくなる。すなわち，信頼は成果と好循環し，アライアンスに持続性をもたらす要因となる。だが，悪循環も生まれる。アライアンスの成果は変動するが，変動をもたらしている要因を常に正確に特定できるわけではない。十分な成果が生まれていないときに，その原因がパートナーの協力不足であると考えるならば，企業の協力意欲は低下する。協力が控えられれば，パートナーも成果を得にくくなるため，相手の側でも信頼と意欲の低下が起きる。ゆえに，成果はさらに小さくなり，それが信頼のいっそうの低下を引き起こす。こうしたサイクルが止まることなく進行すれば，双方の企業にとってアライアンスは維持する価値のない関係となり，解消される。

こうした悪循環は，成果の変動をもたらした真の要因が何であったとしても，相手への不信感がある限りは生じうる。したがって，悪循環に陥ることなく協力を進めるためには，パートナー同士の対話が重要になる。すなわち，一方の企業

---

[13] これはすなわち，アライアンスには関係的契約（relational contract）としての性格があるということである。関係的契約とは，公式な契約には明文化されていない暗黙の約束を，主体同士が継続的な関係性の中で履行していくことである。関係的契約についてのわかりやすい解説としては，伊藤ほか（2019）がある。

が何らかの問題を感じているときには，双方の企業がそれを共有し，必要な対応をとることで解決を図る努力が必要である。

4.2 部分と全体の不調和

　アライアンスは企業の活動の一部に過ぎないため，部分（アライアンス）と全体（企業）の不調和から解消されることもある。不調和の1つの形は，アライアンスが企業の他の活動と競合することである。JVの設立時には，出資企業がJVと競合する領域で活動することを制限したり，JVの活動範囲を企業本体と重複しないよう狭く限定する取り決めがなされたりすることが珍しくない。これは，競争による利益相反で，協力が進めにくくなることを防ぐための措置である。だが，そうした棲み分けがなされたとしても，それが企業にとって望ましい措置であり続けるとは限らない。戦略的に重視する市場や事業での活動が，アライアンスゆえに制限されているならば，アライアンスを解消し，単独での活動の自由度を高めることが，企業にとってよりよい選択になることはある。ゆえに，それ自体として成果を上げていても，企業全体としての戦略的な見地から解消されるアライアンスもある（COLUMN 11-❸）。

　全体（企業）間の対立が，部分での協力（アライアンス）を難しくすることもある。前節で紹介した富士ゼロックスは，そうした例である。このJVに出資する富士フイルムホールディングスとゼロックスは2018年，事務機器事業を世界的に統合するため，本体の統合（富士フイルムホールディングスによるゼロックスの買収）を行うことで合意した。だが，ゼロックスの経営陣が統合に批判的なメンバーに刷新されたことで，合意は破棄され，提携の継続も困難になった。これを受けて，富士フイルムホールディングスは，ゼロックスが持つすべての合弁株式を取得し，富士ゼロックスを完全子会社（富士フイルムビジネスイノベーション）へと転換したのである。

COLUMN 11-❸　アライアンスの戦略的解消

　部分（アライアンス）と全体（企業）の不適合から戦略的に解消された協力の例として，ホンダがインドでの二輪車（オートバイ）事業のために現地のHero Group（以下，ヒーロー）と設立したJVである，ヒーローホンダ（Hero Honda）を紹介しよう。ホンダは長期的な成長が見込まれるインドでの二輪車の生産・販売拠点として，自転車販売の大きなネットワークを持っていたヒーローとの合弁で，1984年にヒーローホンダを設立した。ホンダの提供する製品・技術とヒーローの販売力の組み合わ

せにより，JVは急速に成長し，インド市場で最大シェアを獲得するに至った。

　ところが，ヒーローホンダが発展するにつれて，ホンダとヒーローの間にはJVに期待する役割の違いが明らかになってきた。ホンダにとって，このJVは，あくまでもインドにおける事業拠点であり，インド市場の開拓が優先されるべき課題である。ゆえに，ホンダは，使いやすさから多くの国で支持されてきたスクータータイプの製品を，ヒーローホンダでも投入したい意向であった。だが，ヒーロー側がスクーターの市場性に懐疑的であったため，投入は実現しなかった。一方，ヒーローは，JVの生産規模とコスト競争力を武器にして，輸出による国際化を指向していた。だが，ホンダは，JV製品が第三国でホンダ製品と競合することを避けるため，輸出による事業拡大には消極的であった。

　こうした方向性の違いから，ホンダは1999年に完全子会社であるHonda Motor-cycles and Scooters India（HMSI）を設立し，単独でスクーターの生産・販売を開始した。両社はさらに，ヒーローがすべてのJV株式を買い取って協働関係を解消することで2010年に合意した。ヒーローホンダは，ヒーローモトコープ（Hero Moto Corp）として翌2011年に再出発し，ヒーローブランドの製品を生産，インド内外で販売していくことになった。一方のホンダは，HMSIをインドにおける二輪車事業の中核拠点として位置づけ，スクーター以外の製品の生産・販売も開始した。

　ヒーローホンダは，アライアンスが企業の資源を変化させる効果を持つことを示す事例でもある。合弁の開始時にはオートバイの開発・生産能力を持たなかったヒーローは，徐々にホンダへの技術依存を低め，2015年には初の独自開発モデルを投入するに至った。ホンダも，インド市場の理解や現地での事業経験を合弁から得られたことが，HMSIの設立と成長につながった。現在，ヒーローとホンダは，インド市場でシェア1位（ヒーロー）と2位（ホンダ）を占め，競い合う関係にある。

4.3　企業の進化

　アライアンスは，企業の資源と能力を進化させる効果を持つ。この進化がどのように進むかも，アライアンスの発展に影響する。[14]1つの方向は，同質化である。すなわち，アライアンスを通じて企業が新たな資源を得ることで，パートナーとの違いが小さくなることである。資源の獲得は，相手企業からの吸収という形をとることもあれば，経験からの学習という形をとることもある。企業が以前は持

---

[14] ここでの議論は，Nakamura *et al.*（1996）による，JVパートナー企業間の能力の収束的（convergent）発展と発散的（divergent）発展の区分を参照している。

図 11-5 ■ アライアンスによる企業の進化

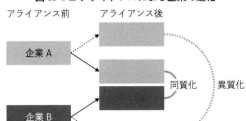

たなかった資源を獲得し，パートナー企業に依存する必要性が低下していけば，協働を続ける理由はなくなっていく。ゆえに，同質化はアライアンスの解消を促す要因となる。

　進化の別の方向は，異質化である。アライアンスは，相手企業に自社の弱みを補ってもらうことで，自社はもともと持っている資源の蓄積をさらに進め，強みを強化することに専念することを可能にする。異質化とは，こうした形で資源の蓄積が進むことで，パートナー企業間の資源の違いが大きくなっていくことである。異質化は，パートナー間の分業関係がより明確になり，相互依存性が高められるプロセスである。高められた自社の強みを発揮するためには，相手企業によるサポートがますます重要になる。したがって，同質化がアライアンスからの離脱を促す「遠心力」として働くのに対して，異質化は協力にとどまろうとする「求心力」になる。

5　アライアンスとM&A

　2つの企業がM&Aにより1つになれば，独立した企業間の協力であるアライアンスはできない。この意味で，M&Aとアライアンスの間には代替性がある。だが，2つの企業がアライアンスを行うことは，それら企業間でM&Aを行う際の障害を軽減する効果がある。この意味では，両者の関係性は補完的である。アライアンスがM&Aが行いやすくする1つの理由は，協働を通じて相手資源への理解が深まり，投資の不確実性が小さくなることである。この効果がとくに大きいのは，企業外からの把握が難しい，無形資源や組織能力などの見えざる資源である。第2の理由は，協働が互いの組織に対する理解を深め，コミュニケーショ

図 11-6 ■ 日本ペイントとウットラムの統合

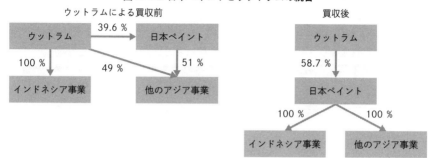

（注）　百分率は出資比率。
（出所）　日本ペイントプレスリリース資料に基づき筆者作成。

ンを容易にすることである。パートナーとして築いてきた信頼関係も，両社が 1 つの企業になった後の組織統合を進めやすくする。

　シンガポールのウットラム（Wuthelam）グループによる日本ペイントホールディングスの買収は，アライアンスが M&A へと進んだ例である。両社は 1962 年にシンガポールで JV を設立したのを皮切りに，多くのアジア諸国で塗料事業を共同運営してきたほか，ウットラムによる日本ペイントへの資本参加も行ってきた。買収はそうした関係を発展させ，事業の拡大を図る目的で，2021 年に行われた（図 11-6）。統合に際しては，ほとんどの JV を日本ペイントの完全子会社にするなど，塗料事業の日本ペイントへの集約が行われており，強化のための体制づくりもなされている。

　だが，良好な提携関係が，必ず M&A の土壌を整える役割を果たすわけではない。相手との協力への意欲が，独立した企業としてのアイデンティティを前提としているときに，M&A によってそれを損なおうとすることは，企業間の信頼を損ない，アライアンスを行いにくくすることにもなる。ルノーと日産の多年にわたる協働関係は，自動車産業で最も成功したアライアンスと称賛されてきた。だが，2018 年にグループトップであったカルロス・ゴーン（Carlos Ghosn）が逮捕されたことを契機に，両社の関係には大きな混乱が生じた。その一因は，アライアンスを経営統合へと進めたいルノーの意向に対して，日産の組織が強い拒絶反応を示したことであるといわれている。

COLUMN 11-❹　協力としての M&A

　アライアンスが独立した企業同士の協力であるのに対し，それら企業を 1 つにまとめる M&A では，独立性が失われる。だが，企業の独立性が脅かされているときに，別の企業が買収という形で協力の手を差し伸べることがある。そうした逆説的な M&A が行われる 1 つの状況は，敵対的買収が試みられているときである。敵対的買収の脅威に直面している企業は，その成功を阻止するため，現在の経営陣や経営方針に対して理解のある第三の企業による買収を受け入れることがある。そうした企業の傘下であれば，被買収企業は資本面での独立性を失っても，従来と同様に活動していきやすいためである。

　このように，自らが買収を買って出ることで敵対的買収の標的となっている企業を守る企業を，ホワイトナイト（white knight）という。2006 年に行われた，総合小売企業であるイオンによるオリジン東秀（弁当チェーン）の買収は，ホワイトナイトによる救済の一例である。この買収に先立って起きていたのは，ディスカウントストアのドン・キホーテによるオリジン東秀への TOB である。ドン・キホーテは，オリジン東秀にアライアンス（共同事業）を提案したものの拒否されたため，敵対的買収による子会社化へとアプローチを変えた。だが，オリジン東秀の依頼によりイオンが対抗買収へと乗り出したため，審判は株主に委ねられることとなった。最終的にはイオンによる TOB が成立し，オリジン東秀はイオングループの一員となった。

　破綻の危機に瀕した企業が，外部からの資本注入を必要としているときにも，協力的な他社による買収が行われることがある。第 10 章で触れた鴻海によるシャープの買収は，そうした経緯で行われたものである。資本注入が相手の子会社化には至らない規模であれば，ルノーと日産のような資本提携という形になる。日本企業が外国企業の支援のために資本提携を行った例としては，三菱 UFJ フィナンシャル・グループによる，アメリカのモルガン・スタンレーへの出資がある。リーマンショックの影響により困難に陥っていたモルガン・スタンレーを支援するため 2009 年に行われたこの提携は，多くの JV の設立など，多面的な協力関係へと発展している。

第 **12** 章

リストラクチャリング

1 リストラクチャリングとは ─────────────

　このテキストの締めくくりとして，本章ではリストラクチャリング（corporate restructuring）を取り上げる。リストラクチャリングとは，企業が組織構造など自らの成り立ち（構造）を大きくつくり替えることである。企業の構造は戦略を実行するための手段であるから，構造が変わるということは，それに先立って戦略が変化しているということである。これから進もうとする方向が修正されることで，企業のあるべき姿も変わるため，現状とのギャップを埋めるためになされる構造の修正が，リストラクチャリングである。将来のあるべき姿に近づいていくという意味で，リストラクチャリングは前向きな行為である。

　だが，リストラクチャリングやその略語である「リストラ」という言葉が一般に用いられるときに，「前向き」さが感じられることは稀であろう。これらの言葉で一般に想起されるのは，企業が組織の維持・運営にかかる費用を削減するために，従業員の削減や配置転換などを行うことだからである。「リストラされる」という表現で通常意味されているのは，従業員が解雇や不本意な早期退職により職を失ったり，待遇の低いポストへの異動を余儀なくされたりすることである。こうした意味でのリストラは，存続の危機にある企業が生存のためにやむをえず講じる緊急措置であり，「前向き」なイメージとはほど遠い。

　こうしたギャップが生じるのは，リストラクチャリングの実施が遅れがちになるためである。リストラクチャリングは，企業の戦略が機能しておらず，業績が期待された水準に及ばないときに必要となる。理想的には，問題の兆候が見え始

めた早い段階で始められることが望ましい。しかし，実際には，業績が危機的に落ち込み，企業の存続が危うくなるまで，先延ばしされることが多い。そうした状況に追い込まれた企業がリストラクチャリングを行うには，企業としての生存力をまず回復しなければならず，その施策が「リストラ」となるのである。現在の生存がなければ将来はないから，破綻の危機に瀕している企業にとって，「リストラ」は喫緊の課題である。だが，リストラクチャリングの本来の目的は，戦略に合わせて構造をつくり直すことで，企業の新たな将来像を描くことであり，単に目先の危機を乗り越えることではない。

COLUMN 12-❶　リストラクチャリングはなぜ遅れるのか

　早くに治療すれば簡単に治る病気も，進行すると大がかりな手術が必要になることがある。企業の業績不振も同様であり，対応が遅くなるほど，痛みと負担の大きなリストラクチャリングが必要になる。にもかかわらず，リストラクチャリングが遅れがちになるのはなぜだろうか。ここでは，意思決定のクセ（バイアス）の影響に，とくに注目し，考えてみよう。

　人間の意思決定と行動に遅れが生じることを説明する最も基本的な理論は，ハーバート・サイモンの満足化（satisficing）理論である（Simon, 1956）。人間が常に成果を最大にするように行動するならば，業績のわずかな低下に対しても経営者は対策を講じるであろう。だが，成果が満足できる水準にあるかどうかが問題であれば，業績が満足できる水準にある限り対応は行われない。本格的な対応は，業績が許容可能な下限を下回ったときにはじめて行われるため，リストラクチャリングには遅れが生じる。サイモンによれば，人間が満足化を行動原理とするのは，限定された合理性のためである。であるならば，リストラクチャリングの遅れは，経営が人間の行為であることの宿命ともいえる。

　もっとも，満足化理論だけに基づくと，経営者が許容する業績の下限は，著しく低いことになる。多くの企業は，破綻の危機が目前に迫るまで，本格的なリストラクチャリングに着手しないからである。より現実的には，経営者が業績に問題意識を持っていたとしても，対応を遅らせる要因が別にあると考えるべきであろう。1つの可能性は，過去の選択が良好な結果をもたらしていないときに，その選択への執着を強めていく傾向である，コミットメントのエスカレーション（escalation of commitment）が生じることである。事業から撤退すれば，過去における参入の意思決定が（少なくとも事後的には）誤りであったと認めることになる。そのことの負効用を経営者が避けようとするならば，自らの正しさを証明するために，起死回生のわずかな可能性に賭けて事業を継続するかもしれない。「これだけ頑張ってきたのに今さらやめられない」という心理的な埋没費用（psychological sunk cost）が，事業

へのこだわりを強め，撤退の妨げとなる可能性もある。

　いま1つの可能性は，問題の所在が誤って認識されていることである。人間には，成功の原因は自らの戦略や行動などの内的な要因に求め，失敗の原因は環境などの外的な要因に求める，自己奉仕バイアス（self-serving bias）と呼ばれる傾向がある。経営者が，業績不振の原因を，自らの戦略が不適切であることではなく，事業環境の不運な悪化など外部要因によるものと誤って認識し，環境の好転を待つという選択をすれば，リストラクチャリングが遅れる。こうした人間の認知や意思決定が一般に持つさまざまなクセについては，心理学や行動経済学で多くの研究がなされている。興味ある読者は，筒井ほか（2017）などを参照するとよい。

図　満足化理論とリストラクチャリングの遅れ

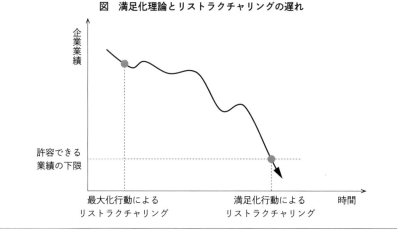

　企業は多様な要素の組み合わせであるため，リストラクチャリングの対象となる構造も1つではない。対象とする構造によって，リストラクチャリングは大きく3タイプに分けられる[1]。第1のタイプは，活動を支える資金の組み合わせである資本構造（capital structure）を変える，財務リストラクチャリング（financial restructuring）である。存続の危機に瀕している企業にとって，財務リストラクチャリングは，危機をしのぎ，企業としての力を再建するための出発点となることが多い。そこで以下では，最初にこのタイプのリストラクチャリングを取り上げる。

　第2のタイプのリストラクチャリングは，事業の組み合わせとしての企業の

---

[1]　ここでの分類は，Bowman and Singh（1993）に従っている。

成り立ちである事業ポートフォリオを変える，ポートフォリオ再編（portfolio restructuring）である（事業再編とも呼ばれる）。いかなる事業ポートフォリオを持つかは，企業戦略の中心となる問題であるから，ポートフォリオ再編は，戦略の修正を最も直接的に反映して行われるリストクチャリングである。

　第3のタイプは，組織の成り立ちを変える，組織リストラクチャリング（organizational restructuring）である。いわゆる「リストラ」である人員削減や配置転換は，危機に直面した企業が実施することの多い組織リストラクチャリングである。だが，そうした企業にとっても，「リストラ」のみで組織の修正が完了するわけではない。組織リストラクチャリングのより本質的な課題は，危機を脱した企業が，修正された戦略をよりよく実行できるように，組織をデザインし直すことである。すなわち，構造を新しい戦略へと従わせることである。

COLUMN 12-❷　マネジメントバイアウト

　経営者は，自身の意向のみで企業を経営できるわけではない。経営者は，株主を代理する立場にあり，株主の利益に反する経営を本来すべきではない。経営者の選任と解任を含む経営の重要事項については，株主総会による承認の必要性が，法律で規定されている。したがって，経営者がよいと思うことであっても，株主の賛同がなければ実行することは難しい。賛同が得られるとしても，株主の意見の集約や承認に時間がかかれば，速やかな実行が妨げられる。だが，経営者自らが企業の唯一の株主である「オーナー経営者」になれば，こうした制約にとらわれることなく経営を進められる。

　リストラクチャリングは企業の命運にかかわる重要な問題であるために，何が望ましいのかは常に自明ではない。経営者が明確な再建方針を持っていても，株主の賛同が得られなかったり，株主の意向の集約に時間を要したりするならば，迅速な取り組みができなくなる。このため，リストラクチャリングを行おうとする上場企業の経営者（経営陣）は，自ら企業を買収し「オーナー経営者」になることで，所有と経営の一致を図ることがある。こうした買収は，マネジメントバイアウト（management buyout：MBO）と呼ばれる。リストラクチャリングを目的に実施された日本企業のMBOとしては，アパレルのワールド（2005年）やファミリーレストランのすかいらーく（2006年）の例が知られている。MBOは，企業の所有構造（ownership structure）を劇的に変えるため，それ自体が1つのリストラクチャリングともいえる。

　実際のところ，経営者が自らの力だけで上場企業を買収することは容易ではない。このため，経営者の方針に賛同する金融機関や投資ファンド（COLUMN 12-❺）など，

外部の投資家からの支援を受けることが一般的である。また，MBO を行った企業で
あっても，リストラクチャリングが完了し，企業の力が十分に高まったと判断される
場合には，株式を再公開することが珍しくない。すかいらーくとワールドも，それぞ
れ 2014 年と 2018 年に，上場会社として株式市場に復帰している。日本企業の
MBO については，川本（2022）に体系的な考察がある。

これら 3 つのタイプのリストラクチャリングは，それぞれ独立に実施されるも
のではない。事業ポートフォリオが大きく変われば，組織も当然に変わる。以下
では，本書が中心的に考察してきた多角化企業のケースを念頭に，それぞれのタ
イプのリストラクチャリングついて，より詳しく見てみよう。

2　財務リストラクチャリング

　企業は人の集まり（組織）であるとともに，活動の財務的な裏づけである資金
の集まりでもある。資金の集まりとしての企業の構造は，貸借対照表の貸方（右
側）に現れる。企業の資金は，大別すると，他者からの借金であり，どこかの時
点で返済されるべき負債と，企業の所有者である株主に帰属し，企業が返済の義
務を負わない株主資本とに分けられる（以下では単純に資本と呼ぶ）。企業に投じら
れている資金のうち，負債が占めている程度を，レバレッジ（leverage）という。
財務リストラクチャリングで中心となる課題は，レバレッジの修正である。
　レバレッジが重要なのは，負債は資本よりも「融通の利かない」資金であるか
らである。負債は，契約で定められた期日までの返済と，資金提供の見返り（リ
ターン）である利息の支払いを，企業に義務として課す[2]。契約に規定された義務
を果たすことができずに債務不履行を起こせば，企業の存続が危うくなる。資本
についても，企業は，配当や株価の上昇などのリターンを，株主から期待されて
いる。だが，株式のリターンは事前に決められるものではなく，ゼロやマイナス
になっても契約違反ではない。
　この違いゆえに，稼ぐ力（資金を生み出す力）が深刻に低下した企業が破綻を回
避するためには，負債の返済に優先して取り組まなければならない。理想的には，

---

[2]　企業の負債には，取引業者への買掛金や従業員への未払い給与など，事業活動の中で生じる支
　払い義務である，無利子負債も含まれる。これら負債は利子を伴わないが，支払いが義務づけら
　れている点は有利子負債と変わらない。

資金の創出力を高めることで危機を克服できるのが望ましい。だが，この能力はすぐには高まらないため，支払い能力に合わせて返済負担を軽減することが，現実的な対応となる。能力の低下が短期的な問題であれば，貸し手に返済の猶予など一時的な救済措置を依頼することになる。能力不足がより構造的である場合は，債務を減らし，負担を恒久的に減らすことが必要になる。したがって，業績不振企業による財務リストラクチャリングでは，レバレッジを低めた資本構造への移行が行われることが多い。

　返済能力の不足した企業が負債を減らす1つの方法は，外部からの資金調達である。たとえば，新たに発行する株式を特定の企業や投資家に引き受けてもらう第三者割当増資を実施し，その資金を返済にあてることが考えられる。第11章で見たルノーによる日産への出資は，そうした経緯で行われたものである。資産を流動化することも考えられる。すなわち，企業が持つ事業や資産を売却し，その収入を返済資金とするのである。東芝によるキヤノンへの医療機器事業の売却（第10章）は，東芝が債務超過を回避するための資金を必要としたために行われたものである。

　これらの方法が返済義務を果たすことで負債を減らすのに対し，返済することなく負債を減らす「荒業」もある。たとえば，負債を株式へと転換するデットエクイティスワップ（debt equity swap）を実施することが考えられる。貸し手が回収できない懸念の強い債権を持ち続けるよりも，株式化により企業の負担を減らし，再建が成功したときの利益を株主として享受するほうが合理的と考えるならば，デットエクイティスワップは1つの選択肢となる。さらなる「荒業」は，貸し手に債権放棄してもらうことである。すなわち，借金の棒引きに応じてもらうことである。

　デットエクイティスワップも，債権放棄も，貸し手にとっては簡単に受け入れられる話ではない。企業が多くの債権者を持つならば，誰に対して，こうした特別な措置を要請するのかが問題となる。要請に応じる貸し手は，自らの犠牲で企業の存続可能性を高め，多くのステークホルダーを守ることになる。したがって，大がかりな財務リストラクチャリングを行うためには，自己犠牲を払っても企業の再建にコミットする意欲を持つ貸し手の存在が不可欠である。

Column 12-❸　リストラクチャリングにおける銀行の役割

　事業売却などの自助努力をしてもなお破綻の危機にある企業が，他社の資本参加で

独立性を低めることなく危機をしのぐためには，債務の減免や返済猶予，追加の資金供与などの協力を，貸し手に仰がなければならない。そうした協力は，リターンの悪化や与信リスクの増大などの負担を意味するため，企業とアームズレングスな関係しか持たない貸し手には受け入れがたい。協力するとすれば，企業と継続的で密接な関係を持っている貸し手である。そうした特別な関係があれば，企業を助け，存続させることが，貸し手自身の将来の利益を守ることになる場合があるからである。

　そうした貸し手は，典型的には銀行である。このため，財務リストラクチャリングの成功は，銀行の協力に強く依存する。とりわけ重要なのは，企業への融資で中心的な役割を担っており，「メインバンク」と呼べる立場にある銀行である。メインバンクは，投資などの一過性の資金需要だけでなく，事業活動で生じる日常的な資金ニーズを満たすための継続的な融資関係を，企業と持っている。企業の資金が出入りする決済口座を維持し，活動をサポートする種々のサービスも提供する。こうした継続的で多面的な関係がもたらす借り手企業についての知識は，銀行が活動していく上での重要な資源であり，企業が存続できなければ，その価値は失われる。ゆえに，メインバンクは，危機に陥った企業に協力するインセンティブが，他の貸し手よりも強くなる。

　だが，銀行の協力は無条件に得られるものではない。「いざとなれば銀行が助けてくれる」と企業が考えるならば，経営の規律が失われ，自助努力が不十分になる，モラルハザードが生じる。このため，銀行の協力は経営陣の交代や大がかりなリストラクチャリングなど，企業にとって痛みの大きな施策の実行が条件となる。再建の取り組みを監視するために，銀行から企業へと人員が派遣されることもある。企業が再び危機に陥ることを防ぐために，定められた水準の財務状態を維持することが，融資やその継続・更新のための条件とされることも多い。こうした銀行の役割の歴史的な変遷と現状については，蟻川・宮島（2015）にまとめられている。

　このように債務の削減が大きな課題となるのは，リストラクチャリングが企業業績の深刻な低下時に行われることが多いからである。だが，十分な稼ぐ力（返済能力）を持つ企業にとっては，レバレッジは低ければよいというものではない。負債は一定額の支払いを企業に義務として課すものの，それ以上の負担を生むことはない。一方で，株式のリターンは企業業績に応じて変動し，上限がない。ゆえに，負債は本来，企業にとって株式よりも低コストの資金である。財務状態の健全な企業が資本構造を修正する場合には，従来よりも負債を積極的に活用し，レバレッジを高めることが，望ましい修正となることは十分にある。[3]

3　事業撤退

　次に，ポートフォリオ再編について検討しよう。企業の事業ポートフォリオは，新しい事業への参入と既存の事業からの撤退により変化する。ある事業での活動を企業として終えることである撤退については，ここまでほとんど触れることがなかった。そこで，本節で撤退について概説し，次節で撤退と参入の組み合わせであるポートフォリオ再編へと考察を進めることにする。

3.1　撤退の背景

　企業が事業から撤退する最も一般的な理由は，その活動が満足すべき成果を生み出しておらず，改善の見込みも立ちにくいことである。こうした事業は，企業の業績を直接に低めるだけではなく，他の事業へも悪影響を及ぼすことがある。たとえば，不振事業を支えるために，本来は他の事業へと回るべき資金や資源が費やされるならば，それら事業での投資不足により，企業全体の力が低下する（第**7**章）。不振事業からの撤退は，これら直接・間接の影響を取り除き，企業価値の向上に寄与する。

　だが，撤退は業績不振の事業でのみ行われるわけではない。現在は好調であっても，市場の縮小が予想される事業からは早めに撤退し，より有望な事業へと資金や資源を移すことが選択肢となる。[4]成長市場であっても，企業が将来の競争力を維持し，高める力を十分に持たない事業や，企業全体の戦略的方向性と適合しない事業は，撤退の対象となりうる。そうした事業は，よりよい所有者である別の企業へと移すことで，事業の力がより大きく発揮され，自社も，限られた資源と資金を，他の優先すべき事業へと配分することができるようになるからである。

- 3　レバレッジを高めると，企業の破綻リスクは大きくなる一方で，節税効果などのメリットが生じる。こうしたトレードオフが働くために，レバレッジを一律に低めることが企業価値の向上につながるとは限らない。資本構造の選択に一般に影響する諸要因については，新井ほか（2016）など，コーポレートファイナンスのテキストを参照のこと。
- 4　他の企業が撤退する中であえて事業を継続し，市場を独占することで利益を得るという選択肢もある。このように，衰退市場から撤退せずに，とどまることでもたらされる利益を，残存者利益という。

C<small>OLUMN</small> 12-❹　**事業のベスト（ベター）オーナー**

　企業が事業の継続を判断する上での基本となる視点は，その事業が十分に大きな利益を生み出していくと見込まれるかである。だが，この条件を満たす事業であっても，企業内に維持することが最善の選択であるとは限らない。企業の一部としての事業の価値は，その事業自体の力だけでなく，他事業における補完的資源の存在など，企業レベルの要因にも依存する。事業の価値を最大限に高めるという意味で，自社が最善の所有者（ベストオーナー）ではない事業は，よりよい所有者（ベターオーナー）である他社に移すことが望ましい選択になる。

　いま，企業Aに他の事業とのシナジーのない事業があり，その事業が生み出していくと見込まれる利益の現在価値が V_A であるとしよう。また，企業Bは，この事業の補完的資源を多く持つため，この事業を企業Bに移せば，事業の価値が V_A よりも大きな V_B になるとしよう。$V_B > V_A$ であるから，A社はこの事業のベストオーナーではない。こうした場合，企業Aは，V_A にプレミアム（Δ）を加えた価格で事業を企業Bに売却すれば，自社で事業を継続するよりも大きな価値を得ることができる。$Δ < V_B - V_A$ であれば，企業Bは V_B の価値のある事業を，それ以下の価格で手にすることができるため，売却は両社に利得をもたらす「ウィンウィン」（win-win）の取引になる。事業も，ベターオーナーである企業Bに移ることで，その力をさらに大きく発揮することができる。

　制御機器・電子部品・医療機器などを事業領域とするオムロンは，こうした性格の撤退をいくつか行っている。たとえば，2019年には自動車部品（車載電装品）事業を手がける子会社であるオムロンオートモーティブエレクトロニクスを，日本電産に売却した。自動車産業では電動化や自動運転などの技術進歩が目覚ましいペースで進んでおり，オムロンが事業の競争力を単独で維持できるかは不透明になりつつあった。一方，世界最大のモーターメーカーである日本電産は，自動車の電動化を今後における最重要な成長機会と位置づけており，オムロンが強みとするモーター周辺技術の充実を戦略的な課題としていた。このため，両社はこれからの事業のベターオーナーは日本電産であるとの合意に達し，オムロンオートモーティブエレクトロニクスは，日本電産の完全子会社である日本電産モビリティとなったのである。

3.2　撤退の方法

　事業への参入が，資源獲得の方法である成長モードによりタイプ分けされるように，撤退は，資源の除去の形であるダイベストメント（divestment）の方法により区分できる（**表12-1**）。最も広く使える方法である，閉鎖から見てみよう。

表 12-1 ■ おもな撤退方法の比較

	閉　鎖	売　却	カーブアウト	スピンオフ	事業統合
事業の存続	存続しない	存続する	存続する	存続する	存続する
事業の受け皿	必要ない	買い手	一般投資家	自社株主	他社との合弁
組織形態	な　し	非上場会社	上場会社	上場会社	他社との合弁
売却収入	発生しない	発生する	発生する	発生しない	発生しない

(1) 閉　　鎖

不振事業からの撤退で，しばしば用いられる方法は，事業の活動を停止し，なくしてしまう，閉鎖（closure）である。対象となる事業の部門や子会社は解散され，不要となる資源は個々に売却されるか，廃棄される。従業員は，企業内で配置転換されるか，早期退職や解雇などにより企業を離れる。こうした「リストラ」のための手当てや資産の処分に伴う損失など，事業の閉鎖では，そのための費用負担が企業に生じやすい。この負担が大きいと，閉鎖は利益を短期的に低める要因になる。従業員の雇用不安など，組織的な痛みを生みやすいこともデメリットである。

一方，不振事業がポートフォリオから除かれることで，事業を閉鎖した後の企業業績は底上げされる。ダイベストメントとしての閉鎖の大きな特徴は，事業そのものをなくしてしまうため，受け皿を企業外に必要としないことである。このため，企業だけの判断で，どのような事業でも実施できる。撤退後の資源の処分も企業単独で決められるため，他の事業が必要とする資源は企業内に維持するなど，柔軟な対応ができる。

(2) 売　　却

売却（selloff）とは，事業譲渡や子会社株式の譲渡により，事業を他の企業や投資ファンドなどの特定投資家に譲渡することである（Column 12-❺）。閉鎖とは異なり，売却される事業は，企業の外で活動を続ける。従業員の雇用も買い手へと引き継がれるため，雇用不安など，撤退に伴う組織的な痛みが抑えられる[5]。売却の大きな利点は，売却収入を企業にもたらすことである（売却価格が 0 円の，無償譲渡を除く）。この収入は，債務の返済や他事業の強化などのための資金として

● 5　ただし，Column 10-❷で見たように，売却が事業譲渡により行われる場合，事業の従業員は自動的に買い手企業へと移籍するわけではない。

用いることができる。一方で，売却は買い手がいることではじめて可能になる撤退方法であり，どのような事業でも用いられるわけではない。構造的な問題を抱え，エコノミックディストレス（COLUMN 7-❺）の状態にあるなど，他の企業にとっても魅力がない事業から，売却により撤退することは難しい。

COLUMN 12-❺　事業売却と投資ファンド

　企業が事業を売却する際に，一般に最有力な買い手の候補は，同業他社である。同じ事業を持つ企業であれば，その事業のための資源や運営ノウハウを持っており，競合として活動してきた経緯から，対象事業への知識も豊富なためである。だが，企業がある事業で困難に陥っているときには，同じ事業を持つ他社も同様な状況にあることがしばしばある。たとえば，市場の後退による売上の低下が生じていれば，同業他社も同じ困難に，程度の差はあれ直面している。産業内の多くの企業が買収を行う財務的な余裕をなくしていれば，売却は難しくなる。

　こうした買い手の不足を補い，事業の受け皿になる存在として重要性を高めているのが，投資家から資金を集め，何らかの対象に投資することで利益を得る投資ファンドの一種である，プライベートエクイティ（PE）ファンド（private equity fund）である。PE ファンドの投資対象は，経営の改善により価値の向上が期待できる企業である。PE ファンドは，株式の大量取得により対象企業の経営権を得た上で，一定時間をかけて企業価値を高め，売却することで投資を回収する。PE ファンドは事業会社ではないが，経営や企業再生の専門家を擁しており，投資対象企業の経営に深く関与する。投資回収時の株式売却の相手は，企業や一般投資家（株式公開）である。

　PE ファンドは，困難に陥った企業に群がる「ハゲタカ」といったイメージを持たれることもある。だが，多くのファンドは，買収した会社との協力で価値の向上を図っている。MBO の支援を専門とするファンドもある。そうした実態への理解が進んだため，日本企業においても，ファンドを買い手とする事業売却が一般的になってきた。たとえば，パナソニックは，健康・医療機器を手がける子会社であるパナソニック ヘルスケアを，世界最大の PE ファンドであるコールバーグ・クラビス・ロバーツ（KKR）へと売却した。COLUMN 12-❻で取り上げる日立製作所のリストラクチャリングでも，ベインキャピタルを中心とする PE ファンドが，日立金属の買い手となった。日本生まれのファンドも多く育っており，事業の買い手として PE ファンドの名前を目にすることは，もはや珍しくない。こうした事業売却の受け皿の広がりには，買い手不在で企業が事業から撤退できず，リストラクチャリングが遅れることを防ぐ効果がある。

（3）　カーブアウト

　子会社を株式市場に上場させ，株式を広く一般投資家に売却するカーブアウト
も，撤退の手段となる。日本企業が子会社をカーブアウトする場合，上場後も株
式の過半を所有し，グループ内に留め置くことが多い。だが，過半の株式を売却
すれば，当該会社は子会社ではなくなる。売却と同様，カーブアウトは子会社株
式の売却による収入を企業にもたらすが，売却が事業を特定の買い手の所有とす
るのに対し，カーブアウトは多くの投資家によって所有される上場会社にする。
対象となりうる事業は株式市場への上場基準を満たすものに限られ，不振事業か
らの撤退には使えない。

（4）　スピンオフ

　子会社としてつくられている事業は，自社（親会社）の株主に自社株式の保有
数に応じた子会社株式を割り当てることで，自社と資本関係のない会社として分
離することもできる。スピンオフ（spin-off）と呼ばれる方法である。カーブアウ
トによる撤退と同様に，スピンオフは事業を1つの独立した会社にする。だが，
スピンオフは，親会社株式を通じて株主が間接的に所有していた子会社株式を，
株主の直接所有へと切り替えるものであるため，収入を企業にもたらすことはな
い。

（5）　事 業 統 合

　事業統合とは，同じ事業を持つ複数の企業が当該事業を社外に切り出し，ジョ
イントベンチャー（JV）にまとめることである。事業統合は，事業の単独運営か
ら他社との共同運営（アライアンス）への移行であり，厳密な意味での撤退では
ない。だが，JVへの出資比率を低く抑え，統合後の事業の主導権を相手企業に
委ねるならば，自社の事業への関与は弱くなるため，実質的な撤退になる。後述
する武田薬品工業が行ったように，統合後にJV株式をすべて相手企業に売却す
れば，完全な撤退になる。したがって，事業統合は，段階的な撤退の最初のステ
ップとして用いることもできる。JV株式の売却は企業に収入をもたらすが，事
業統合そのものは収入を生まない。

　企業は，以上の方法を自由に選べるわけではない。カーブアウトやスピンオフ
によって分離できる事業は，それ自体として上場企業になりうるだけの力を持つ
ものに限られる。買い手のいない事業の売却や，パートナーの見つからない事業
の統合も不可能である。対するに，閉鎖は企業単独で実施できるため，いかなる

事業でも用いることができる。このため，撤退方法の決定は，売却など閉鎖以外の方法の可能性が探られた後に，それらが難しいようであれば閉鎖が検討されるという形になることが多い。

4 ポートフォリオ再編

第6章で見たように，事業ポートフォリオの性格は，事業の数と構成，事業間のつながりなどの要因で決まる。ポートフォリオ再編は，既存事業からの撤退と新事業への参入の組み合わせによって事業ポートフォリオの性格を変え，企業全体としてのパフォーマンスを高めようとするものである。企業が持つ事業の組み合わせは多様であるため，再編のされ方も一様ではない。ここでは，主要な2つのパターンを見てみよう。

4.1 集中型の再編（選択と集中）

第1のパターンは，戦略的に重視する事業に資源や資金を振り向けやすくするために，広がりすぎた事業ポートフォリオの幅を狭くする，集中型の再編（refocusing）である（図12-1(a)）[6]。1990年代末からの日本では，企業として注力すべき事業を選び，他の事業からは撤退することで，重点事業に集中しやすい構造をつくる「選択と集中」が，多くの企業で課題となった。すなわち，集中型の再編は，日本企業で一般的な再編パターンである。集中型の再編では撤退が必ず行われるため，「選択と集中」を実施する企業では，事業の数を減らす「引き算」に注目が集まりがちである。だが，企業のパフォーマンスを大きく向上させるためのリストラクチャリングは，引き算だけで完結するものでは普通ない。集中の対象となる事業や，その周辺領域を強化するための投資（「足し算」）も，再編の効果を高めるための重要な施策となる。

集中型の再編の例として，武田薬品工業（タケダ）のリストラクチャリングを見てみよう。タケダは，医薬品をコア事業としつつ，化学品や食品，ビタミン剤などへの多角化を進めてきた歴史を持つ。しかしながら，医薬品産業では新薬開発のための研究開発投資が巨大化していく傾向が顕著であり，タケダとしても限

---

[6] 集中型の再編（選択と集中）は，英語ではダウンスコーピング（downscoping）とも呼ばれ，1980年代以降のアメリカ企業におけるリストラクチャリングの主要な方向性となった。その体系的な考察としては，Hoskisson and Hitt（1994）やMarkides（1995）などを参照。

図 12-1 ■ ポートフォリオ再編のおもなパターン

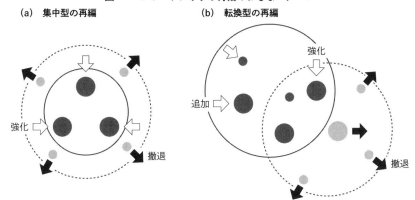

(注)　破線の円は再編前の事業ポートフォリオ，実線の円は再編後のポートフォリオ，白矢印（⇨）は投資，黒矢印（➡）はダイベストメントを，それぞれ表す。

られた資源を医薬品事業に集中させる必要性が高まっていた。そこで同社は，これら多角化事業を他社との事業統合により分離した後に，合弁株式を相手企業に売却する手法で撤退を進めた。一連の撤退の結果，タケダの売上高に占める医薬品事業の比率は，2000 年の 7 割から 2010 年には 9 割まで高まった（**図 12-2**）[7]。さらに，2017 年には試薬事業，2021 年には大衆薬事業も売却したことで，タケダは医療用医薬品に特化した企業となった。これらの「引き算」に加え，同社は医薬品事業を強化するための「足し算」も積極的に行っている。シャイアーの買収（**第 10 章**）は，その中でも最大の投資である。

　タケダのように専業企業にならなくとも，事業数を絞り込むことでポートフォリオの性格をより明確にすることは，集中型の再編に共通する特徴である。絞り込み（撤退）の対象となる事業は，不振事業だけとは限らない。企業のこれからの方向性と適合しない事業は，業績不振でなくとも撤退の候補となる（事実，タケダが撤退した事業の多くは，黒字であった）。一方，タケダのように「本業」への集中度を高めることが，集中の唯一の方向性ではない。過去の中核事業から撤退し，多角化によって企業に加わった別の事業を，新たなコアとすることもできる。COLUMN 2-❶で紹介した日立造船は，そうした再編を行った企業の例である。

●7　医薬品への集中方針を反映して，タケダは 2004 年に，英語社名を Takeda Chemical Industries から Takeda Pharmaceutical Company へと変更している。

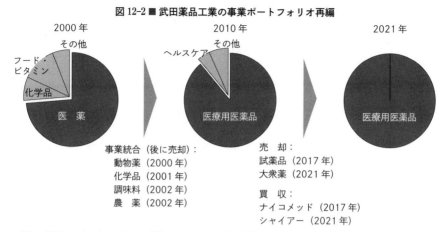

図 12-2 ■ 武田薬品工業の事業ポートフォリオ再編

(注) 円グラフは，各年における事業セグメント別の売上高構成を表す（2021 年は，専業企業化により，事業セグメントデータの開示はなし）。2000 年の医療セグメントには大衆薬を含む。（ ）内は実施年。
(出所) 各種資料より筆者作成。

4.2 転換型の再編

第 2 のパターンは，事業の組み合わせとつながりを根本的に修正し，ポートフォリオの性格を大きく変える，転換型（repositioning）である。このタイプの再編の重要な特徴は，引き算と足し算の双方が同時に多領域で行われることである（**図 12-1(b)**）。IBM のリストラクチャリング（Column 9-❷）は，よく知られた例である。ハードウェア主体の企業から，ソフトウェア，サービスとの統合によるソリューションを提供する企業へと変わるために，同社は多分野での参入と撤退を同時進行で行った（**図 12-3**）。

富士フイルムのリストラクチャリングも転換型である（Column 6-❻）[8]。同社の中核であった写真フィルム事業は，デジタルカメラの登場によるフィルム需要の減少により，急激な縮小を余儀なくされた。この強制的な引き算ともいうべき変化に対応して，富士フイルムは 2 種類の足し算を行っている。第 1 に，コア事業の稼ぐ力が損なわれた中で事業ポートフォリオの転換を進めるために，合弁事業であった富士ゼロックスへの出資比率を引き上げ，子会社として取り込んだ。第 2 に，写真フィルム事業で培った精密化学の技術が活きやすい事業へと積極的に

---

[8] 富士フイルムのポートフォリオ再編は，多くの研究者によって取り上げられている。たとえば，山田・手嶋（2019）を参照。

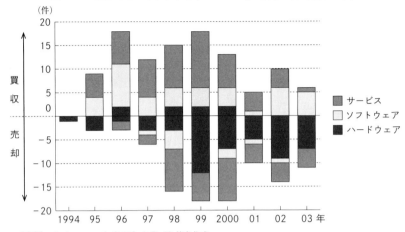

図 12-3 ■ IBM のリストラクチャリングにおける買収と売却件数の推移

（出所）　Applegate *et al.*（2005）に基づき筆者作成。

図 12-4 ■ 富士フイルムの事業ポートフォリオ再編

2000 年
インフォメーション
システム
イメージング
システム
フォト
フィニッシング
システム

子会社化：
富士ゼロックス
（2001 年）

買　収：
富山化学工業
（2008 年）

2010 年
イメージング
ソリューション
ドキュメント
ソリューション
インフォメーション
ソリューション

買　収：
CDI（2015 年）
日立より，
画像診断機事業
（2021 年）

2020 年
イメージング
ソリューション
ドキュメント
ソリューション
ヘルスケア ＆
マテリアル
ソリューション

（注）　円グラフは，各年における事業セグメント別の売上高構成を表す。（ ）内は実施年。富山化学工業は医薬品，CDI（セルラーダイナミクスインターナショナル）は iPS 細胞の開発・販売企業。
（出所）　各種資料より筆者作成。

多角化を進めた。とくに，新しい柱として重視するヘルスケア・医療分野では，新事業を速やかに確立するために積極的な買収を行っている。これらの取り組みにより，富士フイルムホールディングスの事業ポートフォリオは，**図 12-4** が示すような大きな変化を遂げた。

COLUMN 12-❻　日立製作所の「選択と集中」

　集中型の再編が，過大になった事業ポートフォリオの中で曖昧になっていた戦略的方向性を明確にするのに対し，転換型の再編は，従来のポートフォリオにはない新たな方向性をつくり出していく。コア事業への集中度を100％にまで高めたタケダの再編は集中型であり，新しい事業へと軸足を移していく富士フイルムは転換型である。だが，事業ポートフォリオの再編は，常にこうした明確なタイプ分けができるものではない。集中型と転換型の双方の性格を持つリストラクチャリングもある。「選択と集中」の代表ともいわれる，日立製作所の例で見てみよう。

　日立の「選択と集中」は，他の企業に比べて早かったわけではない。2000年代半ばには，いくつかの事業で撤退や統合を行っているが，事業ポートフォリオの整理は遅れ気味であった。その影響もあり，リーマンショックが生じた2008年度の期末に，日立は日本の製造業で当時最大となる損失を記録することになった。同社による「選択と集中」の本格化は，この危機を契機とする。とりわけ象徴的な撤退は，IBMから買収したハードディスクドライブ事業の売却（2011年）である。翌年には，長い歴史を持つ火力発電事業を切り離し，日立がマイノリティ株主となる事業統合も行った（後に，すべての合弁株式を統合相手である三菱重工業に売却）。数多く存在した上場子会社の整理も進め，日立キャピタル（2016年），日立工機（2017年），日立化成（2020年），日立金属（2023年予定）などの売却に踏み切っている（（　）内は売却年）。2018年には，画像診断機事業の富士フイルムへの売却も行った。日立が「選択と集中」の象徴といわれるのは，こうした事業の選別を，危機を脱した後も続けてきたからであろう。

　だが，日立の「選択と集中」は従来からの戦略の純度を高めるものではない。同社は非常に幅広い事業を持つ企業であるが（第8章），そのリストラクチャリングは，より小さなコングロマリットになることではなく，事業ポートフォリオをより凝集性の高いものに変えることを目的としている。この方向性の起点となったのは，2009年に発表された，情報技術（IT）・システム分野の上場子会社3社の完全子会社化である。これ以降，ITは，製造業の周辺領域ではなく，多くの事業を支え結びつけるための基礎として位置づけられるようになった。事業の選別を進める上でも，データ分析・活用の基盤であるLumadaなどIT資源の活用可能性が重視されている。この方向性をさらに進めるために，2021年にはアメリカのデータエンジニアリング企業であるグローバルロジックを1兆円で買収している。このように，日立による「選択と集中」は，事業ポートフォリオの単なる縮小ではなく，質的な転換を意図するものといえる。

5　組織リストラクチャリング ――――――――――――――――――

　最後に，組織リストラクチャリングについて見てみよう。いわゆる「リストラ」は，生存の危機に直面している企業が，危機を脱するために行う，組織リストラクチャリングである。IBM は，伝統的にレイオフ（解雇）を行わない企業であったが，巨額の赤字に陥った際には大規模な人員整理に踏み切った。中核事業が消失する脅威に直面した富士フイルムも，大がかりな人員削減を行っている。これら企業がその後，企業としての姿を大胆に変革していったことからもわかるように，「リストラ」は，企業の存続可能性を高めることで，より本質的なリストラクチャリングを行っていくための起点となる。

　「リストラ」の最も一般的な形は，人員削減による組織規模の縮小であるダウンサイジング（downsizing）である。企業が合理的に維持できる以上の人員を抱えていれば，その組織は自らの重さによって圧し潰されてしまう。ダウンサイジングは，組織の維持に要する費用を削減し，そうした事態を回避しようとするものである。費用に占める固定費のウェイトを低め，損益分岐点を下げる（少ない売上高でも利益が生まれやすくする）ことも，しばしば行われる。費用の固定性が高い本社部門の人員削減や配置転換，活動の外部委託（アウトソーシング），正規従業員の非正規従業員による置き換えは，そうした目的の施策である。

　「リストラ」は，従業員やその家族に大きな影響を与える。対象とならない従業員も，企業と自分の将来について強い不安を抱くようになる。「リストラ」を余儀なくされた企業が，より本質的に組織をつくり替えていく上での重要な課題は，事業の稼ぐ力を底上げし，そうした痛みを伴う施策が必要な状況に再び陥るのを防ぐことである。そのためにしばしば行われるのは，より分権（競争）的な構造への移行である。第**7**章で見たように，多くの事業を持つ企業は，個々の事業の責任が曖昧になったり，事業間にもたれ合いが生まれたりすることで，社会主義的な状況に陥りやすい。こうした背景が，組織から緊張感を奪い，事業の規律と力の低下を引き起こしてきたならば，個々の事業の責任が明確な分権的な構造へと移行することは，状況の改善につながる。第**9**章で取り上げた，富士電機によるカンパニー制度の導入や持株会社への移行，パナソニックにおける「事業部制の復活」（Column 9-❼）は，こうした意図で行われたリストラクチャリングである。

　分権的な構造は，個々の事業がそれぞれの環境に柔軟に適応していくことを可能にする。ゆえに，イノベーションや需要の変化などの大きなショックから，変革を迫られている事業や，企業にとって新規性が高く，探索の必要性が大きな事業が存在することも，分権的な構造への移行を促す要因となる。また，事業の自律性と自己完結性の高い構造は，事業の組み換えが行いやすいため（第**9**章），大がかりなポートフォリオ再編の必要性も，分権性を高める契機となりうる。

　もっとも，個々の事業の力が高められたとしても，事業間に何らかのシナジーがなければ，企業が事業の集まりとして存在し続ける合理性はない。分権（競争）的な構造は，事業間で資源の共用を進めるためには必ずしも適さない。ゆえに，事業シナジーの強化が課題である場合には，組織の集権（協力）性を高める改編が行われる。IBM では，大規模な「リストラ」により危機を脱した後に，企業としての総合力を発揮しやすい体制をつくるため，フロントバック組織の採用をはじめとする組織の改編が，事業ポートフォリオの組み換えと並行して進められた。調整の必要性の高い事業を SBU に集約したり，より効果的な調整ができるように指揮系統を改編したりすることは，多くの日本企業のリストラクチャリングでも行われている。

　これらのリストラクチャリングは，方向性の違いはあれども，事業ポートフォリオを 1 つの企業として維持することを前提とする。だが，シナジーが生まれる素地の乏しい事業間には，組織をどう工夫しても強いシナジーは生まれない。一方で，トップの意思決定の負荷や組織管理の複雑化など，多くの事業を持つことの費用は，シナジーのない事業であっても発生する。であるならば，事業ポートフォリオ全体を 1 つの企業として維持するのではなく，個々の事業や関連性のある事業のグループへと分割し，それぞれを独立した企業としたほうが，効率的なマネジメントができるという見方ができる。

　こうした場合には，スピンオフによって企業を資本関係のない複数の企業へと分割することが選択肢となる。Column 7-❾に紹介した GE や，ダウ・デュポン（Column 12-❼）は，そうした選択をした企業の例である。日本で同様な選択をした企業は少ないが，カーブアウトした子会社との関係を弱めることで，時間をかけて別企業化していった事例は，日本でも少なくない。[9]

　●9　カーブアウトを通じた事業分離については，吉村（2016）が多くの事例を紹介している。

Column 12-❼　ダウ・デュポンの統合と分割

　このテキストを終えるにあたり，企業戦略の研究とゆかりの深いデュポンの事例に立ち返ろう。Column 1-❺でも触れたように，この企業の近年の動向として最も注目されるのは，ダウ・ケミカルとの合併と，その後の分割である。長い多角化の結果，20世紀末におけるデュポンの事業ポートフォリオは，化学だけでなく，石油，医薬品などを含む，幅広いものに成長していた。だが，これら新事業の利益貢献は大きなものではなく，化学事業でも，ナイロンなどの主力製品で競争が激化していた。このため，デュポンは事業からの撤退を大胆に進め，2000年代半ばには，付加価値の高い特殊化学品と成長分野に位置づける農業・バイオ事業を中心とする事業ポートフォリオへと転換した。だが，ポートフォリオのさらなる見直しを求める声が，企業外部からは上がっていた。

　それに対するデュポンの回答が，2017年に行われたダウ・ケミカルとの統合による，ダウ・デュポンの形成である。ダウ・ケミカルは，デュポンが撤退した石油化学製品など汎用化学品事業を持つ一方で，成長領域として農業分野を重視しており，デュポンと方向性が一致する部分があった。デュポンとダウ・ケミカルを統合し，重複する事業をまとめた上で，より専業度の高い企業へと分割すれば，両社が単独で分割を行うよりも，それぞれの領域でより強い企業をつくることができる。すなわち，ダウ・デュポンは，より小さな企業へと分かれることを前提に生まれた，世界最大の化学企業だったのである。

　実際，2019年には，素材（汎用）化学が新たなダウ，農業分野がコルテバ・アグリサイエンスとして，それぞれスピンオフされ，残った特殊化学品をドメインとする企業がデュポンの名を引き継いだ。これら3社の間に資本関係はない。このように短期間でのダイナミックなリストラクチャリングは，アメリカ企業としても珍しい。多角化企業という大きく複雑な企業のマネジメントを考える上で，デュポンは，チャンドラーが研究対象とした1世紀前だけでなく，現在においても象徴的な存在である。

参 考 文 献

Akerlof, G. A. (1970) "The market for 'lemons': Quality uncertainty and the market mechanism," *Quarterly Journal of Economics*, 84(3), 488–500.

Ambos, T. C., and Mueller-Stewens, G. (2016) "Rethinking the role of the centre in the multi-divisional firm: A retrospective," *Long Range Planning*, 50(1), 8–16.

Antons, D., and Piller, F. T. (2015) "Opening the black box of 'not invented here': Attitudes, decision biases, and behavioral consequences," *Academy of Management Perspectives*, 29(2), 193–217.

Applegate, L. M., Austin, R. D., and Collins, E. (2005) "IBM's decade of transformation (A): The turnaround," Harvard Business School Case 805-130.

Arrow, K. J. (1974) *The Limits of Organization*, W. W. Norton & Co.

Baker, G., Gibbons, R., and Murphy, K. J. (1999) "Informal authority in organizations," *Journal of Law, Economics, & Organization*, 15(1), 56–73.

Barney, J. B. (1986) "Strategic factor markets: Expectations, luck, and business strategy," *Management Science*, 32(10), 1231–1241.

Barney, J. B. (1991) "Firm resources and sustained competitive advantage," *Journal of Management*, 17(1), 99–120.

Bartlett, C. A., and Wozny, M. (1999) "GE's two-decade transformation: Jack Welch's leadership," Harvard Business School Case 399-150.

Baumol, W. J., Panzar, J. C., and Willig, R. D. (1982) *Contestable Markets and the Theory of Industry Structure*, Harcourt Brace Jovanovich.

Berger, P. G., and Ofek, E. (1995) "Diversification's effect on firm value," *Journal of Financial Economics*, 37(1), 39–65.

Bethel, J. E., and Liebeskind, J. P. (1998) "Diversification and the legal organization of the firm," *Organization Science*, 9(1), 49–67.

Betton, S., Eckbo, B. E., and Thorburn, K. S. (2008) "Corporate takeovers," in B. E. Eckbo ed., *Handbook of Corporate Finance: Empirical Corporate Finance, Vol. 2*, North-Holland, 291–430.

Bhide, A. (1990) "Reversing corporate diversification," *Journal of Applied Corporate Finance*, 3(2), 70–81.

Boumgarden, P., Nickerson, J., and Zenger, T. R. (2012) "Sailing into the wind: Exploring the relationships among ambidexterity, vacillation, and organizational performance," *Strategic Management Journal*, 33(6), 587–610.

Bowman, E. H., and Helfat, C. E. (2001) "Does corporate strategy matter?" *Strategic Management Journal*, 22(1), 1–23.

Bowman, E. H., and Singh, H. (1993) "Corporate restructuring: Reconfiguring the firm," *Strategic*

Management Journal, 14(S1), 5-14.

Brandenburger, A. M., and Nalebuff, B. J. (1996) *Co-opetition*, Currency Doubleday.

Brandenburger, A. M., and Stuart, H. W., Jr. (1996) "Value-based business strategy," *Journal of Economics and Management Strategy*, 5(1), 5-24.

Bruner, R. F. (2005) *Deals from Hell: M&A Lessons That Rise above Ashes*, John Wiley & Sons.

Campbell, A., Goold, M., and Alexander, M. (1995) "Corporate strategy: The quest for parenting advantage," *Harvard Business Review*, March-April, 120-132.

Campbell, A., Whitehead, J., Alexander, M., and Goold, M. (2014) *Strategy for the Corporate Level: Where to Invest, What to Cut Back, How to Grow Organizations with Multiple Divisions*, Jossey-Bass.

Capron, L., and Mitchell, W. (2012) *Build, Borrow, or Buy: Solving the Growth Dilemma*, Harvard Business Review Press.

Chandler, A. D., Jr. (1962) *Strategy and Structure: Chapters in the History of the Industrial Enterprise*, MIT Press. (チャンドラー, A. D., Jr. ／有賀裕子訳『組織は戦略に従う』ダイヤモンド社, 2004 年)

Chandler, A. D., Jr. (1977) *The Visible Hand: The Managerial Revolution in American Business*, Belknap Press of Harvard University Press.

Chandler, A. D., Jr. (1991) "The functions of the HQ unit in the multibusiness firm," *Strategic Management Journal*, 12(S2), 31-50.

Coase, R. H. (1937) "The nature of the firm," *Economica*, 4(16), 386-405.

Collis, D. J., and Montgomery, C. A. (1998a) *Corporate Strategy: A Resource-based Approach*, Irwin/McGraw-Hill.

Collis, D. J., and Montgomery, C. A. (1998b) "Creating corporate advantage," *Harvard Business Review*, May-June, 70-83.

Collis, D., Young, D., and Goold, M. (2007) "The size, structure, and performance of corporate headquarters," *Strategic Management Journal*, 28(4), 383-405.

Das, T. K., and Teng, B.-S. (1998) "Between trust and control: Developing confidence in partner cooperation in alliances," *Academy of Management Review*, 23(3), 491-512.

Dickinson, V. (2011) "Cash flow patterns as a proxy for firm life cycle," *Accounting Review*, 86(6), 1969-1994.

Dierickx, I., and Cool, K. (1989) "Asset stock accumulation and sustainability of competitive advantage," *Management Science*, 35(12), 1504-1511.

Finkelstein, S., Hambrick, D. C., and Cannella, A. A., Jr. (2009) *Strategic Leadership: Theory and Research on Executives, Top Management Teams, and Boards*, Oxford University Press.

Freedman, L. (2013) *Strategy: A History*, Oxford University Press. (フリードマン, L. ／貫井佳子訳『戦略の世界史──戦争・政治・ビジネス』上下巻, 日本経済新聞出版社, 2018 年)

Fukui, Y., and Ushijima, T. (2011) "What drives the profitability of Japanese multi-business corporations? A variance components analysis," *Journal of the Japanese and International Economies*, 25(2), 1-11.

Furrer, O. (2016) *Corporate Level Strategy: Theory and Applications (2nd ed.)*, Routledge.

Gadiesh, O., and Gilbert, J. L. (1998) "Profit pools: a fresh look at strategy," *Harvard Business Review*, May-June, 139-147.

Galbraith, J. R. (2000) *Designing the Global Corporation*, Jossey-Bass.

Galbraith, J. R. (2012) "The evolution of enterprise organization designs," *Journal of Organization Design*, 1(2), 1-13.

Galbraith, J. R. (2014) *Designing Organizations: Strategy, Structure and Process at the Business Unit and Enterprise Levels (3rd ed.)*, Jossey-Bass.

Gerstner, L. V., Jr. (2002) *Who Says Elephants Can't Dance: Inside IBM's Historic Turnaround*, HarperCollins/HarperBusines.

Ghemawat, P. (2002) "Competition and business strategy in historical perspective," *Business History Review*, 76(1), 37-74.

Gomes-Casseres, B. (2015) *Remix Strategy: The Three Laws of Business Combinations*, Harvard Business Review Press.

Hambrick, D. C., and Fredrickson, J. W. (2001) "Are you sure you have a strategy?" *Academy of Management Executive*, 15(4), 48-59.

Hann, R. N., Ogneva, M., and Ozbas, O. (2013) "Corporate diversification and the cost of capital," *Journal of Finance*, 68(5), 1961-1999.

Hannan, M. T., and Freeman, J. (1984) "Structural inertia and organizational change," *American Sociological Review*, 49(2), 149-164.

Hansmann, H., and Kraakman, R. (2000) "Organizational law as asset partitioning," *European Economic Review*, 44(4-6), 807-817.

Hansmann, H., and Squire, R. (2018) "External and internal asset partitioning: Corporations and their subsidiaries," in J. N. Gordon and W.-G. Ringe eds., *The Oxford Handbook of Corporate Law and Governance*, Oxford University Press, 251-274.

Harrigan, K. R. (1984) "Formulating vertical integration strategies," *Academy of Management Review*, 9(4), 638-652.

Haspeslagh, P. (1982) "Portfolio planning: Uses and limits," *Harvard Business Review*, January, 58-73.

Haspeslagh, P. C., and Jemison, D. B. (1991) *Managing Acquisitions: Creating Value through Corporate Renewal*, Free Press.

Hauswald, R. B. H., and Hege, U. (2006) "Ownership and control in joint ventures: Theory and evidence," HEC Paris Research Paper Series.

Helfat, C. E., and Eisenhardt, K. M. (2004) "Inter-temporal economies of scope, organizational modularity, and the dynamics of diversification," *Strategic Management Journal*, 25(13), 1217-1232.

Hennart, J.-F. (1993) "Explaining the swollen middle: Why most transactions are a mix of 'market' and 'hierarchy'," *Organization Science*, 4(4), 529-547.

Hennart, J.-F. (2013) "Internal and external hybrids and the nature of joint ventures," in A.

Grandori ed., *Handbook of Economic Organization: Integrating Economic and Organization Theory*, Edward Elgar Publishing, 481-500.

Hill, C. W. L., Hitt, M. A., and Hoskisson, R. E.（1992）"Cooperative versus competitive structures in related and unrelated diversified firms," *Organization Science*, 3(4), 501-521.

Hirschman, A. O.（1970）*Exit, Voice, and Loyalty: Responses to Decline in Firms, Organizations, and States*, Harvard University Press.

Hitt, M. A., Ireland, R. D., and Hoskisson, R. E.（2015）*Strategic Management (Concepts & Cases): Competitiveness & Globalization (11th ed.)*, Cengage Learning.

Hoskisson, R. E., and Hitt, M. A.（1994）*Downscoping: How to Tame the Diversified Firm*, Oxford University Press.

Hounshell, D. A., and Smith, J. K., Jr.（1988）*Science and Corporate Strategy: Du Pont R&D, 1902–1980*, Cambridge University Press.

Iacobucci, E. M., and Triantis, G. G.（2007）"Economic and legal boundaries of firms," *Virginia Law Review*, 93(3), 515-570.

Imai, K., and Itami, H.（1984）"Interpenetration of organization and market: Japan's firm and market in comparison with the U.S.," *International Journal of Industrial Organization*, 2(4), 285-310.

Itoh, H., and Shishido, Z.（2001）"The firm as a legal entity: What distinguishes wholly owned subsidiaries from internal divisions in Japan?" Working Paper（https://ssrn.com/abstract=1887967）.

Khanna, T., and Yafeh, Y.（2007）"Business groups in emerging markets: Paragons or parasites?" *Journal of Economic Literature*, 45(2), 331-372.

Leonard-Barton, D.（1992）"Core capabilities and core rigidities: A paradox in managing new product development," *Strategic Management Journal*, 13(S1), 111-125.

Levinthal, D. A., and Wu, B.（2010）"Opportunity costs and non-scale free capabilities: Profit maximization, corporate scope, and profit margins," *Strategic Management Journal*, 31(7), 780-801.

Liberti, J. M., and Petersen, M. A.（2019）"Information: Hard and soft," *Review of Corporate Finance Studies*, 8(1), 1-41.

Makadok, R.（2001）"Toward a synthesis of the resource-based and dynamic-capability views of rent creation," *Strategic Management Journal*, 22(5), 387-401.

Manne, H. G.（1965）"Mergers and the market for corporate control," *Journal of Political Economy*, 73(2), 110-120.

March, J. G.（1991）"Exploration and exploitation in organizational learning," *Organization Science*, 2(1), 71-87.

Markides, C. C.（1995）*Diversification, Refocusing, and Economic Performance*, MIT Press.

Markides, C. C., and Williamson, P. J.（1994）"Related diversification, core competences and corporate performance," *Strategic Management Journal*, 15(S2), 149-165.

Menz, M., Kunisch, S., and Collis, D. J.（2015）"The corporate headquarters in the contemporary corporation: Advancing a multimarket firm perspective," *Academy of Management Annals*, 9(1), 633-714.

Meyer, M., Milgrom, P., and Roberts, J. (1992) "Organizational prospects, influence costs, and ownership changes," *Journal of Economics and Management Strategy*, 1(1), 9-35.

Mitsumasu, A. (2015) *Control and Coordination of Subsidiaries in Japanese Corporate Groups*, World Scientific.

Nadler, D. A., and Tushman, M. L. (1997) *Competing by Design: The Power of Organizational Architecture*, Oxford University Press.

Nakamura, M., Shaver, J. M., and Yeung, B. (1996) "An empirical investigation of joint venture dynamics: Evidence from U.S.-Japan joint ventures," *International Journal of Industrial Organization*, 14(4), 521-541.

Nelson, R. R., and Winter, S. G. (1982) *An Evolutionary Theory of Economic Change*, Belknap Press of Harvard University Press.

Nippa, M., Pidun, U., and Rubner, H. (2011) "Corporate portfolio management: Appraising four decades of academic research," *Academy of Management Perspectives*, 25(4), 50-66.

Oberholzer-Gee, F. (2021) *Better, Simpler Strategy: A Value-based Guide to Exceptional Performance*, Harvard Business Review Press.

Odagiri, H. (1992) *Growth through Competition, Competition through Growth: Strategic Management and the Economy in Japan*, Oxford University Press.

O'Reilly, C. A., III, and Tushman, M. L. (2004) "The ambidextrous organization," *Harvard Business Review*, April, 74-81.

O'Reilly, C. A., III, and Tushman, M. L. (2013) "Organizational ambidexterity: Past, present, and future," *Academy of Management Perspectives*, 27(4), 324-338.

Park, S. H., and Russo, M. V. (1996) "When competition eclipses cooperation: An event history analysis of joint venture failure," *Management Science*, 42(6), 875-890.

Penrose, E. T. (1959) *The Theory of the Growth of the Firm*, John Wiley/Basil Blackwell.

Peteraf, M. A. (1993) "The cornerstones of competitive advantage: A resource-based view," *Strategic Management Journal*, 14(3), 179-191.

Porter, M. E. (1980) *Competitive Strategy: Techniques for Analyzing Industries and Competitors*, Free Press.

Porter, M. E. (1985) *Competitive Advantage: Creating and Sustaining Superior Performance*, Free Press/Collier Macmillan.

Porter, M. E. (1987) "From competitive advantage to corporate strategy," *Harvard Business Review*, May-June, 43-59.

Prahalad, C. K., and Bettis, R. A. (1986) "The dominant logic: A new linkage between diversity and performance," *Strategic Management Journal*, 7(6), 485-501.

Prahalad, C. K., and Hamel, G. (1990) "The core competence of the corporation," *Harvard Business Review*, May-June, 79-91.

Puranam, P. (2018) *The Microstructure of Organizations*, Oxford University Press.

Puranam, P., and Vanneste, B.（2016）*Corporate Strategy: Tools for Analysis and Decision-making*, Cambridge University Press.

Roll, R.（1986）"The hubris hypothesis of corporate takeovers," *Journal of Business*, 59(2) Part 1, 197-216.

Rumelt, R. P.（1974）*Strategy, Structure, and Economic Performance*, Harvard University Press.

Rumelt, R. P.（1987）"Theory, strategy, and entrepreneurship," in D. J. Teece ed., *The Competitive Challenge: Strategies for Industrial Innovation and Renewal*, Ballinger, 137-158.

Sah, R. K., and Stiglitz, J. E.（1986）"The architecture of economic systems: Hierarchies and polyarchies," *American Economic Review*, 76(4), 716-727.

Sakhartov, A. V., and Folta, T. B.（2014）"Resource relatedness, redeployability, and firm value," *Strategic Management Journal*, 35(12), 1781-1797.

Scharfstein, D.（1988）"The disciplinary role of takeovers," *Review of Economic Studies*, 55(2), 185-199.

Scharfstein, D. S., and Stein, J. C.（2000）"The dark side of internal capital markets: Divisional rent-seeking and inefficient investment," *Journal of Finance*, 55(6), 2537-2564.

Shleifer, A., and Vishny, R. W.（1991）"Takeovers in the '60s and the '80s: Evidence and implications," *Strategic Management Journal*, 12(S2), 51-59.

Simon, H. A.（1951）"A formal theory of the employment relationship," *Econometrica*, 19(3), 293-305.

Simon, H. A.（1956）"Rational choice and the structure of the environment," *Psychological Review*, 63(2), 129-138.

Spulber, D. F.（2009）*Economics and Management of Competitive Strategy*, World Scientific Publishing.

Stein, J. C.（1997）"Internal capital markets and the competition for corporate resources," *Journal of Finance*, 52(1), 111-133.

Stein, J. C.（2003）"Agency, information and corporate investment," in G. M. Constantinides, M. Harris and R. M. Stulz eds., *Handbook of the Economics of Finance, Vol. 1, Part A, Corporate Finance*, Elsevier/North-Holland, 111-165.

Stern, C. W., and Deimler, M. S., eds.（2006）*The Boston Consulting Group on Strategy: Classic Concepts and New Perspectives (2nd ed.)*, John Wiley & Sons.

Stuart, H. W., Jr.（2016）*The Profitability Test: Does Your Strategy Make Sense?* MIT Press.

Teece, D. J.（1980）"Economies of scope and the scope of the enterprise," *Journal of Economic Behavior and Organization*, 1(3), 223-247.

Teece, D. J.（1982）"Toward an economic theory of the multiproduct firm," *Journal of Economic Behavior and Organization*, 3(1), 39-63.

Teece. D. J., Rumelt, R., Dosi, G., and Winter, S.（1994）"Understanding corporate coherence: Theory and evidence," *Journal of Economic Behavior and Organization*, 23(1), 1-30.

Tett, G.（2015）*The Silo Effect: The Peril of Expertise and the Promise of Breaking Down Barriers*, Simon & Shuster.

Thompson, J. D.（1967）*Organizations in Action: Social Science Bases of Administrative Theory*, McGraw-Hill Book Company.

Triantis, G. G.（2004）"Organizations as internal capital markets: The legal boundaries of firms, collateral, and trusts in commercial and charitable enterprises," *Harvard Law Review*, 117(4), 1102-1162.

Ushijima, T.（2016）"Diversification, organization, and value of the firm," *Financial Management*, 45(2), 467-499.

Van den Steen, E.（2012）"Strategy and strategic decisions," Harvard Business School Technical Note 712-500.

Van den Steen, E.（2017）"A formal theory of strategy," *Management Science*, 63(8), 2616-2636.

Vanneste, B. S.（2017）"How much do industry, corporation, and business matter, really? A meta-analysis," *Strategy Science*, 2(2), 121-139.

Wernerfelt, B.（1984）"A resource-based view of the firm," *Strategic Management Journal*, 5(2), 171-180.

Williamson, O. E.（1975）*Markets and Hierarchies, Analysis and Antitrust Implications: A Study in the Economics of Internal Organization*, Free Press.

Williamson, O. E.（1991）"Comparative economic organization: The analysis of discrete structural alternatives," *Administrative Science Quarterly*, 36(2), 269-296.

Worren, N.（2018）*Organization Design: Simplifying Complex Systems (2nd ed.)*, Routledge.

青木英孝・宮島英昭（2011）「多角化・グローバル化・グループ化の進展と事業組織のガバナンス」宮島英昭編著『日本の企業統治：その再設計と競争力の回復に向けて』東洋経済新報社，245-288 頁。

青島矢一・加藤俊彦（2003）『競争戦略論』東洋経済新報社。

新井富雄・髙橋文郎・芹田敏夫（2016）『コーポレート・ファイナンス：基礎と応用』中央経済社。

新井富雄・日本経済研究センター編（2007）『検証 日本の敵対的買収：M&A 市場の歪みを問う』日本経済新聞出版社。

蟻川靖浩・宮島英昭（2007）「M&A はなぜ増加したのか」宮島英昭編著『日本の M&A：企業統治・組織効率・企業価値へのインパクト』東洋経済新報社，45-79 頁。

蟻川靖浩・宮島英昭（2015）「銀行と企業の関係：歴史と展望」『組織科学』49(1)，19-31 頁。

伊丹敬之（1984）『新・経営戦略の論理：見えざる資産のダイナミズム』日本経済新聞社。

伊丹敬之・加護野忠男（1989）『ゼミナール経営学入門』日本経済新聞社。

伊藤秀史（2008）「市場と組織：原理の相互浸透と企業の境界」伊藤秀史・沼上幹・田中一弘・軽部大編『現代の経営理論』有斐閣，73-102 頁。

伊藤秀史・小林創・宮原泰之（2019）『組織の経済学』有斐閣。

井上光太郎・加藤英明（2006）『M&A と株価』東洋経済新報社。

今井賢一・伊丹敬之・小池和男（1982）『内部組織の経済学』東洋経済新報社。

今西伸二（1988）『事業部制の解明：企業成長と経営組織』マネジメント社。

今西伸二研究代表（1991）『事業部制の実際：実例・事業部制の研究』マネジメント社。

岩村充（2013）『コーポレート・ファイナンス：CFO を志す人のために』中央経済社。

上野恭裕（2011）『戦略本社のマネジメント：多角化戦略と組織構造の再検討』白桃書房。

牛島辰男（2015）「多角化ディスカウントと企業ガバナンス」『フィナンシャル・レビュー』121,
　　69-90 頁。

内山哲彦（2017）「経営統合プロセスにおける企業グループ・マネジメントの進展とグループ全
　　体最適」園田智昭編著『企業グループの管理会計』中央経済社, 37-56 頁。

大垣尚司（2017）『金融から学ぶ会社法入門』勁草書房。

大坪稔（2011）『日本企業のグループ再編：親会社—上場子会社間の資本関係の変化』中央経済
　　社。

岡崎哲二（1999）『持株会社の歴史：財閥と企業統治』筑摩書房。

小倉昇（2010）「業績管理会計と組織構造」谷武幸・小林啓孝・小倉昇責任編集『体系現代会計
　　学 第 10 巻 業績管理会計』中央経済社, 31-62 頁。

加護野忠男（1993）「職能別事業部制と内部市場」『国民経済雑誌』167(2), 35-52 頁。

加護野忠男・井上達彦（2004）『事業システム戦略：事業の仕組みと競争優位』有斐閣。

加護野忠男・上野恭裕・吉村典久（2006）「本社の付加価値」『組織科学』40(2), 4-14 頁。

加護野忠男・野中郁次郎・榊原清則・奥村昭博（1983）『日米企業の経営比較：戦略的環境適応
　　の理論』日本経済新聞社。

金井壽宏（2005）『リーダーシップ入門』日本経済新聞社。

川本真哉（2022）『日本のマネジメント・バイアウト：機能と成果の実証分析』有斐閣。

菅野寛（2019）『全社戦略がわかる』日本経済新聞出版社。

岸田民樹・田中政光（2009）『経営学説史』有斐閣。

喬晋建（2019）『シャープ再建の軌跡』中央経済社。

忽那憲治・長谷川博和・高橋徳行・五十嵐伸吾・山田仁一郎（2013）『アントレプレナーシップ
　　入門：ベンチャーの創造を学ぶ』有斐閣。

久保克行（2021）『経営学のための統計学・データ分析』東洋経済新報社。

桑田耕太郎・田尾雅夫（1998）『組織論』有斐閣。

兒玉公一郎（2007）「事業構造改革」伊丹敬之・田中一弘・加藤俊彦・中野誠編著『松下電器の
　　経営改革』有斐閣, 49-94 頁。

齊藤孝浩（2014）『ユニクロ対 ZARA』日本経済新聞出版社。

櫻井通晴（2019）『管理会計（第 7 版）』同文舘出版。

澤田直宏（2020）『ビジネスに役立つ経営戦略論：企業の戦略分析入門』有斐閣。

宍戸善一（2006）『動機付けの仕組としての企業：インセンティブ・システムの法制度論』有斐
　　閣。

宍戸善一・福田宗孝・梅谷眞人（2013）『ジョイント・ベンチャー戦略大全：設計・交渉・法務
　　のすべて』東洋経済新報社。

清水剛（2014）「組織・法人・株主：組織と会社形態との関係に関する理論的検討」『組織科学』
　　48(1), 64-77 頁。

下谷政弘（1993）『日本の系列と企業グループ：その歴史と理論』有斐閣。

下谷政弘（1998）『松下グループの歴史と構造：分権・統合の変遷史』有斐閣。

下谷政弘（2009）『持株会社と日本経済』岩波書店。

下谷政弘・川本真哉編（2020）『日本の持株会社：解禁 20 年後の景色』有斐閣。

鈴木一功（2015）「日本の株式公開買付（TOB）前後の株価変動を用いた買収に伴う私的便益の推定」『フィナンシャル・レビュー』121，53-68 頁。

鈴木竜太（2018）『経営組織論』東洋経済新報社。

関口智弘ほか（2018）『事業譲渡の実務：法務・労務・会計・税務のすべて』商事法務。

園田智昭編著（2017）『企業グループの管理会計』中央経済社。

高井文子（2018）『インターネットビジネスの競争戦略：オンライン証券の独自性の構築メカニズムと模倣の二面性』有斐閣。

田中亘（2016）『会社法』東京大学出版会。

田中亘（2017）「企業統治改革の現状と展望：取締役会制度を中心に」宮島英昭編著『企業統治と成長戦略』東洋経済新報社，369-396 頁。

通商産業省産業政策局編（1995）『企業組織の新潮流：急がれる持株会社規制の見直し』通商産業調査会出版部。

筒井義郎＝佐々木俊一郎＝山根承子＝マルデワ，G.（2017）『行動経済学入門』東洋経済新報社。

永野寛子（2015）『資源ベース論の理論進化：企業における硬直化を巡る分析』中央経済社。

西山茂編著（2013）『キャッシュマネジメント入門：グループ企業の「資金の見える化」』東洋経済新報社。

日本経済新聞社編（2004）『経営不在：カネボウの迷走と解体』日本経済新聞社。

沼上幹（2004）『組織デザイン』日本経済新聞社。

沼上幹（2008a）『わかりやすいマーケティング戦略（新版）』有斐閣。

沼上幹（2008b）「日本企業の実証分析とリソース・ベースト・ビュー：『見えざる資産のダイナミクス』を中心とした展望」伊藤秀史・沼上幹・田中一弘・軽部大編『現代の経営理論』有斐閣，21-71 頁。

野崎浩成・江平享編著（2016）『銀行のグループ経営：そのビジネスと法規制のすべて』金融財政事情研究会。

延岡健太郎（2006）『MOT［技術経営］入門』日本経済新聞社。

福地宏之（2007）「家電営業改革」伊丹敬之・田中一弘・加藤俊彦・中野誠編著『松下電器の経営改革』有斐閣，95-132 頁。

藤田友敬編著（2018）『M&A 契約研究：理論・実証研究とモデル契約条項』有斐閣。

富士電機社史編集室編集・制作（2004）『富士電機社史 III（1973〜2003）：創立 80 周年を迎えて』富士電機ホールディングス。

藤本隆宏・西口敏宏・伊藤秀史編（1998）『リーディングス サプライヤー・システム：新しい企業間関係を創る』有斐閣。

丸島儀一（2011）『知的財産戦略：技術で事業を強くするために』ダイヤモンド社。

三矢裕（2003）『アメーバ経営論：ミニ・プロフィットセンターのメカニズムと導入』東洋経済新報社。

安田洋史（2016）『アライアンス戦略論（新版）』NTT 出版。

山田英司・上杉利次 (2016) 『「協創」のグループ経営：本社と事業部門の二層化マネジメント』
　　中央経済社。

山田英夫・手嶋友希 (2019) 『本業転換：既存事業に縛られた会社に未来はあるか』KADO-
　　KAWA。

吉原英樹 (1993) 「多角化とダイナミック・シナジー」伊丹敬之・加護野忠男・伊藤元重編『リ
　　ーディングス　日本の企業システム　第2巻　組織と戦略』有斐閣，86-106頁。

吉原英樹・佐久間昭光・伊丹敬之・加護野忠男 (1981) 『日本企業の多角化戦略：経営資源アプ
　　ローチ』日本経済新聞社。

吉村典久 (2016) 「コーポレート・スピンオフを通じた事業構造の転換」『一橋ビジネスレビュ
　　ー』64(3)，38-55頁。

索　引

事 項 索 引

企業・商品名等索引

人 名 索 引

著者紹介

牛島 辰男 （うしじま・たつお）

慶應義塾大学商学部教授，Ph.D. (Management)

慶應義塾大学経済学部卒業，慶應義塾大学大学院経済学研究科修了。
三菱総合研究所研究員を経て，カリフォルニア大学ロサンゼルス校
（UCLA）アンダーソン経営大学院博士課程修了。青山学院大学大学院
国際マネジメント研究科教授を経て，2015年より現職。専門は経営戦
略と財務。

主要著作

"More-money and less-cash effects of diversification: Evidence from Japanese firms" (*Japan and the World Economy*, 56, 2020 年)

"Diversification, organization, and value of the firm" (*Financial Management*, 45(2), 2016 年)

"What drives the profitability of Japanese multi-business corporations? A variance components analysis" (共同執筆，*Journal of the Japanese and International Economies*, 25(2), 2011 年)

"Understanding partial mergers in Japan" (*Journal of Banking & Finance*, 34(12), 2010 年)

『経営戦略をつかむ』（共著，有斐閣，2010年） ほか

企業戦略論：構造をデザインする
Corporate Strategy and Organization Design

2022 年 5 月 25 日 初版第 1 刷発行

著 者	牛 島 辰 男	
発 行 者	江 草 貞 治	
発 行 所	株式会社 有 斐 閣	

郵便番号 101-0051
東京都千代田区神田神保町 2-17
http://www.yuhikaku.co.jp/

印刷・萩原印刷株式会社／製本・牧製本印刷株式会社

ISBN 978-4-641-16597-7